教育管理案例教学

周 俊 著

ZHEJIANG UNIVERSITY PRESS
浙江大学出版社

图书在版编目(CIP)数据

教育管理案例教学 / 周俊著. —杭州：浙江大学
出版社，2019.12
ISBN 978-7-308-19876-9

Ⅰ.①教… Ⅱ.①周… Ⅲ.①中小学教育－教育管理
－研究 Ⅳ.①G637

中国版本图书馆 CIP 数据核字(2019)第 286900 号

教育管理案例教学

周　俊　著

责任编辑	石国华	
责任校对	杨利军　牟杨茜	
封面设计	周　灵	
出版发行	浙江大学出版社	
	（杭州市天目山路 148 号　邮政编码 310007）	
	（网址：http://www.zjupress.com）	
排　　版	杭州星云光电图文制作有限公司	
印　　刷	杭州高腾印务有限公司	
开　　本	710mm×1000mm　1/16	
印　　张	13.75	
字　　数	270 千	
版 印 次	2019 年 12 月第 1 版　2019 年 12 月第 1 次印刷	
书　　号	ISBN 978-7-308-19876-9	
定　　价	48.00 元	

前　言

　　教育管理学是教育管理专业中最为核心的课程内容,同时也是最为复杂和困难的课程之一。教育管理并非是一成不变的,现实的挑战总是超越现存的理论,学员如果只是想从林林总总的教育管理教材上找到现成的答案来解决学校运行中的所有问题,那几乎是不可能的。教师在教育管理学的教学过程中和学员们进行交流的时候,往往被三个问题困惑。第一个问题是:有学校管理实践经验的学员们问,"为什么理论上是正确的,而在实践中却往往是做不到的呢?"这可能是师生之间在角色上的不同所造成的吧。教师总是在追求理论上的完美、先进和前沿。而学员呢,他要的是在管理实践中如何去做才是有效的。而现实的学校外部环境和学校内部条件的变化要比教科书上论述的问题复杂得多。如何才能找到理论和实际之间的结合点呢? 第二个问题是:学习教育管理学的大学生和研究生经常问,"我们学习教育管理学已经很长时间了,为什么总是找不到感觉呢?"他们都是想要学好这门课的人,就是听课的时候长时间进入不了"角色",不知道自己为什么学这门课,这门课对自己来说有什么用。于是他们就形成不了问题意识。教师也只有教育者的感觉,而不是教育管理者的感觉。第三个问题是:邀请成功的学校和有成功经验的校长向学员们介绍自己对学校管理的领悟和体验,学员们又说,这种类型的课,听起来很生动、有趣、有用,但校长们的这些具体的成功经验却难以移植到自己的管理实践当中。

　　这三个问题深深困扰着教育管理学的教学实践,我国的教育管理学者曾经进行过多次的探讨和试验,试图解决这些问题,但收效甚微。在林林总总的诸多尝试和探寻中,人们逐渐发现了案例教学能够较好地解决上述问题。与传统的理论讲授不同,教育管理案例教学强调学生在课堂上的主体参与。在案例教学的课堂中,不允许学生做消极的沉默学习者,教师也不再垄断课堂,而是积极授权,让每一个学生在课堂上积极思考,积极发言,每一位学生都成为课堂学习的积极分子。在实施案例教学的课堂中,教师通过提供和创设与真实学校管理场景高度相似的教育管理案例,让学生有机会体验到错综复杂的、惟妙惟肖的真实问题情境,获得积极真实的角色体验与情景体验,有利于学生将学到的知识和解决自身的实际问题相结合。在案例教学组织的现场讨论当中,学生有机会听到很多不同的分析视角和问题解决的思路,有利于培养辩证思维能力和灵活全面的管理艺术。与传统的讲授式教学方法相比,案例教学中更能产生思想碰撞的火花,提供了更大的想象空间和更为广阔的交流渠道。

正是由于认识到案例教学在管理课程中的独特优势,大约从 2000 年开始,笔者就开始在本科生、研究生教学以及中小学教育管理干部培训的过程中,尝试并逐步加大教育管理案例教学的力度,并和学生一起致力于教育管理案例的开发、撰写和研究,获得了较为丰硕的成果。我们组织的教育管理案例教学的论坛多次被《中国教育报》《全球教育展望》《浙江教育报》等报刊辟专版报道;发表了数十篇教育管理案例研究报告和论文,其中有多篇被中国人民大学复印资料全文转载;出版了多本教育管理案例教学著作;从 2000 年开始到现在,我们已成功构建了一个颇具规模的教育管理案例库。

近年来教育管理实践正经历着前所未有的复杂变革,与此同时,我国教育管理案例教学已日渐深入,因此对教育管理案例教学的理论进行系统梳理,对相对陈旧的案例进行更新,选择更能体现时代特征、更具代表性的教育管理案例,对于提升教育管理学习的质量,就显得异常紧迫和必要了。鉴于这一思考,本书基于十余年来笔者开展教育管理案例研究和教学的体会,综合前期研究成果,对教育管理案例教学的理论基础、实施原则、方法程序进行了梳理、归纳和提炼,同时针对当前教育管理焦点和难点问题,精心选择了依法治校、学校管理制度、教师管理制度、班主任工作、教科研管理、学校人际沟通、学校公共关系建设、师生关系、教师专业成长九大专题二十余篇教育管理热点案例进行了深度讨论与分析,以期为我国教育管理案例教学提供参照。

周俊
2019 年 7 月 20 日于杭州

目　录

下篇　教育管理案例讨论与分析示例

上篇

教育管理案例教学理论与方法

第一章　教育管理案例教学:概念与功能

一、教育管理案例教学的概念

(一)什么是案例教学

案例是英语 case 这一词的翻译。case 一词有时也被译成个案、个例、事例等。案例是其中较为人们接受的说法。关于什么是案例,迄今为止尚没有一致的、权威的、得到普遍认同的界定。有学者认为,案例是对某一特定情景的客观的书面描述或介绍;还有学者认为,案例是经验学习中控制的练习,是对引起决策问题的陈述。笔者以为,从有利于实施教育管理案例教学的角度来看,我们有必要澄清几对经常混淆的概念,进而获得对案例含义的较为正确的理解。

案例与实例。有相当多的人将两者混为一谈。比如在谈及工商管理案例时,格柯就这样说过:"案例,就是一个商业事务的记录;管理者实际面对的困境,以及做出决策所依赖的事实、认识和偏见等都在其中有所显现。"① 事实上,案例与实例两者之间虽有联系,但也存在着较大的差异。它们的联系在于,案例必须有客观性,它基本上是真实的,它既不能是"杜撰的事实",也不能是"从抽象的、概括化理论中演绎出的事实"。但案例的写实性并不意味着简单地从报刊上摘剪一段关于某某学校的报道就是教育管理案例。除了写实性之外,案例和实例的最大区别是前者是为特殊的教学目的服务的。与完全以自然状态呈现的实例不同,案例经过了适当的取舍,体现了撰写者隐含的价值取向,并需要遵守特定的文体和书写规范。

案例与范例。在实践中,笔者发现有很多老师对案例教学相当轻蔑。原因是他们认为,所谓案例教学,无非就是在课堂教学中多加几个例子而已。这些老师所犯的错误就是将案例与范例等同起来。一般而言,范例是指在教学中介绍的已经发生的某种事件,前人对该事件的处置措施,以及由此产生的经验教训。它有一个

---

① GRAGG C I. Because wisdom can't be told[M]// MCNAIR M P. The Case Method at the Harvard Business School. New York: McGraw-Hill,1954:6.

鲜明的特征,那就是该问题已经被解决了。从案例教学的功能看,案例教学强调学生调动自身的知识经验,在对尚未解决的问题做全方位、多角度的考察和思考的基础上,自主地提出解决问题的方案。因而,与范例相比,案例明显具有问题待决的特征,也因此较前者而言给学生以更大的探索空间,具备了比范例更大的锻炼思维的价值。

案例与习题。在实际的教学中,有些提供情境性的习题也经常被人们视同案例。原因可能在于一方面这些习题在形式上与案例近似,另一方面它们在课堂上也确实在一定程度上产生了调动学生积极思考的效果。我们认为,虽然某些情境性习题似乎与案例较为接近,但绝不能将其打上"案例"的标签。这是为什么呢?原因可以从两方面去认识:一是这些习题其功能可能主要在于考察学生的认知水平或计算技能;二是它们所提供的情境很有可能有较大的虚拟成分。

案例与故事。在形式上,案例通常表现为对某一事件有技巧的叙述,常常被置于某一个事件或一系列事件的背景中展开。更通俗地说,案例在很多时候表现为围绕某一中心展开的具体而富于情节的叙事。这样,案例在有些人看来似乎就是教师叙述的故事。我们认为,故事不是案例。美国著名案例教学专家舒尔曼认为,案例必须隐含一定的教育理论知识。如果没有这样的理论知识,那么所谓的案例只是"逸事或无道德意义的寓言"。与故事一样,案例通常是陈述性的。但它却必须能被解释者进行理论注解,被解释、说明、争论、仔细分析和比较。

教学案例与科研案例。除了用于教学的教学案例之外,有一些案例也是诸多社会和行为科学的基本研究工具,这类案例通常被称为科研案例。这两者之间的区别也经常被我们所忽视。当然,它们之间首先有着较为密切的联系:科研案例经常会被教师作为一种实证案例或样本加以运用;而为教学而准备的教学案例也经常包括原始资料和见解,因而具有学术研究价值。但两者又的确迥然有异:一个良好、规范的科研案例其结果已经得出,结论已包含在案例之中。因此,即使是质量上乘的科研案例,如果用于教学它也只能给学生提供"真理"而不是激发他们去发现真理。而一个好的教学案例,却有意识地屏除了案例所提出问题的"正确答案",没有思考或分析某一情况的"确切"方法,更没有提供唯一的"最佳解"。好的教学案例只向学生呈现冲突、问题、信息、空白甚或混乱,以激励学生积极思考并提出符合实际的行动方案。

鉴于上述理解,本书中所指的案例严格地说其实是一种教学案例。我们似乎可以接受这样的界定:案例(教学案例)是一个描述或基于真实事件和情景而创作的故事。它有明确的教学目的,学习者经过认真的研究和分析后会从中有所收获。

对案例形成了上述较为清晰的认识之后,案例教学就显得非常容易理解了。参照哈佛大学工商管理学院的案例教学法定义,我们可以这样理解案例教学:它是为实现特定的教学目标,选择一定的教学案例为载体,要求教师与学生直接参与,共同对复杂情境进行讨论的一种教学方法。而所谓教育管理案例教学,就是以培养学生掌握教育管理原理知识、提高教育管理专业素养、提升教育管理效能为教学目的,把在教育管理实践中收集到的真实事例加以典型化处理后的教育管理案例作为教材,组织学生阅读、思考、研讨,运用相关理论分析实际教育管理问题,以提高学生分析问题和解决实际问题能力的一种教学方法。

一般地说,那些在正规教育中占据主导地位的传统教学方法是出于缩短人类求知过程、加速人的个体社会化的目的而出现的,因而它们偏爱直接"告诉"学生经过压缩加工之后的间接知识。这样一来,学习者掌握知识的效率的确提高了,但他们所获得的这些知识与实际的管理场景已相去甚远。相比之下,案例教学是经验学习的工具和方法。它将学习者置于复杂的现实生活环境之中,让他们接触到第一手(而不是其他教学方法所提供的第二手乃至第三、四手)的原始材料,使之设身处地体验到管理过程中的各种压力和复杂性,提高学习者在有限信息的基础上对复杂问题进行分析进而进行合理决策的能力。仅就此一点来看,案例教学就具备了传统教学无法媲美的独特价值。与传统的教育管理讲授法相比,教育管理案例教学同样也具备了这样的特征和优势。

(二)案例教学的历史沿革

运用案例进行教学这一思想渊源甚至可以追溯到古希腊和罗马。希腊先哲苏格拉底所采用的"产婆术"即问答式教学法,可以被看作是案例教学最早的雏形。此后,其弟子柏拉图继承了这一教育思想,将"问答"积累的内容编辑成书。在书中,他附加了许多日常生活中的小例子,这些例子分别被用来说明相应的哲学原理。这些反映日常生活的小例子,似乎可以将其视为案例。但严格意义上的案例教学产生在19世纪末和20世纪初。目前,案例教学已成为国外培养各类专业管理人员,提高实际管理能力最为有效的教学方法之一。

1.法律教育中的案例教学

最早使用案例对学生进行职业训练的,是美国哈佛大学法学院,时间大约在1870年。时任哈佛大学法学院院长的兰德尔(Christopher C. Langdell)指出,法律是一门以案例为资料的科学,强调由案例来组成法律教育中的课程,认为构成学习材料的案例来源于法律实践,来源于各级法庭的判决。他期望法学院的学生通过对案例的讨论来掌握法律的原理。兰德尔按年代排列了法院的判决,作为法律教育的案例集。此后随着法学理论的发展日趋复杂,案例教学的核心目标由对法律原理的追寻转向对法律推理能力的培养,为此又开发了按主题而非年份排列的案例集。

美国法律专家琳达·爱德华兹说,案例法包括:仔细分析之前的法庭辩论,观察案例之间的联系，从那些联系中得出推论，从那些推论中归纳出一个解决问题的原则，并将之适用于时下的一个争端……在法律教育中的案例教学，被普遍认为能够有效地提高类律师思维方面的技能。"类律师思维"反对从法律原理中通过演绎而得出结论，它强调法律教育应培养学生的归纳能力和创造性。

2. 医学教育中的案例教学

1893 年哈佛大学约翰·霍普金斯医学院创办，在当时，讲授法仍然是医学教育的主要方法。当时，临床学科的教学严重滞后，医学院的学生甚至可能在学习的几年中根本没有机会与病人进行任何的接触，照样可以获得大学毕业证书。为打破这样一种陈腐落后的教学方式，约翰·霍普金斯医学院强调在医学教育中实施案例教学，即"花两年时间学基础学科，学生必须进行广泛的实验室工作；花两年时间在临床学习，让学生获得医院护理等方面的经验"。霍普金斯还创办了一所附属教学医院，由教学人员控制。他们率先在医学院的附属医院病房中设立了"临床职位"，让医学院的学生在教学人员和临床医生的监护之下进行检查、诊断、记录，临床实践场合成为科学观察和探究的场合，成为医学院学生研究的案例。

临床病理学会议是约翰·霍普金斯医学院实施案例教学的另一种重要形式。所谓临床病理学会议就是由病理学家、临床医生、教学人员、医学院学生共同参与研究病人的医疗记录（即病历），以此促进学生医疗实践能力的迅速提高。这种形式得益于传统的医疗行业的一个习惯性做法，即医生通常被要求对病人的症状、诊断和治疗的过程、方法以及结果进行详细的记录，从而形成病历。病历使案例法超越临床职位的局限性，即当教学需要时，即使没有某一类型的病人，病历记录也能为教学提供讨论的材料。

在霍普金斯医学院里，案例教学还经常以一些模拟实验的形式表现出来。第一是"模拟患者"，它是通过训练一个健康人去描绘患者的病史和内科检查。第二是"模拟回访"，回顾对模拟患者问诊的录像带。由于上述形式在教学中所取得的效果非常显著，到 20 世纪 30 年代，美国大多数医学院都采用了案例教学法。

3. 工商管理教育中的案例教学

大规模实施案例教学并取得了令人瞩目的显著成就的，当属哈佛大学工商管理学院。1908 年哈佛大学工商管理学院成立之初，首任院长盖伊（Edwin F. Gay）就力倡仿效法学院的"问题教学法"。他邀请了 15 位商人参与"企业政策"这一课程的教学。每一位商人在上第一次课时，向学生报告自己所遭遇的问题，并解答学生们所提出的询问。在第二次上课时，每一位学生必须携带分析这些问题以及解决这些问题的书面报告。在第三次上课时，由商人和学生一起共同讨论这些报告。这些报告正是哈佛商学院最早的案例。1920 年哈佛商学院第二任院长顿汉（Wallace B. Donham）从企业界筹集到五千美金，请科波兰德（Malvin T. Copeland）教授专门从事收集和整理制作案例的工作。同年，哈佛商学院成立案例开发中心，次年出版了第一本案例集，开始正式推行案例教学。此后，在洛克菲勒基金会与福特基金会的赞助下，案例教学得到了飞速发展。哈佛大学工商管理学院运用案例教学法培养了一大批企业管理人才。他们在工作岗位上称职能干，备受重视。据说，现在美国最强的五百家公司中，有五分之一的总经理是哈佛大学工商管理学院的学生。该学院规定，凡是取得硕士学位的研究生，在校两年学习期间，除各门课程及格外，每人必须分析几百个案例。为此，该学院每年要花费二十万美元来调查与编写案例。他们把案例看成宝贵的教学财富，有一整套科学严密的保管与使用案例制度，编定案例要履行严格的审查报批手续，并享有专利权。时至今日，哈佛案例教学法已被世界各国所接受和认可。

1980 年我国教育部、经贸委与美国商务部合作成立了"中国工业科技管理大连培训中心"，在该中心成立的《谅解备忘录》中，明确规定了该中心的核心任务是"要从中国工业企业管理现代化需要出发，由美国教授和专家讲授美国现代化管理知识"。同时还提到，"在考虑讲授内容系统性的同时，通过案例分析，使受训者能较为完整地学到美国工业企业现代化管理的基本理论和方法"。该中心成立以后，即由中美双方教师组成案例开发小组，编写了《案例教学法介绍》一书和首批 83 篇自编的中国企业管理案例。自此，案例教学也逐渐为我国工商管理培训界所接受和使用。

4.教师教育中的案例教学

在哈佛商学院创建的同时，哈佛教育研究生院也于 1920 年成立了。首任院长霍尔姆斯提出要为有经验的教师开设课程，要求在教育课程中增加技术性或实践性课程。为此他特别准备了三个有关管理学和中学教育方面实践训练的教授职位，要求借用工商管理教育中的案例法进行教学。可惜的是他的这一设想受到了抵制而未能付诸实施。被公认为最早在教师教育中将案例教学制度化的是美国新泽西州立师范学院。在 1923—1925 年间该校推行了一项计划，其中一项重要的工作就是案例材料的收集和整理。它要求实习的学生将遇到的问题记录下来，包括对一些问题的简单陈述，对一些困难的详尽描述，尝试过的解决方法以及最终成功的解决方法，以便于回到学院之后讨论所用。这项工作不仅帮助学生解决课堂问题，更重要的是这些材料为专业教育课程，特别是方法课程和基础课程提供了以备将来之用的案例。自此之后，案例教学在西方各国的教师教育中的使用日渐广泛。

随着我国教师教育的发展，案例教学这一充满现代特质的教学方法也已逐渐进入教师继续教育与岗位培训领域，特别是中小学校长培训的领域之中。在《全国中小学校长任职资格培训指导性教学计划》中，就着重强调了"校长培训应充分考虑到校长需求和成人在职学习的特点，每门课程必须保证一定的时间用于案例分析等活动","教学要注重结合学校教育和管理案例施教"。在全国各地的中小学校长培训的实践中,案例教学以其特有的功能逐渐成为一种主导的教学方式,发挥着越来越大的作用。

5.案例教学在研究生教育中的运用

近年来,随着我国研究生教育的快速发展,案例教学以其特有的优点逐渐进入到研究生教育尤其是专业学位研究生的教育及培养过程中。教育部《关于深化研究生教育改革的意见》(教研〔2013〕1号)和教育部、人力资源社会保障部《关于深入推进专业学位研究生培养模式改革的意见》(教研〔2013〕3号)都一致强调在研究生教育的过程中,加大案例教学运用的力度,要求"以学生为中心",以案例教学为基础,呈现案例情境,引导学生发现问题、分析问题、解决问题,不断强化研究生的理论联系实际的能力。这些政策明确了案例教学在研究生教育和培养过程中的主导地位,有效地推动了案例教学的广泛应用。

二、教育管理案例教学的功能

(一)教育管理活动的双重性

众所周知,教育管理活动具有双重性的特点,即科学性和艺术性。其科学性表现在教育管理已经形成了较为严密的理论体系,建立了独立的学科,有着自身独特的内在规律。在这些规律的基础上,形成了一系列教育管理的模式、方法和原则。对于学校及教育管理者而言,必须具备必要的现代教育管理知识和理论,这是现代教育管理的根本条件。然而,教育管理并非是一成不变的,现实的挑战总是超越现存的理论,教育管理者如果只是想从林林总总的教育管理教材上找到现成的答案来解决学校运行中的所有问题,那几乎是不可能的。从这个意义上说,教育管理又具有艺术性,是权变的活动。它要求管理者要能够从实际出发,因时、因地、因人制宜。管理科学强调的是管理的一般规律,管理艺术强调的则是管理的特殊性。教育管理活动应是两者的有机融合。校长们应能就具体问题具体分析,灵活处理,高度发挥创造性。因此不难理解在教育管理实践中,那些拘泥于书本知识而不能将理论与实际情境融会贯通的管理者其管理效果低下的原因。

教育管理的两重性决定了在教育管理的学习过程中,不能仅仅满足于管理理论知识的传授上,而应该设法创设一种运用教育管理理论解决具体问题的实践情境,促进学生将理性经验和感性经验有机融合起来,从而提高教育管理教育教学的实效。教学方法的选择是解决这一问题的关键因素之一。然而,长期以来在我国基于管理学的教学过程中,教师们普遍偏爱和倡导的是代理式教学方法。这种教学方法具有以下特征:

(1)以讲课为基础,靠教师的权力或声威地位来维持;

(2)由教师独自选择教学题目、论点、内容和讨论形式;

(3)教与学的目标是学生掌握教师的真理,学生主要通过考试以及在被提问回答问题时知道正确答案来展现自己的知识的掌握水平;

(4)教师是注意力集中的中心并且一直控制着课堂;

(5)学生处于消极和受支配地位,"好学生"毫不犹豫而且准确无误地围绕教师的要求做准备,集中注意力,并完全服从于教师;

(6)训练学生按准确方式去完成任务和联系技能,学生在教师的监视下学习使用正确的方法或方式。

代理式教学法上述特点有利于学生迅速有效地掌握系统的管理理论知识,但它显而易见地忽略了教育管理活动的艺术性的要求。在教育教学实践中,运用这种方法所培养出来的学生常常表现出理论水平的高超和操作能力、应变能力的低下这样一对尖锐的矛盾,显然不能胜任日趋复杂的现代教育管理工作的要求。

鉴于代理式教学方法的上述弊端,受国外工商管理教育相关实践的启发,近年来在我国教育管理教育教学活动中逐渐兴起了适应教育管理活动权变性特点,注重学生"亲身历练"的亲验式教学法。亲验式教学法的具体形式多种多样,教育管理案例教学就是其中运用得最为广泛并为人所熟知的一种。

(二)教育管理案例教学的特点

与传统的代理式教学方法相比,以教育管理案例教学为代表的亲验式教学方法有着独特的特点和优势,能够和前者形成优势互补,因此将其引入教育管理课程教学中是非常必要的。笔者综合在教育管理案例教学中的体验及国内外相关研究,发现教育管理案例教学具有这样一些特点。

1. 主体参与性

主体参与是教育管理案例教学区别于传统代理式教学的重要特征。传统代理式教学重教师讲授,目的是传授知识、真理,使学生获知具体的信息、掌握科学规律或记住某一事实的准确内容。教师是课堂的主宰,学生是消极被动的。而教育管理案例教学则不同。它重新界定了教师与学生的角色,课堂的中心从教师转向学生。在案例教学中,不允许有学生充当课堂上的"沉默者",学生必须在认真研究案例之后,积极参与案例讨论与分析。每一个学生在走进课堂之前必须做好充分准备,每一个学生都有在课堂讨论中发言的义务。只有学生积极参与,主动参与,案例教学才可能成功。据介绍,在哈佛的案例教学中,课堂气氛十分热烈,学生们为争得发言机会,常常是互不相让,你争我夺。积极的参与会带来积极的思考。每位学生只要发表自己的意见,无论其意见对错与否,都会在与其他学生的相互讨论、相互交流中获得收益。

2.模拟仿真性

教育管理案例教学法中所采用的案例,均来源于教育管理实践,均是对现实教育管理过程中已经发生或正在发生的事实的高度仿真。在案例教学过程中,学生面对的是活生生的错综复杂的实际问题。学生要像一位真正的校长那样,运用掌握的知识,分析具体问题,制定适宜的对策。在教学过程中,学生身临其境,进入"角色体验"与"情景体验"。这种模拟仿真性使得教育管理案例教学既不同于以知识理论的学习为主的理论课程,也不完全雷同于实习一类的实践性课程,它是介于理论课与实践课之间的崭新课程。在教育管理案例课堂教学过程中,由学生自身探索、相互触发而产生的知识、技能与体验是这一课程的重要成分。

3.高度综合性

一方面,教育管理是一个极为复杂的活动。在内容上涵盖了人、财、物、时间、空间、信息,在范围上涉及学校、家庭、社会等方方面面。因此在案例教学的过程中,学生要想合理、科学地解决案例中所提出的问题,仅凭自己所熟悉的那一门学科的知识原理是绝对不够的。他们必须总揽全局,兼顾四方,不仅要有效地运用教育管理的原理、策略,还需要将心理学、教育学、公共关系学、伦理学、教育法学、教育经济学甚至其他社会科学、自然科学的相关知识适时地应用进来。另一方面,教育管理案例教学活动本身具有较强的综合性。在案例教学过程中,学生要在教师指导下,独立自主地完成课程任务,并按照课题的要求进行实地考察与文献的收集与加工;在小组讨论和课题辩论会上,要描述并解释自己的观点,回答老师和同学的提问;面对老师设置的种种条件,要随机应变地提出各种对策与方案。这些过程,对学生的综合素质提出了较高的要求。

4.多元权变性

教育管理案例教学不注重传授给学生一个或几个解决问题的标准答案,它所重视的是训练学生的辩证思维能力和灵活权变的决策艺术。教育管理体现了理性与非理性的融合,是一个充满了形形色色的问题以及解决问题的线索的"垃圾箱"。一个高超的管理者必须懂得"兵无常形,水无常势"的道理,绝不会恪守某一固定管理模式,而要因地、因时、因人制宜。在现实的教育管理实践中,随着时间、资源、人才、政策等的变化,没有也不可能有一成不变的固定答案。教育管理案例教学这一特征较好地满足了教育管理实践的要求。

5.典型示范性

教育管理案例教学中所使用的案例,是教育管理实践中具有普遍意义的典型事件。它是每一所学校都可能发生、每一位教育管理者都可能碰到的。从这类典型案例中所总结出的原则和方法、经验和教训能反映出一定的规律,有助于为学生在今后的管理实践中处理相似问题时实现积极的迁移。

(三)教育管理案例教学的功能

正是由于上述特点,案例教学法自然就具备了传统代理式教学所无法比拟的一些价值与功能。联合国教科文组织曾对课堂讲授、案例教学、模拟练习会、角色扮演、敏感性训练、指导式自学、电影、录像等多种教学方法进行研究,分别就它们在知识传授、态度转变、分析能力培养、人际能力培养、学员接受力以及知识巩固等六个方面,向许多国家的有关专家做了广泛的调查。结果如表 1-1 所示。

表 1-1　几种管理教学法教学功能的比较[①]

序号	评测纬度 教学方法	知识传授 分数均值	名次	态度转变 分数均值	名次	分析能力培养 分数均值	名次	人际能力培养 分数均值	名次	学员接受力 分数均值	名次	知识巩固 分数均值	名次
1	案例教学	3.56	2	3.43	4	3.69	1	3.02	4	3.80	2	3.48	2
2	小组研讨	3.33	3	3.54	3	3.26	4	3.21	3	4.16	1	3.32	5
3	课堂讲授	2.53	9	2.20	8	2.00	9	1.90	8	2.74	8	2.49	8
4	模拟练习	2.00	6	2.73	5	3.58	2	2.50	5	3.78	3	3.26	6
5	电影	3.16	4	2.50	6	2.24	7	2.19	6	3.44	5	2.67	7
6	指导式自学	4.03	1	2.22	7	2.56	6	2.11	7	3.28	7	3.74	1
7	角色扮演	2.93	7	3.56	2	3.27	3	3.68	2	3.56	4	3.37	4
8	敏感性训练	2.77	8	3.96	1	2.98	5	3.96	1	3.33	6	3.44	3
9	电视	3.10	5	1.99	9	2.01	8	1.81	9	2.74	8	2.47	9

从表 1-1 可以清晰地看出,与其他八种常见的亲验式教学方法相比,在态度转变、分析能力培养、学员接受力、人际能力培养、知识巩固甚至知识传授等所有方面,传统的课堂讲授都无一例外地排在了较为不利的地位。具体到教育管理案例教学法的价值与功能,我们认为至少表现在这样几个方面。

1. 深化理论学习

从认识论的角度看,一般的理论学习顺序是从一般到个别,先学习和了解教育管理的相关知识,然后在理论的指导下去理解具体的教育管理的例子。而教育管理案例教学则相反,它是通过个别到一般、现象到本质来揭示典型案例中蕴藏的管理思想,在具体的案例中体悟出一般原理,把握带有普遍意义的教育管理规律。案例教学的这一认识顺序恰好与传统教学形成了互补,从而加深了对教育管理理论的理解。

---

① 张志鸿,李俊庆,张成福,等.现代培训理论与实践[M].北京:中国人事出版社,1999:272.

2.丰富默会知识

英国哲学家波兰尼(M. Polanyi)认为,人类大脑中的知识分为两类:明确知识(explicit knowledge)和默会知识(tacit knowledge)。所谓明确知识是指能言传的,可以用语言、文字等来表述的知识;而默会知识则是指不能言传的,不能系统表述的、与实践关系密切的那部分知识。在教育管理过程中,存在着大量的实践活动,而实践的技能很难诉诸文字,因而管理者拥有大量的默会知识是极为重要的。现代学习论认为,传统的课堂讲授对于明确知识的学习是十分有效的。但默会知识的掌握,是"只可意会而不可言传"的。它要在真实的或模拟真实的情境中,通过"从做中学"方可体悟。教育管理案例由于其模拟仿真性的特点,成为默会知识的最佳学习形式之一。通过案例学习,每位学生可以研究自己,分享别人的经验,积累反思素材,在实践中自己改进自己的内隐策略,调整自己的管理行为,提高教育管理的效能。

3.增强对教育管理活动不确定性的容忍度

教育管理案例教学基本上不提供对某一问题的既定答案,而要求通过大家的共同探究来确定那些不可预测的问题。学生在案例教学的开始阶段往往会认为自己的观点是确定无疑的,但随着案例讨论与分析的深入,他们就会觉得自己的看法只是暂时的。他们逐渐习惯了教育管理实践的不确定性及不可预期性,加深对教育管理复杂性的认识,从而增强了非程序思考与决策的能力。

4.提高学生处理人际关系的能力

教育管理是一种社会性活动,其成效不仅取决于教育管理者本身的效率,更为重要的一面还要取决于管理者与他人相处和集体工作的能力。充分的教学交往有利于促进学生之间的相互作用,进而推动学生人际交往意识和能力的提高。教育管理案例教学是建立在大量、频繁的教学交往基础上的。在教学交往中,学生通过与教师、同学等不同交往对象发生不同层次、不同类型的交流与沟通,深刻体会到应如何听取别人的见解,如何坚持自己的观点,如何去说服别人,如何自我克制,如何与人相处,等等。这样,他们的合群性、利他性、社交意识和社交技能等人际交往能力都会有长足的发展。

5.培养学生分析问题和解决问题的能力

传统的课堂讲授其结论的毋庸置疑和明白无误剥夺了学生设疑问难的机会,"代理"了学生的分析、综合、演绎、推断等思维活动,不利于学生对知识的深入掌握和思维水平的提高。而教育管理案例教学则不然。它置学生于直观、复杂的管理情境中,教师并不直接呈现问题解决的方案,也不去着力控制课堂教学的进程。学生必须运用相关的原理和方法,调动形象思维和逻辑思维,对其中的有关信息进行分类组合、排列分析,揭示问题的症结,寻求解决问题的有效方法。同时,教育管理案例教学反对思维的单一性,强调问题解决的多样化。在案例讨论、答疑问难的过程中,学生可能随时面对未曾预料到的崭新情境,这就要求学生必须在整合知识和经验的基础上,增强自己的应变和创新能力。

6.全面提高听、说、读、写的技能

传统的代理式课堂教学中学生的活动主要表现在听讲上。而在教育管理案例教学过程中,学生不仅要能认真倾听其他学生的意见,还要能够收集、阅读大量的相关文献资料;组织自己的想法并清晰地表达自己的观点,以反驳或说服他人及其小组;此外,学生还要做好课堂讨论的记录,写出案例报告;等等。在这个过程中,学生的听、说、读、写的技能得以全面地形成和发展起来。

(四)对教育管理案例教学常见质询的回应

尽管绝大多数教师对传统理论讲授的弊端有十分清晰的认识,而且他们也常常表示要对自己的教学进行改革和调整,但是,实际的情况是在这些老师的课堂中一切都是老样子。也有相当多的教师和学生出于各种理由,对在教育管理课程中实施案例教学的必要性和可能性提出质疑。下面让我们分别就对实施案例教学几种最为常见的质询进行简要的分析。

1.学生通过交流不成熟的意见学不到任何东西

这是相当普遍的一种观点。在他们眼里,与系统的理论讲授相比,案例教学绝不是有效的教学方法。其理由正像马克·埃德曼德森①所说的这样:"现在许多成功的教授是已经把他们的课堂'分散'了的那些人。在他们的学生中新近强调团队项目和通过计算机进行交流。他们最希望的是相互交谈。现在的一个课堂常常是一种'氛围',一个用于交流现存观点及学生们的观念的地方。学生们彼此倾听,有时互相交流他们的意见。但是,一般来说,他们做不到的是获得能给争端带来一线光明的新的词汇和新的视角。"在他们看来,参加教育管理课程学习的学生是希望从专家这里获得教育管理知识和专业特长,而不是来听和自己一样无知的人发言。然而,持这种观点的教师可能忽略了这样两点:首先,如果我们在课堂中仍然采用系统讲授的方式进行教学,在教育管理处于快速变动的今天,教师能拍着胸脯保证你自己所讲授的原理和规则就是完全成熟并符合实际的吗? 其次,虽然单个学生的思考存在着肤浅、片面化或不成熟的情况,但一旦通过交流而产生的集思广益,他们经过思维碰撞而达成的集体智慧,有谁敢轻视它的价值呢? 又有谁敢说在这样的学习之后学生就肯定没有丝毫的收获呢?

2.案例教学需要花费大量的时间,教学效率低下

在教育管理教学过程中采用系统的理论讲授方式,将理论知识直接告诉学生,

---

① 列恩.公共管理案例教学指南[M].郄少剑,岳修龙,张建川,等译.北京:中国人民大学出版社 2001:23.

从时间角度看,的确是最为便捷的。然而,在这里我们需要反思的一个问题是:是不是花费时间越少,进入主题越快,课堂教学的效果就越好呢? 现代教学认识论的观点是,学生应该成为教学的主人,那种由教师代为思考、消化并将之硬性灌输进学生头脑的知识,并不能为学生深刻内化而成为生命的一种体验。不错,与传统教学方法相比,案例教学是多花了一点时间,但它却把课堂实实在在地还给了学生。这种教学方式强烈反对学生成为他人观念(哪怕是教师)的被动倾听者,通过相互讨论和争辩,使学生体会到知识的发生发展过程,获得对于教育管理复杂原理的丰富体验。

3. 以讨论为基础、以学生的高度参与为特征的教育管理案例教学,对我们并不适合

持这种看法的教师认为,案例教学是与喜欢坦率直言、竞争好斗、推崇个性的西方文化相适应的。而我们的文化却以强调一致、服从权威、倡导谦逊为特征。中西文化的巨大差异可能成为我们实施案例教学的重大障碍。应该说这种观点非常深刻。卡伦·明格斯特认为,不同的教学方法对于一定的文化群体,比对其他群体有更大的相容性。小劳伦斯·列恩也指出:"在一些民族中极少有(甚至没有)参与公开的政治评论或对共同体权威进行评论的传统,来自于这些民族的学生在案例教学中的表现也与此相似。一些学校期望学生消极、顺从、尽职尽责,受过这种教育熏陶的学生或许不愿与其他学生进行辩论,即使指导老师要求这样,他们也不情愿表达自己的观点。"[①]在笔者的案例教学实践中,课堂讨论中列恩所讲的这种冷场的确时有发生。但笔者并不认可案例教学不适合我们的说法。作为教育管理者,我们的学生越是消极、顺从、不敢发表创见,就越需要通过案例探究的方式加以矫正。在实践中我们也体会到,绝大多数不成功的课堂讨论其原因主要是缺乏耐心和引导不得法。

4. 学生都希望老师多传授一些原理和规律,他们对听同学的发言毫无兴趣

可以十分有把握地说,有这种观点的人肯定没有组织或参与过案例教学的课堂讨论。在笔者主持的教育案例讨论中,那些准备充分、观点鲜明、思维深刻、富于创见的学生发言,往往赢得了比运用传统讲授方法的专家更多、更热烈的掌声。在每一期校长培训结业之际进行的学生座谈中,学生普遍认为同学对自己的启示在质与量这两方面都丝毫不亚于教师的讲授,并强烈建议要为学生之间互动、交流以达成智慧共享提供条件。

(五)教育管理案例教学的局限性

与任何教学方法一样,教育管理案例教学虽然取得了显著效果,但也存在着一

---

① 列恩.公共管理案例教学指南[M].郜少剑,岳修龙,张建川,等译.北京:中国人民大学出版社 2001:23.

些较为明显的局限,绝不能把它当作提高教育管理能力与素养的唯一方法。这一方法的局限主要体现在以下几个方面。

1.非系统完整的局限性

由于受具体实践的限制,单个案例只能从某一角度、某一方面或某一层次反映学科的部分知识。案例与案例之间缺乏一种整体性的系统关联,不能构成一种内在的理论体系。这样,学生所获得的知识、技能,也就难以汇总进一个整体的框架之中。他们也因而缺乏对概念、原理等概括化知识的批判分析能力。

2.特定化事件的局限性

案例教学采用的是特定学校的特定事件,它具有很强的特殊性。案例中所反映的措施、方法往往受特定时间、地点、人物、情境等因素的影响,因而也是特殊的、个别的。学生通过对特定化事件案例而形成的认识,不能作为普遍的规律而广泛地迁移。

3.简单化取舍的局限性

受案例篇幅和课堂教学时间的限制,案例教学总是不可避免地根据实施者的理解进行简单化的取舍。这种取舍在案例撰写者和案例教学者眼中自然是去粗取精、去伪存真的扬弃。但事实上,粗与精、伪与真的划分是相对的,也是很难确定的。某些细节看上去不那么重要,实际上与主线相关度很高。再加上教师为了说明问题,往往夸大某一方面,这就会使案例教学的科学性大打折扣。

4.参与者有限的局限性

在教育管理案例教学的过程中,最重要的环节之一就是讨论。而参与讨论的人数必定有限。如果参与讨论的人数太多,那么每一个参与者的参与程度就会降低。

除此之外,教育管理案例教学可能还会有以下的局限性[①]:

(1)会使学生产生急功近利的思想;

(2)要求教师善于表演、感情充沛;

(3)学生习惯于在较高的职位上(如作为一名校长)做决定,而在现实中情况并不见得如此;

(4)对学生参与讨论情况的评价较为主观;

(5)重复使用某些案例会使学生产生厌烦心理;

(6)只有特别优秀的教师才能上好案例课,平庸或能力差一些的教师所上的案例课,比其所讲的非案例课效果更糟;

(7)案例教学一般只适用于知识面广、阅历丰富的学生;

---

① 郑金洲.案例教学指南[M].上海:华东师范大学出版社,2000:22—23.

（8）只有大量使用案例才能收到案例教学预期的成效；

（9）培养一位优秀案例教师需要相当长的时间；

（10）只有亲自编写案例，才能真正掌握案例。

笔者认为，在开展教育管理案例教学的过程中，必须充分认识到案例教学的上述局限。在运用案例教学方法时要注意两点：第一，必须做好课前的准备工作；第二，绝不能完全摒弃其他教学方法而单纯使用案例教学，应将这一方法与其他方法结合使用。

第二章　教育管理案例教学:过程与原则

一、教育管理案例教学过程

与传统的教育管理讲授法相比,教育管理案例教学是一种开放的教学形式。在具体的实施过程中,它并不着力控制教学的进程,反而要求给予教师和学生以较大的空间和弹性,以激发学生的发散性思维。但这并不意味着在课堂教学中,教师可以随心所欲地组织、安排管理案例教学。在教育管理案例教学过程中,教师既要遵循一般的教学规律,又要考虑到这种方法其本身的特殊要求。在教学中必须处理好两者的关系,注意充分发挥教育管理案例教学的特点和优势,精心设计,认真组织好教学活动。在国内外大量的管理案例教学实践中,人们逐渐摸索,形成了较为合理、高效的案例教学流程。一般而言,这一流程应包括六个环节:理论学习、阅读分析、小组讨论、全班交流、总结归纳、评价反思。这六个环节是一个循序渐进、不断深化的过程。

(一)理论学习

在教育管理案例教学中,常见的问题之一是就事论事,"公说公有理,婆说有理"。此外,还有很多案例教学从形式上看课堂气氛相当热烈,学生发言争先恐后,但课后却给人信息量少、课堂教学效率低下的感受。这些问题的症结主要在于参加课堂案例讨论的学生缺乏必要的、与讨论主题相关的理论基础。尽管案例教学其主要的功能并不在于系统的理论传授,但学生具备必要的理论素养(包括管理学、教育法学、教育行政学、教育学、心理学、伦理学等)是这一教学方式取得良好效果的前提。因此,在进行教育管理案例分析、讨论之前,教师必须针对学生的特点,采取多种方式,有效提升学生的相关理论水平。常见的理论学习方式有:专题理论知识讲座、指定书目让学生自学、围绕某一主题进行文献收集和综述。在学校案例教学中,学生的理论准备充分与否,是阅读分析、讨论交流等后续环节能否顺利、高效进行的关键。这一环节要注意的问题有两个方面:一是不要将理论准备搞成传统讲授;二是要注意学生所掌握的理论不求系统,但求集中、深入。

(二)阅读分析

这一阶段通常又分为这样三个小的步骤。首先是呈现案例。教师要根据案例的特点以及学生的情况,采取恰当的案例呈现方式。最简单的一种方式是纯文字描述材料。它的优点在于简便易行,但由于文字描述往往不够详细、直观,不利于学生准确、翔实地理解案例。在教育管理案例教学过程中,可供教师选择的案例呈现方式还有这样几种:(1)采用图表、漫画、语言等手段形象地呈现文字案例。(2)利用录像带、幻灯片等电化教学手段,特别是使用电脑课件手段以多媒体形式来呈现教育管理案例。(3)利用模拟再现、角色扮演的形式来呈现案例。其做法是让学生分别扮演案例中的不同人物,事先不允许通气商量,只知道自己所扮演的角色和要达到的目的,按案例的要求进行活动,通过角色将案例材料向学生展现。无论是采取哪一种呈现方式,其基本的指导思想应该是一致的,那就是尽可能生动、翔实、准确、高效,能激发学生进一步阅读、分析教育管理案例的兴趣。

其次是阅读案例。这一阶段的学生的主要任务是感知案例、把握所有有价值的信息,并在此基础上努力提炼出有意义的问题来。为使学生能够清晰地感知案例,在阅读案例之前,教师应向学生提出问题。教师所提出的问题应符合这样几个要求:一要紧扣教学目标,保证学习的方向;二要具体明确,利于学生分析思考;三要有启发性和层次性,由浅到深,由易到难,使学生的思维层层递进;四要注意问题的切口要小、要紧扣案例,数量不宜超过三个。在实践中我们体会到,数量繁杂、过于笼统的问题会干扰学生的思维,影响教育管理案例教学的效率。在阅读案例的过程中,教师要做相应的指导,比如提醒学生注意和问题相关的某一细节、要求学生厘清事件的发展脉络等。

最后进行初步的案例分析。这一阶段学生的主要任务是在认真阅读、仔细研究案例情节的基础上,独立地进行思考,提出自己的问题、分析意见和初步的结论,并准备好小组发言、讨论的提纲。为提高小组交流和课堂讨论的质量,教师可以事先指定几名学生做重点准备。

(三)小组讨论

小组讨论是联结学生个人阅读分析和全班讨论的桥梁。这一阶段给每一位小组成员提供了各抒己见,积极参与教学,充分表达各自对所学案例的看法与心得的机会。它也是教育管理案例教学最不同于传统理论讲授法的地方。小组讨论是将个人见解上升为集体智慧的阶段。在小组讨论的过程中,学生个体通过陈述、倾听、赞同、诘难等活动,不仅使他们的认识水平得到提高,而且更重要的是,为了获得组内其他成员的认同,学生必须全身心地投入到与其他同学的交流之中,从而获得了情意上的巨大满足。这些是传统理论讲授所无法给予的。对每个案例进行小组讨论通常有以下八个方面的原因。

1. 让他人获益

没有比小组讨论更好的方法能让他人获益。小组讨论为每一个参与者检验自己的最初准备提供了机会。我真的理解了问题及所扮演的角色吗?学生个人的理解与小组讨论所提供的观点之间往往存在着很大差异。案例学习的整个过程是基于这种假设,你通过主动地将自己置于学习过程中,你才能学得更多。如果你能教给别人关于你所知道的案例情况,并且别人也理解你所讨论的,则说明你也理解了案例。

2.鼓励个人准备

小组中的每个成员都有责任参与到小组讨论中。在小组中成员之间的压力将会使每个成员更好地准备案例。虽然在一个班级中,一个学生缺乏准备能很容易掩饰过去,但在小组讨论中他却无法掩饰过去。

3.让每个人都有发言机会

小组讨论为每个成员发言提供了机会。在大组讨论中,也许没有足够的时间或机会让每一位成员都有机会发言。没有获得一次机会同他人讨论案例的案例学习过程将失去很多价值。

4.开发交流技巧

小组讨论将为你提供一次听、说和其他交流技巧的锻炼机会。每个人都有机会在小组中发言。就像音乐家、演员或运动员一样,训练是取得高水平业绩的唯一方法。

5.产生好的主意

学会去产生好主意与好主意的创意者是同等重要的。能够将自己的主意同他人的主意相比较是案例分析中的一项基本的管理技能。

6.鼓励

有效的小组工作是组织成功的基础。小组中的成员参与为保证小组成功提供了有价值的实践。

7.建立信心

小组讨论也为每个参与者建立了信心,使他并未完全背离案例的理解或分析。小组讨论使观点的争论比面对全班更加融洽和安全。班级讨论过程会使很多人惧怕,而小组讨论则为每一个人提供了一个合适的场所来发表自己的见解。

8.建立友谊

很多曾参与过案例学习的参与者清楚地记得他们的小组讨论是学习的一个重要方式,他们中的很多人在以后的生活中也都与其小组成员建立了长期友谊。

因此,小组讨论的质量好坏直接决定了教育管理案例教学的成败。为了帮助那些有志于从事案例教学的读者能更清楚地了解小组组织讨论的技巧,本书将在第三章中对此做专门论述。

(四)全班交流

这一环节是教育管理案例教学的高潮,是形成教学结果的重要阶段,是全体学员各抒己见、集思广益、相互启发、共同提高的过程。这一环节的关键在于教师要努力创设情境,使各案例学习小组之间展开充分的交流。这种交流既包括在和谐的气氛中平心静气地相互商讨,也包括相互的质疑、辩护或反驳。与小组讨论阶段相比,教师在这一阶段中的任务要复杂和艰巨得多。

在教育管理案例教学过程中,全班交流的环节通常由教师主持。其一般流程为:首先由各小组选出各自代表向全班汇报本小组在小组讨论中的基本观点,并允许组内其他成员做必要的补充。其次,鼓励其他小组以各种形式对任一小组的观点做评价、漫谈或批驳。这是全班交流环节中最需要充分展开的阶段。教师要采用各种手段来引导、促进交流的深入进行。前面所介绍的有关小组讨论的原则和技巧在这一阶段也十分有效。

1.全班交流的形式

在教育管理案例教学中,全班交流的方式方法是多种多样的。从便于运用的角度看,常用的主要有以下这样一些形式:

(1)专题式交流和漫谈式交流。专题式交流就是大家共同围绕着教育管理案例的某一个问题,发表自己的见解,相互启发,相互补充,使问题的分析不断得到深化和完善。而漫谈式交流则不受某一问题的限制,可以围绕自己所关心的重点,就案例所提供的事实自行提出不同的问题来进行讨论和交流。漫谈式交流的优点在于思路开阔,涉猎广泛。缺点在于失之散漫,对案例的探究难以深入。

(2)批判性交流和合作性交流。批判性交流是各小组之间针对各自不同的观点,互相质疑、反驳和辩护,在对抗中获得启迪。合作性交流则要求在和谐的气氛中相互商讨,寻求各自互补的可能性。

(3)角色扮演型交流和客观评论型交流。前者是指选取部分学生分别扮演教育管理案例中的不同角色,使之置身于案例情节之中,设身处地地去分析、思考案例所反映出来的问题。而后者则要求学生尽可能地避免使个人的情感受到案例情境的影响,冷静客观地分析案例中的矛盾,提出解决问题的方案。

随着教育管理案例教学的发展,还涌现出一些新颖并富有活力的全班交流方式,比如:

(4)绘画式交流。这一交流形式要求小组成员用高度精练的语言和绘画形式向全班学生表达思想和主题。在这种交流中,各小组用绘画的形式将本小组对教育管理案例中某一主题的理解自由地表现出来。在全班交流中,每个小组将自己的作品在教室里展示出来,并用最简短的语言做一扼要的介绍,供大家评论、鉴赏。这种方式降低了许多讨论中的狂热,并赋予讨论以极大的兴趣和想象力。

2.批判性交流的作用与步骤

好的交流应表现出较强的批判性。在教育管理教学实践中,最常用的也可能是最有效的全班交流方式当属批判性交流。在批判性交流中,要求学生转换立场,为自己毫不熟悉,甚至是自己反对的观点或立场进行辩护。这种方式的交流使得学生不得不以一种崭新的视角来看待案例中所涉及的问题。这样做不仅开阔了学生的视野,增强了对不同观点的理解和容忍度,而且强烈地刺激了乏味、单调的讨论,增添了学生参与学习的热情。

这一方式的流程一般有六步。

第一步:向全班汇报小组观点。这一步骤通常是由每个小组事先指定的代表向全班做典型发言,并由组内其他成员做必要的补充。但这种汇报的方法有两个显而易见的问题,那就是:(1)沉闷乏味;(2)冗长难记。鉴于此,本人在实践中通常要求各个小组在一张大的稿纸上或黑板上写出自己小组主要观点的纲要,将其粘贴在教室的四周。这样,在全班交流的环节中,班里的每一个学生都可以在教室里来回反复地浏览阅读,并能很方便地将各小组对同一问题的不同看法进行比较和分析。

第二步:转换小组立场。要求各小组中的每个成员都必须成为那些与自己所持观点相反的小组的辩护者。至于每人具体选择参与哪一个组,是学生的自由,教师不应强加干涉。需要注意的是,重新组合的各个小组在人数和整体实力上应大致均衡。

第三步:展开辩论。经过重新组织形成的每一个小组经短暂讨论之后,各选派一名代表阐明小组的观点,并要求举例进行说明和论证。

第四步:其他小组经集体讨论列出反驳这一观点的提纲,之后由一名代表向全班阐述,并由其他成员进行必要的补充。

第五步:全班学生展开自由论坛。可以对任何一方的观点、论据进行评价、质疑、驳斥、附和和赞许,但决不允许进行恶意的诋毁和人身攻击。

第六步:反思。各位学生重新回到自己原先所属的小组,小组所有成员畅谈转换立场为与本组对立的观点进行辩护之后所获得的新体验,并对原先所持的看法进行反思。反思的重点为这样一些问题:自己原来的看法是否有偏颇之处? 解决案例中的问题是否只有这一种方法是最合理的? 对方的观点有哪些是值得借鉴的?

(五)总结归纳

在全班交流结束之后,教师应做一个精练的总结归纳。这一阶段的主要任务是对讨论的情况做出评价。归纳评析学生中具有代表性的共同观点和不同意见,就讨论中的各种代表性意见所涉及的理论性问题做出分析,并指出在小组讨论和全班交流过程中被普遍忽视的案例中的重要信息,以及这些信息所蕴含的问题解决的其他途径。在总结归纳的过程中,教师要注意的是,要尽可能避免对各种意见下孰优孰劣的倾向性断语。要对各种不同的观点给予积极的认可。这样,既符合学校管理多元化的特征,又保护了学生的自尊心和进一步参与学习的积极性。

(六)评价反思

实际上,这一环节一般是在课后进行的。但它是教育管理案例教学过程中必不可少的重要一环。它既包括对学生在教育管理案例学习中的成绩评定,也包括教师对自己所主持的教育管理案例教学的活动成效的自我评价与反思。

1.学生成绩评定

传统理论讲授方法在评定学生的成绩时,着重考察的是学生对理论的掌握程度和文字表述的能力。而教育管理案例教学方法则要兼顾学生的书面分析报告质量和在课堂中的有效参与程度。后者在总成绩中所占的权重甚至要超过前者。在对学生的书面分析报告进行成绩评定时,应从四个方面去考虑:(1)分析能力,即分析的全面与深入,主次划分的准确分明等。(2)决策能力,指决策的依据是否有说服力,考虑的因素是否周全,所取的方案是否现实可行等。(3)创新能力,这是衡量书面报告质量最重要的标准。表现为想象力的丰富奔放,见解与主张的精辟独创,洞察力的深刻与否等。一份虽不无偏颇但具有高度创新意识的报告,其价值远胜过面面俱到、四平八稳的文章。(4)文字能力,即文笔是否流畅、简练、准确,是否符合逻辑和语法规则,修辞是否恰当等。

课堂中的参与是评定学生成绩的另一个标准。包括两个方面,即参与的频度与质量。频度是衡量学生学习主动性的指标。在教育管理案例教学中,发言次数过少的学生一般应视为学习热情不够。需要注意的是,并非一个人发言的次数越多就越好。因为还有一个参与的质量即是否有效参与的问题。什么才是有效的课堂参与呢? 可以从这几个方面去考虑:

(1)做出有意义的、对理解问题有帮助的分析;

(2)指出案例中需要进一步探究的某些方面;

(3)提出他人所没有提出的方案;

(4)提出行动或实施计划的建议;

(5)确定案例中的关键性的假设;

(6)做出有意义的总结。

2.教师自我评价与反思

这是常常被教师所忽视,但却是改进今后教育管理案例教学和提升教师案例教学能力的重要环节。教师自我评价与反思是教师以自己的教学活动为思考对象,来对自己所做出的行为、决策以及由此所产生的结果进行审视和分析的过程,是一种通过提高参与者的自我觉察水平来促进能力发展的途径。波斯纳(G. J. Posner)曾提出过一个教师成长的简要公式:经验+反思=成长,并指出,没有反思的经验是狭隘的经验,至多只能形成肤浅的知识,如果教师仅仅满足于获得经验而不对经验进行深入的思考,那么他的发展将大受限制。[1] 可见反思对于教师成长的重要意义。教师自我评价与反思不仅要求教师从教学技术上思考、质疑或评价自己教学的有效性,而且还要求教师运用反思的结果矫正其不良的教学行为,并在今后的教学实践中加以运用。有人总结了以下问题,供实施案例教学的教师进行自我评价与反思之用[2]。

---

① POSNER G J. Field Experience: Methods of Reflective Teaching[M]. New York:Longman,1989:21.

② 郑金洲.案例教学指南[M].上海:华东师范大学出版社,2000:22—23.

● 我在课堂上的讲话占了多长时间?

● 我提供了多少话题给学生讨论?

● 有多少讨论是针对我的? 又有多少讨论是针对其他同学的?

● 我在课堂上的情绪表现"恰当"吗?

● 我的课前准备充分吗?

● 教学能进行得更好一些吗?

● 如果我有机会再上一次课,我的教学将会有哪些不同?

● 如果把自己的行为分成从 1 到 10 的等级,我会给自己打几分?

● 在教学中,我学到了哪些东西?

二、教育管理案例教学的原则

(一)以学生为主体

这是教育管理案例教学区别于传统讲授式教学的首要原则。在传统的理论讲授教学中,教师是课堂的主宰,控制了课堂教学的进程,学生是完全消极被动的。而教育管理案例教学则不同,它重新界定了教师与学生的角色,课堂的中心从教师转向学生。在案例教学中,教师必须时刻提醒自己:学生是学习的主体,教师只是学生学习过程中的"催化剂"。一方面,"以学生为主体的教学"和"主体性学习"是现代教学论的核心观点。这一观点强调,在实际的教学过程中,教师必须诚心诚意地把学生当作学习的主人,只有这样的教学才是符合认识规律的。另一方面,这一原则符合教育硕士及教育管理干部培训学员的特点。在长期的教育实践中,他们获得了丰富的学校管理经验、知识,同时又具备了较强的理解能力和社会交往能力,因此他们完全有条件、有资格成为学习的主体。在教育管理案例教学中贯彻这一原则,教师要做到:以学生学习需求为主,而非以教师的主观意愿为主;以学生的自主探究为主,反对教师提供现成答案,包办学习;以学生面临的现实问题为中心,不能以教师预设的问题为中心;要尊重和发挥学生的特长,使他们真正感到自己是课堂和学习的主人。

(二)强调从做中学

教育管理案例教学的第二个原则是实践原则。教育管理案例教学反对简单地从教师那里接受静止的知识,认为学生要提高运用知识、驾驭知识、丰富和发展知识的能力,就必须自己去亲身实践。近年来,对于教育管理者知识结构的认识有了深入的发展。他们除了要具备教育学、心理学、管理学等条件性知识之外,还必须具备丰富的实践性知识,即管理者在面临实际的学校管理情境时所具有的问题解决策略的知识。它更多地来自他们的管理实践,具有明显的经验性成分,是自身管理经验的累积。实践性知识对于管理水平的提高具有决定性的作用。教育管理案例教学的实施有助于学生实践性知识的增长。面对案例所提供的高度仿真的教育管理情境,学生需要结合相关原理,在独立思考和集体协作的过程中尝试做出分析和判断,提出切实可行的问题解决策略,并能接受其他学生和教师的诘难,尽可能地让他们信服。这个过程可能需要反复多次才能完成。通过在高度拟真的学校管理情境中多次的亲身历练,学生可以积累丰富的实践体验,掌握规律、增长才干。

(三)侧重能力培养

如前所述,传统代理式教学重教师讲授,目的是传授知识、真理,使学生获知具体的信息,掌握科学规律或记住某一事实的准确内容。教师是课堂的主宰,学生是消极被动的。而教育管理案例教学则不同。它强调必须以学生为主体,强调学生必须通过积极、主动地参与课堂教学的每一个环节以获取知识、发展能力。在案例教学过程中,学生要在教师指导下,独立自主地完成课程任务,并按照课题的要求进行实地考察与文献的收集与加工;在小组讨论和课题辩论会上,要描述并解释自己的观点,回答老师和同学的提问;面对老师设置的种种条件,要随机应变地提出各种对策与方案。这些过程,对学生的综合素质提出了较高的要求。他们的多种能力如处理人际关系、分析问题和解决问题以及听、说、读、写等能力也因此得到了全方位的锻炼和提升。

(四)营造宽松氛围

案例教学的成败主要取决于学生之间讨论与交流的质量高低。充分的、有意义的交流有赖于宽松的课堂气氛。在案例讨论的过程中,教师要尽可能营造一种开放的、接纳的和宽容的态度,让学生学会对彼此的观点做积极的回应。要使全班的每一位学生都感到自己的观点对于大家来说都是可贵的、有意义的,所有的发言都是受欢迎的和有贡献的。教师要尽量保持价值中立,对学生的看法做出实事求是的评价。应少批评,多鼓励。当然,对于在讨论中偶尔出现的、带有敌意的人身攻击,教师应予以批评和制止。

三、教育管理案例教学中的师生角色

传统教学理论认为,在教育、教学过程中教师与学生是教学活动中的基本矛盾之一。其中教师是这一矛盾的主要方面,在教学过程中起着主导的、决定性的作用,学生是矛盾的次要方面,是完全被动的客体。然而,正如前面所介绍的那样,教育管理案例教学要以学生为主体,在教学过程中要时刻体现出学生的主体参与性。这种教学方法的鲜明特点之一就是强调学生的独立与自治,突出他们的自学与互学。因此,在教育管理案例教学过程中,教师与学生也就各自扮演着和传统理论讲授教学中迥异的角色,起着完全不同的作用。

(一)教师应扮演的角色和作用

1.主持人

这是教师在教育管理案例教学过程中首先要扮演好的一个角色。这一角色要求教师要像节目主持人一样,时刻把握教学进程,控制课堂秩序。在教学之初,教师要向学生介绍问题的背景、明确教学要求,引导学生尽快进入案例探究状态;在教学过程中,教师要眼观六路、耳听八方,实时监控教学进程,控制发言顺序和讨论进度,适时调整课堂气氛,使案例教学始终处于有序、热烈、高效的状态之中。

2.导演

课堂讨论是教育管理案例教学的核心环节,学生是这一活动的主体。但这并不意味着教师可以袖手旁观、放任自流。在讨论中教师的作用正如演出中的导演一样,虽然并不在舞台上出现,但却通过组织、引导、启发、点拨、评论等手段,对参与讨论的所有成员发挥着巨大的牵引力,确保讨论沿着健康、正确的方向发展。

3.催化剂

在化学反应中,催化剂本身并不发生变化,但却能有效地加快反应的速度。教育管理案例教学中的教师应像催化剂那样,加深、促进学生的分析与讨论。一方面,教师要精心提炼问题,推动学生由感知问题的表面现象向深入的探究发展,提高案例学习的质量,发展学生的思维能力;另一方面,这种催化剂的作用还表现在教师起着媒介的作用。在集体讨论中教师应鼓励创见,支持不同意见的相互撞击与交融,促进相互学习、取长补短。

4.数据库

在教育管理案例教学中,教师不再扮演了知识化身的角色,但并不是说教师可以降低自身的理论素养和知识储备。在实践中我们体会到,案例教学对教师的理论修养和知识储备比传统教学要求更高,教师必须是一个储量丰富的数据库。从事案例教学的教师必须掌握大量的相关信息资料,包括同类的案例、与案例有关的补充材料、分析该案例的不同观点及其理论依据等。教师只有储备了更多的信息资料,才能站得高,看得远,在学生讨论遇到困难时,为他们提供必要的信息资料,提示讨论的方向,使讨论更加深入。

(二)教师的角色错位

在教育管理案例教学中,受传统教学的影响,教师很容易扮演他不应该扮演的角色,发挥了不利于案例教学的负作用,产生严重的角色错位。在管理案例教学中教师应努力避免扮演以下三种角色。

1.评论家

在案例讨论的过程中,教师要尽量避免扮演评论家的角色,对学生的见解和活动评头论足,不要轻易指责和否定学生的观点。这些做法将会严重挫伤学生参与活动的热情,损害他们的自信心。

2.讲演家

在教育管理案例教学中,教师应时刻提醒自己要以学生为主体。教师的作用在于穿针引线,为学生的互动提供交流的平台。教师应切记不要随便打断学生的发言,不要长篇大论、喧宾夺主。

3.裁判员

积极的、富于建设性的交流并不排斥学生之间的质疑与驳斥。在学生发生争论时,教师要学会判断这种争论的性质。如果它是积极的、正常的,教师不要充当裁判员的角色,马上出来评判是非。要知道,教师自己的观点也未必是正确的,因此教师的裁决不见得比学生高明、正确。另外,教师对争论的过分干涉也不利于学生养成自我认识、自我教育,在讨论中自我纠正错误观点,完善正确观点,不断提高自我发展的能力。

(三)学生的角色与作用

1.破冰船

受传统教学方式及东方文化的影响,在教育管理案例教学的起始阶段,常常会出现没有人首先主动发言的现象。为了避免冷场,打开僵局,教师可以在案例教学之前,事先安排一位学生做好充分的准备,在课堂上第一个发言,打破冷场,起到抛砖引玉的作用。学生应勇作破冰船。

2.专家证人

这是指在某一方面有特别的研究或经历的人。在案例教学中,需要有一部分学生对案例所涉及的相关理论与实践有较为深入的造诣或体会。这就对教师和学生都提出了一定的要求。对教师而言,就是选择案例时要考虑它是否为参与讨论的学生所熟悉。更要紧的是,要求学生必须潜心研究理论,关注实践前沿,努力成为专家。

3.挑战者

这类学生在别人发言时,认真倾听,挑出发言人的错误或与自己观点不相符的地方,积极质疑,大胆问讯,充分展开讨论,从而使问题分析得更透彻。

4.跑龙套者

教育管理案例教学对课堂气氛的要求比较高,同时也强调所有的学生必须踊跃发言。这就需要参与案例教学的成员要仔细倾听他人的议论,善于发掘细小的疏忽和幽默的元素,提醒他人注意完善自己的观点,并起到调节和活跃气氛的作用。

5.收拾残局者

在案例教学的结束阶段,需要有学生就案例的内容及讨论的情况给予认真的总结,厘清思路,清点收获。

第三章 教育管理案例教学的准备

　　教育管理案例教学的成功必须建立在充分的准备基础之上。较之于传统课堂讲授,教育管理案例教学在教师的角色和作用、教学材料的选择与呈现方式、教学物质条件等诸方面有着相当大的差异。在实践中笔者深深体会到,"台上几分钟,台下十年功"。一个好的案例教学在课前准备上所花费的时间与精力,可能数倍于普通课堂讲授的课前准备。那种认为"采用案例教学,教师可以偷懒"的看法实在不值一哂。实施教育管理案例教学需从以下几个方面着手进行准备。

一、学生的能力现状与学习需求分析

　　现行的各类教育管理课程的教学模式,包括教育管理专业教育硕士及教育管理者培训方式,都还是一种"计划教育"的模式。在这种教育模式下,不同地区、不同学校类型等教育环境上的差异和教育对象的实际需求受到严重漠视,强行"摊派"教学内容,学生学习的积极性、主动性难以充分发挥,严重影响了教育管理课程学习的效果。因此,实施教育管理案例教学,必须做到"按需施教",必须在对学术能力现状与实际工作需求有了充分了解的基础上进行教学设计。

　　现代培训理论认为,培训需求分析是现代培训活动的首要环节。它在各级各类培训中具有重大作用。在教育管理案例教学过程中,对学生学习需求分析的具体步骤主要包括以下两个方面。

(一)确认差距

　　培训需求分析的基本目标就是确认差距,即确认绩效的应有状况同现实状况之间的差距。它要求包含三个环节:一是对所需要的知识、技能、能力进行分析,即在当前的形势之下,作为教育管理者,其理想的知识、技能、能力的标准是什么? 二是要分析,在当前的教育管理实践中,我们的各级各类教育管理者的知识、技能现状是怎样的? 三是对理想的或所需要的知识、技能、能力与现有的知识、技能、能力之间的差距进行分析。它的基本目标就是确认差距,即确认学生能力的应有状况与现实状况之间的差距。它是我们确定教育管理案例教学目标的基础。为了保证分析的有效性,这三个环节应独立有序地进行。

(二)提炼教育管理案例教学的主题

客观地说,当前的教育管理课程在内容和主题上存在着以下较为严重的问题:一是过于强调学科系统的完整与全面,导致与当下的教育管理现实有较大的脱节和滞后;二是"一刀切""齐步走",忽视了地区与学校之间的巨大差别;三是严重漠视学生的兴趣和原有的知识基础,导致学习动机的下降,影响了学习的效果。而通过培训需求分析,教师就会对学生的知识、技能水平有较为清晰的认识。在与相应的教育管理者素质要求进行比照之后,我们就可以确定培训的目标,从而规划出既符合学生兴趣,又指向实际问题解决的教育管理案例教学的主题及内容。

二、确定教育管理案例教学目标

在对学生的能力现状与培训需求有了深入的了解之后,就可以确定教育管理案例教学的教学目标了。这一环节就是要明确学生通过教育管理案例教学所要达到的能力水平。这是教育管理案例教学课程设计的重要步骤。参照美国著名案例教学专家巴赫(Barach J. A.)的观点,在教育管理专业教育硕士教育及中小学校长培训中实施教育管理案例教学所要达到的行为目标内容及重点培养的能力详见表3-1。

表 3-1 教育管理案例教学所要达到的行为目标内容及重点培养的能力

行为目标	内容	重点培养的能力
一	学生要能针对某一问题情境做出具体的决定,并能将其应用到有关的实际情境之中	问题解决能力、决策能力
二	学生必须证明他有能力进行清晰的、符合逻辑的并前后一致的思维。思维要有严密的逻辑性、清晰性和连贯一致性	逻辑思维能力
三	学生要能明白无误地表述他对问题情境的分析,具有较强的说服力	口头与书面表达能力
四	学生要能识别并确定那些与案例紧密相关的基本要素和问题	观察能力、判断能力
五	学生要能对案例中所涉及的问题进行定性与定量分析,掌握分析的基本工具与技术	分析能力
六	学生要能超越具体的问题情境,具有更为广阔的视野和前瞻性	发散性思维能力
七	学生要能利用所获得的数据资料制订一个相当具体、完备的行动计划,并能经得起他人的责难与推敲	决策能力、制订计划的能力

三、精心备课

（一）案例的选择

在了解了学生的学习需求并确定教学目标之后，教师首先要做的是选择案例。案例是否恰当是教育管理案例教学能否成功的关键。教育管理案例教学是以案例为中心而展开的。选择一个好案例是案例教学赖以成功的必要条件。教师要根据上一阶段确立的教学目标，充分考虑案例的特点，选择适当类型、难度的案例用于教学。

1.教育管理案例的功能类型

一般来说，按教育管理案例的功能，可将其分为以下几种类型：

（1）描述评审型。这一类案例主要是描述学校管理事件的过程，或为解决某一问题、达成某一目标而制定的实施方案（或计划），让学生评审，指出其解决过程中的得失成败和经验教训。例如，介绍某一学校教师聘任制方案制定及具体实施的过程，要求案例使用者对之进行评审，指出该方案及其实施过程中的特定和关键之处，同时也分析其不足与疏漏之处，并说明理由。这种性质的案例其功能主要在于检验和加深学生对学校管理理论的认识，并提高其对解决问题的方案和计划的评审能力。下面这则案例就属于描述评审型。

【案例 3-1】

教案风波

徐校长所在的中学是远近闻名的一所完全中学，人们一提到这所学校，就会异口同声地说："该校教师教学认真负责，学生学习努力。"特别是教师备课认真，更为外校所称道。这种风气是怎样形成的呢？

原来，该校长期坚持举办教案展览。多年来，每学期的期中和期末，校长总是要求各教研组收齐各位教师的教案，由教导处整理、布置，公开展览。年年如此，已成为一个常规。在每学期的工作计划中，教研组长都要层层叮嘱，反复交代，直至那些新教师参加过第一次教案展览活动后，对此有了认识，才不再唠叨。

当然，教案是必须按规范书写的，对此，学校有统一的要求、格式和标准。

展览教案至少有三条好处：一是取长补短，相互学习；二是发扬先进促后进；三是普遍检查，掌握全局。前两条是对教师而言的，后一条是从学校领导方面来考虑的。

在长期执行过程中，确实收到一些效果。有些教师把它看作是一种向学校领导和其他教师汇报工作的好形式，不少教师在备课中不惜花费大量时间，悉心撰写每份教案，务必做到具体、清晰、详尽。有的教师虽然不赞同这种办法，但为了不在展览时丢丑、失面子，也总还是认真对待的，有的甚至把教案重抄一遍，清清楚楚地存放着，以备展出。

因而，教案展览成为学校常规管理中的一个保留项目。

然而就在最近，学校却在教案展览上闹了点风波。首先是一些教案写得条理分明、字迹工整的教师，其教学效果并不好，而且有几位教案书写得颇受徐校长赞许和欣赏的老师，学生对他们的讲课却大有意见，反映强烈。其次，有一位年近50岁的语文老师，调入学校不到一年，教案写得很简略、很潦草、很不规范，有的地方甚至用符号代替文字，别人很难捉摸其全部含义，但他的课却很受全班学生的欢迎，徐校长也听过他几节课，觉得其教学艺术确实不凡。还有一位物理老师，她上课的水平很高，写的教案也合乎徐校长的心意，一直是全体教师学习的榜样。但是最近两次教案展览中，她的教案却使徐校长大失所望。尤其让徐校长觉得头痛的是，有一位刚分配来的数学老师小李竟然不肯写教案。教案展览时，他交上来的是自行设计的一本"板书设计"和一本"双基知识归类"以及学校发的《教案参考》，而且他还振振有词，说《教案参考》的质量已很不错，与其去抄一遍，还不如把时间用在构思自己的"板书设计"和"双基知识归类"上，讲课时将三者结合，效果很好，为何一定要装模作样地抄什么"规范化"的教案呢？纯粹是形式主义。徐校长怎能容忍常规受到随意破坏，于是扣发了小李的部分奖金，结果小李逢人便不无感慨地说："看来还得听领导的话——抄教案！"这在学校中引起了不小的骚动。

因此，要想坚持教案展览这一常规，就得立即采取有效措施平息上述风波。经过几天的思索，徐校长决定先从两位老教师入手，只要能改变这两位有威望的老教师的态度，把他们作为旗帜，问题也就不难解决了。于是他同教导主任一起，约请这两位教师谈话，徐校长没有直接批评他们书写的教案不规范，而是从探讨学校教学改革问题开始，到征求他们对学校教学管理的意见，然后再引出主题——学校究竟应该怎样要求教师撰写教案为好？目的当然是希望他们支持学校"教案展览"的传统做法。但语文老师的表态却并不合徐校长的意，他说："对这个问题，我想过多次。教师要写教案而且要写好，不写教案，不认真备课，就不能进课堂讲课。问题在于：教案好坏的标准是什么？写教案是为了什么？我想，教案首先是写给自己用的，而不是给别人看的，检验一份教案的好坏，主要是靠课堂教学实践的效果好差。不同的教师，不同的学科，不同的年级，可以有不同的写法，也应该有不同的写法。'一刀切''一种模式''一个标准'，那是形式主义，对提高教学质量没有好处。徐校长，你大概也知道，有些教师为了应付展览，教案是课后补写的，或者课后修饰一番重抄一遍，这纯属弄虚作假。人数很少，影响却很坏。因此想通过教案展览，把所谓教案'规范化'起来,绝不能反映实际的、真正的教学水平。学校领导想通过这种办法检查教师教学情况,也肯定是不全面的,甚至会得出虚假的结论。我是想到什么说什么,说错了请领导不要介意。"语文老师一炮轰完。

"哪里,哪里。讨论问题嘛! 我觉得每个教师应该有自己的特色,但基本的规范总还是应该有的。至于教案展览活动,好处恐怕也是有的……"徐校长把前述的三条好处说了一遍,接着转向物理老师,先对她过去的教案做了充分的肯定,又指出:"我希望你们坚持下去,成为我们学校教案规范化的榜样。"在讲这话的时候,徐校长丝毫没有提到这位物理老师近期内教案"不规范"的问题。他想稳住物理老师,使物理老师成为说服语文老师的一种辅助力量。

然而事与愿违,物理老师并没有顺着徐校长的思路发言。她平和地说:"详案有详案的好处,简案有简案的优点,确实要因人、因事、因时而定。过去,我写的教案是非常详尽的,不能说不好。现在情况不同了,要发挥学生创造性学习的精神,要培养他们的自学能力和动手实验能力,要实行启发式教学,这就要求教师备课时多从学生方面着想,多考虑一些引导性问题,多预测一下学生可能产生的学习障碍。因此,大段大段抄书式的详案就远远不能适应这种教学新情况了。所以,这两年来,我是有意识地在改革自己写教案的老习惯。是否改好了,不敢说,但改是一定要改的,不改不行。"最后,她还希望学校的教案展览活动方式和好教案标准也要改革一番,不要再把她过去的教案作为一种不变的范例。

"两位老师说得虽有道理,但如果大家写教案详的详、简的简,没有统一格式,没有统一要求,没有统一标准,学校又怎么对备课这一环节加以管理呢? 像小李这种情况又该怎样处理呢? 若单以课堂效果的好坏来评价教案的好坏的话,那查不查教案就无关紧要了,这样又用什么来保证教师写了教案且写得好呢? 备课质量失去了控制,又怎么能保证上课的效果呢?"在一旁静听的教导主任一下子提出了不少问题。

"听说外省有些学校对教案采取了分层次要求的做法,即对刚走上工作岗位的青年教师,学校用'详细、实用、规范、清晰'的标准来要求他们,并安排老教师定期对他们的教案加以检查、修改和评点;而对有经验的中、老年教师则不搞一个模式、一个要求,而重点看其实用不实用,看有没有创见,看有没有新意。不知我校能否试验一下这种做法。"语文老师插话说。

"这里也有很多问题,仅青年教师与中、老年教师的划分就会产生不小的矛盾。"教导主任又泼了一瓢冷水。

"矛盾可以试着处理嘛,我们总不能路难走就不走路吧?"语文老师反驳道。徐校长眼看一场争执在所难免,而自己原来的打算又没能实现,于是赶紧收场:"看来我们今天一时还不能形成统一的看法,你们两位的许多意见是可取的,学校要好好研究。至于教案问题,我认为教师必须认真撰写,一丝不苟。请你们在组里带个头,使更多的人发扬严谨的教学作风,争取良好的教学效果,这要靠你们了。还有一些具体问题,我们以后再交换意见。"

看来,这场教案风波一时还难以平息。

(原载:周在人,刘朝章.中小学管理案例[M].北京:科学普及出版社,1997.)

(2)成功评价型。这类案例以介绍学校管理活动中的成功典型为主,具体描述发现问题、处理问题、解决问题的全过程。这种性质的案例的价值在于丰富学生的学校管理体验、开阔视野,增加对学校管理理论的信心。下面这则案例就是典型的成功评价型。

【案例 3-2】

买蛙记

上午第三节课后,某中学的校园里,生物教研组长蒋老师急急地从人丛中来到校长室,上气不接下气地找到施校长,诉说了心中的委屈和不平。原来动物课已进行到蛙解剖阶段,学生需分组进行实验。三周前他已按手续填写了请购单,请总务处采购一批活青蛙,供学生分组实验用。然而总务处采购人员因为天寒没有买到青蛙,蒋老师只好让全组生物教师发动几个家住城外的学生,托他们的家长想法买来了一批活青蛙,从而保证了实验课的正常进行。本以为总务处同志一定会说上两句好话,哪知总务处尹主任以"白条子"不合财务规定而拒绝报销,因而产生了争执。争执中还抢白了生物教师几句,什么"就你们买东西古怪,一会儿河蚌,一会儿活鱼、活兔……事真多,尽给我们出难题"。校长听完蒋老师的诉说后,安慰了一番,又表扬了老师们克服困难按照大纲进行实验教学的精神,并宽慰他说:"具体问题很快会得到妥善解决的。"下午,总务处尹主任也来向施校长诉苦:上月,财务部门来查账,发现有"白条子"已经提出了批评,尽管学校承担了责任,但总是不符合财务制度的。今天上午蒋老师为买蛙用"白条子"要报销一事,对我们坚持原则不满意,在总务处还发了脾气,好像我们总务处就得两头受气,低人一等似的……校长听后,笑而不答,只轻轻地说了一句:"你先回去工作,明天上班时在总务处等我。"第二天上班,尹主任接到校长通知,要他在第四节课陪校长到第一生物实验室去看看。当他到实验室时,看到学生们正在蒋老师的指导下解剖着青蛙,并对照课本兴致勃勃地仔细观察着……下课铃响后,施校长、尹主任和蒋老师一同走在实验室的走廊上,施校长问尹主任看了学生实验后有何感想,尹主任恍然大悟道:"哎哟! 不看实验不知道,青蛙在教学中这么重要! 早知道教学上这么重要,天再冷我们也要想办法买来。"尹主任转脸对蒋老师表态:"真对不起,我们的工作没有做好,以后只要教学上需要,一定千方百计帮助解决。为教学服务,是我们总务工作的本分嘛!"蒋老师也感动地接着说:"……昨天我太急躁了,态度不好,平时对总务处工作上的困难也理解得不够……"这时,施校长觉得没有多少话可讲了,只是笑着说:"主任,看来你到实验室看看蛮有收获,好了,以后总务主任也要到课堂里听听课,至少要听实验课、劳技课和电教课……"

从此以后,总务处所制订的学期工作计划中又多了两条具体任务:一是正副主任至少要听六节课,重点听实验课、劳技课和电教课;二是主动与各教研组联系,想方设法按时供给各科教学所需的器材,包括新鲜植物和活鲜动物,真正做到急教学之急,供教学之需。

从那以后,不管有多大困难,总务处总是及时地买回实验用的动植物及其他物品,保证了各科实验教学的顺利进行。

(原载:李冀.中小学校长管理职能及案例[M].北京:首都师范大学出版社,1990.)

(3)方案抉择型。这类案例往往根据当下的中小学管理实践中的焦点和难点,向学生提供一个相当棘手的学校管理问题,以及可能解决这一问题的多种备选方案,希望学生通过对问题产生原因的分析和备选方案的权衡比较,从而选定或找出有效的问题解决方案。这种性质的案例既能使学生充分理解学校管理活动的多元、权变的特点,积极关注学校管理实际,又有利于培养学生分析、判断以及将所掌握的相关理论运用于实际的能力。下面这则案例就属于这一类型。

【案例 3-3】

课时补贴的烦恼

某中等师范学校最近刚调来一位金校长。尽管该校已有一位任职多年、经验丰富的教学副校长,但金校长为了贯彻学校工作以教学为中心的指导方针,决定直接抓学校的教学工作。为调动教学第一线教师的工作积极性,金校长决定在全校推行课时补贴制度。

金校长经过深思熟虑,在校长会议上提出了课时补贴的具体方案:以每位教师每周 12 节课为满工作量(校级领导每周 2 节,中层正职 4 节、副职 6 节),每课时补贴为高级职称 3.2 元,中级职称 2.8 元,初级职称 2.4 元,每月按四周半计算。这样满工作量的教师,每月可分别获得约 170 元、150 元和 130 元的课时补贴,低于工作量要求的按上述标准酌情扣发,超过规定工作量的按超课时补贴发放,每节课 8 元。因为课时补贴是发给上课老师的,所以后勤服务人员不能享受。

这个方案一试行,立即引起了后勤人员的强烈不满,他们认为教师通过"教书育人"为学校做贡献,后勤人员同样通过"服务育人"为学校做贡献,在分配上应一视同仁,不应歧视他们,并敦促校长立刻修改方案,否则他们将采取措施,并扬言"会造成严重后果"。

学校领导经过激烈讨论,觉得这部分人的意见应该考虑,毕竟是同一个学校内部的工作人员,服务工作也是不可缺少的,只是分工不同,没有贵贱之分。于是,在金校长的亲自修改下,试行了第二套方案:后勤人员拿全体教师课时补贴的平均数。因为该校教师中级职称居多,高级和初级职称数量都不大,所以经平均测算,后勤人员实际拿到的课时补贴基本上与中级职称的人员持平。

第二套方案的出台,又引起了轩然大波,首先提出反对意见的是教师中的初级职称者。他们认为自己虽然工作时间不长,但对教学尽心尽力,而与教师中的其他职称者,尤其是高级职称者相比,第一套方案差距已经很大。并且他们经过多年苦读才获得大学文凭,取得教师资格,很不容易,而现在他们的补贴还比不上后勤人员。学校太不尊重知识、不尊重人才了。

学校领导认为,尽管是少数人,但意见也很中肯,毕竟每位教师都要首先经过这段历程,学校领导应该多关心他们,信任他们,而不应该低估他们的劳动。于是经过修正,又出台了第三套方案。第三套方案的主要精神是缩小相互之间的差距,即每种职称在满工作量的前提下补贴金额分别改为160元、150元和140元;后勤人员向初级职称者挂靠,即每月140元。这样,暂时平息了这场课时补贴风波。

几天后,金校长组织召开了一次教师座谈会,征求大家对课时补贴改革方案的意见。这次意见集中讨论的焦点是工作量的标准问题。大部分老师认为:计算课时补贴的工作量不能光看上课节数,"台上一分钟,台下十年功",还要考虑教案数,并且不同学科在中师的重要性不同,所占学分不同,所以要区别对待。比如文选、代数是中师的主课,每学期四个学分,每周四个教案。这样,一个文选老师上三个班的课显然负担太重,两个班的课(即8节)应该是合适的,而政治、物理等两个学分的课程,每周仅两个教案,上六个班级的课(即12节)应该是适当的。至于教育学、外语等每学期三个学分,每周三个教案,则上三个班级的课(即9节)是合理的。因为与会者来自语文、数学学科的人较多,持这种观点者占多数。于是金校长采纳了他们的观点,又试行了第四套方案。

这个方案马上遭到了物理、化学等课时较少学科的老师反对,他们认为考虑教案数是可以的,但不论学科性质如何,都是中师教学计划的重要组成部分,缺一不可,学校领导不能人为划分重要性,造成学科的主次之分,要求修改方案。

金校长认为:上面两种观点似乎都有道理,于是采取折中办法,既考虑到了课时数,又不至于过分拉大距离,即以课时数加上教案数为基数计算工作量,这样文选、代数老师八课时加上四个教案为十二,教育学、英语等老师则九课时加三个教案也为十二,而政治、物理等老师则改为十课时加两个教案与其他学科一样都为十二。这一方案与前三套方案比,实际上大家都降低了工作量,因而皆大欢喜。另一方面不同学科的老师还是有不同的看法,课时多的老师抱怨过分看重教案数,教案多的老师抱怨过分看重课时数,但第五套方案还是试行了起来。

另外,关于超课时补贴的金额问题,在上述每个方案出台时都争论不休,而这个争论在座谈会上又变得十分激烈。超课时补贴从第一方案的每节8元到后来的10元,一直到第三套方案的12元。校方认为,学校在排课时有困难,教师应有点奉献精神,不能把目光盯牢课时报酬,所以不宜过高。而老师们认为,学校若要进一位新教师,工资、福利开支一年至少2万元,而现在学校把一个教师的工作量分摊到已满规定课时的老师身上,每节课补贴20元学校也合算,而现在才12元,自己成了廉价劳动力,所以大多数老师都不愿意承担超课时的任务,甚至有的老师为图轻松,连规定的课时都不愿意上足。

一波未平,一波又起。日前,金校长收到了几位老教师的联名信,信中对课时补贴的问题提出了质疑:一是他们认为,既然职称是教师教育、教学水平的反映,那么不同职称老师所上的课其含金量是有差异的,而现在这个差异却越拉越小;二是体现在工作量上,高级职称者多数体弱多病,而学校却要求他们同身强力壮的青年教师上同样多的课,因此埋怨学校领导不关心他们的身体,不尊重他们的劳动成果。言辞之激昂,令金校长感慨万分。

处理完一天的公务,下班后回到家里,金校长陷入了沉思:设立课时补贴的初衷是调动广大教学第一线教师的积极性,打破平均主义,拉开分配差距,鼓励教师上足课,多上课。而现在,改革方案已五易其稿,结果教师与后勤人员的距离没拉开;不同职称、不同学科之间教师的距离也没拉开;老师连课时都不愿意上足,更不愿意超课时,这与实行课时补贴之前并没什么不同。而自己,刚刚来到这个学校,因为推行了课时补贴制度,挫伤了广大教职员工的工作积极性,并先后受到后勤人员、青年教师、老教师的批评,导致威信下降,这个课时补贴制度还要不要实行了呢?下一步该如何修改呢?

（原载:吴志宏.教育管理学[M].上海:华东师范大学出版社,2001.）

(4)问题待定型。比上一类型的案例更进一步,这类案例并不明确向学生提出问题,而只是呈现出一个问题似一团乱麻的学校管理情境。学生的任务是通过对该情境的"望、闻、问、切"来确诊问题、分析"病因"、寻找对策、最后做出决定。这类性质的案例模拟了中小学管理问题决策的全过程,因而对于全面培养学生分析问题和解决问题的能力有重要的价值。这是教育管理案例教学中难度最大、最为典型,也是与中小学管理实际最为贴近的案例。目前这一类型的案例最为匮乏,亟待开发。

2.教育管理案例的难度

用于教学的案例,其难易程度应该与教师的能力、学生的水平以及教学目标相适宜。在教育管理案例教学过程中,教师可根据加拿大管理案例教学专家林德斯与厄斯金提出案例难度三维立方体模型①来考虑、比较各个案例的难易程度,以确定最适于教学的案例,如图 3-1 所示。

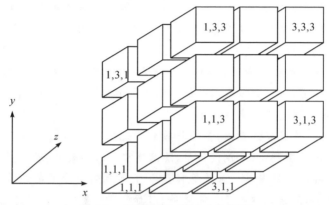

图 3-1 案例难度三维立方体模型

林德斯与厄斯金指出,考察一篇案例在教学中对学生的难易程度,可以从分析思考、概念方法、信息表达三个维度着手。在图 3-1 中这三个维度分别用 x 轴、y 轴和 z 轴表示。每根轴各分为"1、2、3"三挡,分别表示"容易、难度适中、较难"。

下面略作说明:

(1)在分析思考维度——x 轴上

1 挡——表示该案例对分析思考的要求较低,只需学生对所介绍的方案进行简要的评价。这一程度的问题常常是这样的:"你认为案例中提供的这种解决问题的方法合适吗?"

2 挡——属于中等程度的案例。它一般会明确地提出一个问题,并就此问题提供一些解决问题的备选方案,要求学生经过分析、思考,然后进行决策。这类问题常常表述为:"在案例中提到的这些方法中,你认为哪一种方法更恰当? 你是怎样考虑的?"

3 挡——难度较大的案例。这类案例往往只呈现一个相当模糊甚至混乱的学校管理情境,却不明确交代其中存在着哪些问题,当然更不会提及解决问题的方案。它要求学生自行发现问题的症结,并对症下药,制定问题解决方案。它的问题

① 傅为忠,王庆军.关于案例困难度坐标和学习过程的三阶段探讨[J].合肥工业大学学报(社会科学版),2001,15(3):104—108.

一般是这样的:"这个学校的管理出现什么问题? 如果你是校长(或教导主任),你将会采取哪些措施? 你是怎样想的?"

(2)在概念方法维度——y 轴上

1 挡——案例所涉及概念和解决问题的方法,其表达直截了当、浅显易懂,无须任何说明,每个学生就可轻松理解。

2 挡——案例所涉及的概念与方法不是十分清晰,单个学生理解起来相当困难,往往需要经过小组研讨才能掌握。

3 挡——案例表述凌乱、缺乏条理,概念模糊、充满歧义。这类案例需要学生在教师的引导、帮助下方可理解。

(3)在信息表达维度——z 轴上

1 挡——这类案例一般篇幅较短,表述直截了当、简明扼要,没有冗余信息,易于理解。

2 挡——案例中包含着一定的多余信息,表述不够清晰,需做一定的推理、猜测才能理解和做出决策。篇幅中等。

3 挡——案例表述相当紊乱,包含了大量无用甚至错误的信息,学生必须在对案例内容做大量、艰苦、精细的分析、甄别、推理、判断工作的基础上,才能充分理解案例的内容。

正如图 3-1 所示,在这三个维度上的展开构成了一个案例难度立方体模型图。在这个立方体中,包含了 27 种不同难度的案例。其中,"3,3,3"组合的案例其难度为最高,而"1,1,1"组合其难度为最低。在实际的教育管理案例教学中,案例的难度与其具备的教学价值并不完全成正比。教师应根据教学的意图、自身对该案例的认识程度,特别是学生的水平和特点,来选择适当难度的案例以用于教学,从而取得最佳的教学效果。

3. 案例的长度

在教学中,用于讨论的案例其长度是否恰当,对于提高案例的可接受性以及推进教学目标中的作用发挥着重要的作用。从事教育管理案例教学的教师常常面临着这样一种两难的困境:那就是一方面由于课时的限制决定了教师选择的案例其篇幅不可能太长,但另一方面鉴于当前学校管理的高度复杂性,用于讨论的教育管理案例又必须包含足够的信息和充分的说明,以便使得案例具有现实性并能够为学生认真分析其中的问题和进行模拟决策提供依据。那么,在校长培训中,用于探究的教育管理案例多长是太长? 多短是太短呢? 我们认为这一问题的答案受制于这样一些因素:学生的经验多寡、案例的内容、案例结构的清晰程度、教学目标,当然还必须考虑课时的充足与否。

我们也可以从案例教学过程中的具体情形来判断某一案例的长度是否恰当,

假如在课堂中出现这样一些情况,我们认为,这种案例可能就属于太长的那种:

(1)学生没有足够的时间阅读,在讨论中普遍对案例的细节不熟悉;

(2)案例与学生的需要和兴趣毫无关系,大部分学生不去认真阅读案例。

而在下列两种情况下,该案例可能就应属于太短的那一类:

(1)尽管教师在组织讨论的过程中尽了最大努力,但案例讨论仍然只触及表层,缺少条理性和连贯性,很难引导到有用的方向上来;

(2)该案例被学生普遍认为是肤浅的、不完整的,或者是微不足道的。

如果条件许可,笔者认为,在教育管理案例教学中应尽可能地选择稍长一点的案例。一般而言,那些篇幅稍长的教育管理案例为学生提供了更为丰富的细节和更为复杂逼真的问题情境,这些案例对发展学生的敏感性和管理技巧较短案例而言有更高的教学价值。如果时间有限必须运用一个较短的案例,教师就必须认真权衡以下问题:

(1)该案例是否涉及学生普遍关注的焦点问题? 是否对学生有难以抵抗的魅力?

(2)这一案例是否提供了充分分析的信息? 是否具有讨论的潜力?

(3)案例是否提炼出了某一类问题的实质?

如果教师选择的案例虽然简短,但在上述方面体现出良好品质,根据笔者的实践体会,它们给学生的思考空间及由此而带来的收获绝不会比一个大而无当的长案例少。

4. 学生的喜好

实践证明,案例教学的质量与案例是否受到学生的喜爱直接相关。在教学中,教师应尽可能选择一个具备下列特征的教育管理案例,因为这样的案例会更易激起学生的积极响应。

(1)案例写作规范,表达生动清晰,句子结构整齐,秩序井然。

(2)案例中有让人感兴趣或有魅力的角色。

(3)案例中包含着有趣的故事。好的案例甚至应具备欧·亨利小说的特征:具有一定情节、完备的人物形象、叙述的张力、突然的逆转、引人入胜的悬念等。

(4)戏剧性与现实性的交融,存在着令人激动的冲突或不和谐,不同角色思想与行为相互对立、各不相让。

(5)案例至少要唤起读者对主要人物的认同感。因为,如果读者能够将自身融入案例情节以及各个角色中,他们在该案例的分析、讨论中就可以产生更为深刻的角色体验和情景体验。

5. 案例选择的其他依据

一般地说,优质的教育管理案例起码还应该具备这样几个方面特点:

（1）客观性。客观、真实是案例的基本要求。为了更能体现案例的主旨以便于教学，案例允许虚拟或简化一些情节，但其基本内容必须是对学校管理活动的客观描述和如实的介绍。案例不可以随意取舍甚至杜撰事件的进程与结局。也不允许出现编写者个人对该事件的主观评价。

（2）典型性。质量上乘的教育管理案例不能是某一个学校所仅有的问题的反映。一个适于教学的好案例应能揭示中小学管理的普遍规律，具有以点带面、举一反三的典型性与代表性。它要能体现中小学管理的现象与本质、个性与共性、特色与规律的统一。通过对这一案例的分析能使学生超越就事论事的束缚，学会触类旁通，获得规律性的认识。

（3）实用性。案例教学的目的是使学生解决实际工作问题的能力得以锻炼和提高。因此，教师在选择案例时，就不能仅仅考虑该案例的理论研究价值，而忽视它的现实意义与应用价值。

（4）时代性。一个好的案例，应该贴近教育管理实际，充分反映当下教育管理的新情况、新问题、新变化，是现实中人们关注的热点、焦点问题。要使学生在学习的过程产生亲近感，觉得它就是自己学校中正在或即将发生的事情。只有这样的案例才能激发出学生高度的学习热情，触发创造性的思维。

（二）案例内容的掌握

实践表明，教师对案例的材料越熟悉，分析越透彻，那么在组织学生进行案例讨论时就越能驾轻就熟。因此，从事教育管理案例教学的教师事先应对准备用于教学的案例做深入细致的研究。教师不仅要尽可能地掌握案例中所包含的事实和数据，而且还必须对案例发生的背景以及案例所涉及的相关理论有较为深入的了解。换句话来说就是教师要尽可能地比学生了解得更多，只有这样，在随后的案例讨论环节中，教师的点拨和引导才能做到游刃有余。

教师如何获得比学生更多的材料信息呢？有这样一些途径：一是注意从报刊、论著、工具书中收集与案例有关的材料；二是尽可能多地与中小学建立联系，深入教育管理实践，与相关人员做深入交谈，积累丰富的相关信息。

随着案例教学在我国教师教育领域中的迅猛发展，各种教育教学、管理的案例汇编与教学参考书也在逐渐增多。在这些材料中，通常都附有对案例内容的相关说明及该案例的运用要求。这些说明和要求的主要内容一般包括识别案例问题、确定教学目标、建议的学生作业、建议在课堂讨论中提出的问题、关于对案例所做的分析和解决问题方法的评价等。显然，这些内容对于即将实施教育管理案例教学的教师有非常大的帮助。但需注意的是，由于案例教材中的案例都有着特定的教学目的和受众，教师不能生搬硬套，而需根据自己的教学情境做出相应的调整。

(三)明确案例教学的重点与难点

由于案例教学所特有的随机性及由此引发的课堂难以驾驭的特征,教师必须设法确保在有限的时间内对重要论题做特别安排。否则讨论就会流于散漫,导致课堂质量低下。教师在综合考虑课程目标、案例目标及学生特征的基础上,对案例教学的不同阶段的教学重点、难点进行设计。如在案例教学的初始阶段,教师首先要考虑的是让学生了解案例讨论规则、熟悉案例内容、识别案例中的问题等;在分组研讨阶段,教师可能要将重点放在指导学生如何进行案例分析和激发学生全体参与案例讨论方面等。在教学重点的准备过程中,教师要避免仅凭想象确定重点,造成学生需要的没有作为重点,学生掌握不了的或已经掌握的,却被作为重点加以突出和强调。

(四)制订课堂教学计划

为确保教育管理案例教学达到教学目标,教师需要制订一个案例教学的课堂教学计划。这一计划可能涉及的问题有:你希望在课堂上发生什么;你将如何实现你的这一预期;你要提问的问题;你为讨论的每个阶段所留出的时间;你对案例讨论的控制方法;等等。具体地说,课堂计划的内容包括:

(1)预习作业。与传统教学方法相比,案例教学对学习之前的预习质量有较大的依赖。在案例教学中,教师应向参加学习的学生布置下列预习作业:阅读案例、分析思考题、撰写书面分析报告。只有在对案例进行了充分了解和思考的基础上,教育管理案例教学才可能取得较为理想的效果。教师要注意的是,对学生撰写的书面分析报告不要强行要求固定的格式和篇幅,关键是要促进学生认真阅读案例激发思考。从实践中,我们体会到,布置预习作业不仅在教师对案例的分析与学生对案例的分析之间架起了一座桥梁,还在学生个体的分析和全班讨论之间架设了一座沟通的桥梁。

(2)时间管理。即有效分配课堂时间以实现教学目标。时间管理的内容包括对课堂上各种活动所占用的时间和各项活动的展开顺序。这一环节需注意的问题是,既不能规定太死,以影响课堂教学的灵活性,又不可毫无限制,从而使课堂教学有较大的随意性,以影响教学目标的达成。

(3)拟订提问的问题。根据哈佛商学院的做法,教师在课堂计划中可以从以下方面来设计自己的提问:

①事实确认。谁?什么事?什么时候?什么地点?

②分析。为什么会这样?怎样?

③挑战。那又怎么样?

④假设。假如⋯⋯会如何呢?

⑤预测。将会发生什么事情?

⑥教训。这是一个什么样的例子？这是一个什么样的案例？

（4）考虑提问的名单。在案例教学中，教师的主要使命是激发学生相互诘问、对话。一般情况下并不主张由教师来向学生提问。但并不反对为了更好地调节课堂节奏，提高讨论质量，在事先对学生有所了解的前提下，预先拟订一个可能提问的名单。在拟订这一名单时教师需遵循的原则有：尽力保证课堂中的每位学生都至少有一次参与讨论的机会；确定那些与特定案例情境相关的特殊技能和经验的学生；确保在案例分析遇到困难时，有人能够带头打破僵局；在没有人主动发言时，为教师提供选择的对象。

（5）对案例的引入与结束方式进行设计。教师要将案例的引入作为课程计划的重要部分。好的开始就是成功的一半。引入的关键在于自然巧妙，能吸引学生的兴趣和注意力。如何巧妙地结束案例讨论也需做精心的安排。在你将要结束讨论的那一刻，应该为你的教学目标的实现打下良好的基础。结尾不能让学生感到案例的结局其实是教师早已预先设定好的，他们的讨论结果其实是无所谓的，这样就会损坏他们的自尊，并妨碍下次讨论的投入程度。

四、教育管理案例教学的物质准备

案例教学的开放性与互动性要求教室的安排应有利于教学材料的呈现和学生讨论活动的开展。一般而言，案例教学的教室安排应符合这样几个要求：第一，任何学生不需要移动自己的位置就既能够听到教师和其他学生的发言，又可以清晰地看到教师、黑板及投影屏幕；第二，保证教师不受限制，可以走到任何一个学生的位置进行对话与指导；第三，小组内的每位成员都能进行面对面的沟通和交往；第四，有足够的空间便于学生开展热身、竞争与合作等活动，并展示他们的个人或集体成果。显然，现有的教室无论是形状、面积还是课桌椅、黑板的排列方式上，都与案例教学的要求相差甚远。

（一）课桌椅排列

在进行教育管理案例教学中，课桌椅的排列至关重要。传统的课桌椅排列主要采取的形式是"秧田式"，即在一个长方形的教室里，教师的讲桌置于教室最前方的正中，学生的课桌正对着教师的讲桌，分列为三到四组，整齐地排列在下面，如图 3-2[①] 所示。

图 3-2　"秧田式"排列

在图 3-2 中大家十分熟悉的课桌椅排列方式，与传

① 教室格局诸图参见：张丽华.管理案例教学法［M］.大连：大连理工大学出版社,2002:57—62.

统的课堂讲授注重信息由教师到学生的单向流动相适应。它所体现出来的潜在的教育学意蕴是:课堂上学生的主要任务就是听讲,至于教师与学生的双向交流,特别是案例教学中所强调的学生与学生之间的互动,是不被鼓励和提倡的。在这种教室格局中,后排的学生恐怕只能跟前排学生的后脑勺做交流了。

在教育管理案例教学中,如果学生的人数较少(10人左右),那么最为理想的课桌椅布局是环形排列(见图3-3)。即教室中放置一张大的圆桌,教师与学生围坐在圆桌周围。这种排列意味着全体参与者地位平等,大家都有发言和讨论的权利或机会。而且,这种排列使每一位学生都能和其他成员进行面对面的沟通。环形排列还有一些其他的变式,如利用普通的课桌将其排列成正方形或矩形,也可以排列成六边形或八边形(见图3-4和图3-5)。需要注意的是,这些排列不能无限制地扩大边长。扩大边长虽然能够增加参加学习的学生数量,但桌子中央过大的无用空间将会影响到学生之间的互动活动。

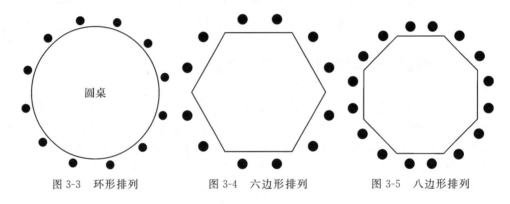

图3-3　环形排列　　　　图3-4　六边形排列　　　　图3-5　八边形排列

目前在教育管理专业的课堂里,班级规模基本上都在30人以上。这样,上述的圆周式排列就不太能够满足教育管理案例教学的要求了。我们可以考虑采用半圆形或梯形(见图3-6)、马蹄形(见图3-7和图3-8)布局来组织教学。

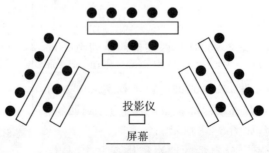

投影仪

屏幕

图3-6　半圆形或梯形排列

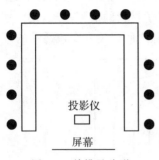

图 3-7　单排马蹄形

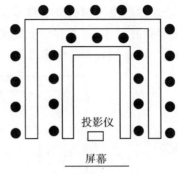

图 3-8　双排马蹄形

在这类布局中,椅子要求能够挪动,至少要可以旋转,以利于学生和四周其他的学生进行交流。桌子最好有一点弧度,桌面的大小以能放置案例等教学材料为宜。如果班级规模更大,可以适当增加桌椅排数。后排的座位最好比前排的略高一些。增加到 4～5 排就有必要采取分班措施以控制班级人数了。

还可以采用"群岛式"排列。就是在教室内放置若干圆桌,将全班学生分为若干小组,每一小组成员围坐在一个圆桌的四周。如没有圆桌,可用普通课桌拼装替代,如图 3-9 所示。

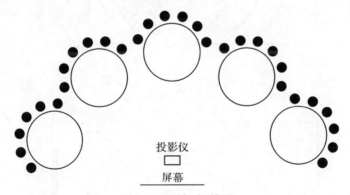

图 3-9　"群岛式"排列

(二)黑板与投影仪布置

一般而言,专门用于案例教学的教室还比较少。在传统的长方形教室格局里,黑板和投影仪(假如有的话)均放置在教室的最前方。这种布置是不适于进行案例教学的。在实际的教学过程中,我们可以从便于案例教学的角度对其进行适当的调整。其中常见的变式有这样三种:变式一是将黑板和投影仪从长方形教室宽的这一面移到长的这一侧来(见图 3-10)。变式二是把黑板和投影仪放到教室的某一角落(见图 3-11)。变式三是黑板的位置不变,在教室长墙的一侧放置屏幕和投影仪,学生的座位围绕投影仪呈半圆形排列(见图 3-12)。黑板与投影仪的这种调整,其遵循的原则有两条:一要有利于案例和其他教学材料的清晰呈现,使大家都能清楚地看到;二是必须有利于学生之间、学生与教师之间讨论和交流活动的开展。

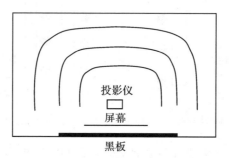

图 3-10　变式一

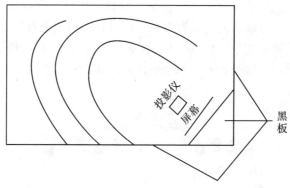

图 3-11　变式二

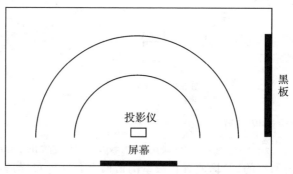

图 3-12　变式三

第四章　教育管理教学中案例讨论的组织实施

毫无疑问,案例讨论是教育管理案例教学过程中的核心环节。教育管理案例教学的质量基本上由案例讨论的质量决定。因此,实施教育管理案例教学方法的教师应高度重视对案例讨论的组织引导。组织一场案例讨论就像一次探险,你无法预计它的具体进程,但你又必须达到一定的目的地。本章的视角是从教师角度探讨组织一场精彩的学校管理案例讨论的技巧与方法。

一、精心构思案例导引

为了尽可能在案例讨论的进程中少犯错误,确保案例讨论进程的顺利开展,教师必须采取专门的措施和充足的准备。实践表明,对教师来说,精心构思案例导引可以有效地保证和提升教育管理课堂案例讨论的质量。一般来说,构思一份好的案例教学导引需要做好以下工作。

(一)精通案例材料

教师必须对学校管理案例中包含的事件有一个完整的掌握,并尽可能多地了解与该案例相关的背景材料。

(二)预测学生对案例的反应

你的观众将会对案例做出什么样的反应?你的学生可能会怎样看待案例中提出的问题?他们可能提出什么样的观点?案例教师应思考上述问题并尽可能地拟订应对之策。

(三)编绘"案例讨论进展图"

在组织讨论的过程中,案例教师非常头疼的一个问题是被课堂情境所左右,无法对案例讨论的发展进程进行有效的管理和控制,有"脚踩西瓜皮,溜到哪里算哪里"之虞。要解决这一问题,教师可以事先精心构思案例导引,编绘"案例讨论进展图"。编制进展图是一种形象的说法,它的意思是,教师把案例讨论可能发展的趋势绘成一张类似"旅游景点导游图",即将讨论的重点和难点就是这一导游图中的重要风景点,讨论的先后顺序就是我们的游览路线。运用这一直观手段可以较好地控制课堂进程,有效实现案例讨论的预期目标。

二、组建互助性案例学习小组

学习小组结构的合理与否,是小组讨论成败的重要前提。在传统课堂中,班级里各小组的构成是相当随意的。这种随意性泯灭了课堂教学中学生之间积极互动的可能性。作为长期从事教育管理课程教学的教师,笔者经常为不能有效地组织课堂讨论而烦恼。究其原因,没能有效构建互助性学习小组是一个重要的因素。

在教育管理案例教学中,能成功发挥作用的小组应具有以下特征。

(一)组内异质

所谓组内异质是指在同一学习小组内的成员,彼此之间应该具备与他人不同的特点。比如,在理想的小组里,大家性别不同、兴趣爱好各异,来自不同的地域,具有不同的经历、能力倾向,专业方向不一致,等等。小组成员之间的这种异质构成,使得小组内部的各个成员在认识案例、探究案例的过程中自然而然地倾向于合作,使小组内部具有合作互助的可能性。

(二)组间同质

所谓组间同质是指尽管各个小组内部成员之间是异质构成的,但从总体上看,全班各学习小组之间的总体实力应大致均衡。小组之间不能有明显的差距。否则,就不利于小组之间辩论、诘难、反驳等竞赛活动的开展。组间同质是小组之间展开公平竞争的制度保证。只有真正做到了组内异质和组间同质,才有可能实现教育管理案例教学所要求的"组内合作、组间竞争"的合作学习。

(三)规模适中

严格地说,在传统的理论讲授课堂中,并没有真正意义上的学习小组。尽管在班级里学生一般也会分成三到四个组,但这只是为了管理的方便,这些小组也基本不具备组织学生合作交流的功能。因此,每个小组的人数多少对于教师而言无关紧要。一般来说,传统的课堂教学中每个班级中的组数偏少,每组的规模偏大,每组一般都在12人以上。在这样规模的小组中开展有效的讨论和交流,是极其困难的。实践表明,在教育管理案例教学中,最能有效地组织起小组讨论的小组规模为6~8人。小组人数太少,知识和经验的多样性可能就不足,既不利于学生之间的异质互补,也不利于形成小组讨论的热烈气氛;而如果小组人数太多,一方面管理起来难度大,更重要的是在讨论中有些学生会丧失参与的机会。在组织教育管理案例教学的过程中,我们经常会遇到小组规模过大的问题。解决这一问题需要从两方面着手：一是要尽力控制班级规模，在校长培训工作中，要把培训质量放在首位来考虑，而不仅仅满足于培训的数量与规模；二是教师应尽可能早地建立学习小组，使小组内学生之间对各自的特点有较为深入的了解。

（四）角色分工

小组内部应有明确的分工。每个小组应有如下五个基本角色：

（1）召集人。负责小组讨论，鼓励人人参与，避免个别人的"话语霸权"。

（2）记录员。记录小组中每一位成员的发言，不要对其进行价值判断，防止信息衰减。

（3）记时员。负责记录小组中每一位成员的发言，提醒发言过长者缩短说话时间。

（4）噪声控制员。负责提醒本组成员讨论时声音不要过高，以免影响其他组交流。

（5）汇报人。代表本组汇报小组讨论的结果，汇报时要注重精练、概括，不要照本宣科。

角色分工不仅有利于发挥每一位小组成员的长处，提高小组讨论的效率和质量，而且还有可能使该小组在教育管理案例教学过程的下一个环节——全班交流中占据上风。但这种分工不应由教师指定，而要由学生民主协商产生。同时，这种分工不应该长期固定，在教育管理案例教学中，要尽可能使小组内的每一位成员都有机会通过承担不同类型的工作来弥补自身的缺陷。

三、明确小组讨论的原则

为确保小组讨论取得积极成效，在组织讨论之前，教师应使各小组成员明确讨论需要遵循以下若干原则。

（一）充分准备

在小组讨论之前，要求每一位小组成员都必须做好充分的准备。正如上面所介绍的那样，学生一方面要了解与案例有关的教育学、心理学、管理学等知识，做好理论准备；另一方面，要认真研读学校管理案例，并做出初步的分析。这是小组讨论能真正展开的必要条件。

（二）人人参与

每一位小组成员都必须积极参与到小组的讨论中来。在人人参与讨论的过程中，小组中的所有成员不仅了解和共享了彼此的观点，而且体会到多种思维角度带来的信息冲撞，并真正实现将个人认识上升为集体智慧。

(三)求同存异

传统课堂讨论的误区之一就是大家通过讨论最终一定要达成共识。然而,教育管理案例教学中的小组讨论却并不强求一律。在这里,小组讨论的目的并不是为了统一小组成员的意见,而是要通过彼此之间的交流、沟通,让学生体会到学校管理活动的复杂性、模糊性,以及解决问题方法的多元化,从而开阔视野,提高认识。当然,如果讨论能使小组成员形成一致见解,那样就最好不过了。

(四)保持平衡

在小组讨论中普遍存在着这样两种情况:一些学生谈起话来滔滔不绝,以至于阻碍了他人的发言;而有一些学生要么一言不发,要么则寥寥数语,什么意思都没有说清楚。这两种情况尽管其表现的形式完全不同,但都是小组讨论失去平衡的标志。在组织小组讨论的过程中,教师应努力寻求这样一个平衡点,即在讨论中的任何时候,学生都感到有充分的自由去发言或者倾听。

(五)仔细倾听

是否只有持续不断地发言才是对讨论的积极参与?在很多人眼里,这几乎是毫无疑问的。然而,有很多的发言者在评论,甚至是驳斥他人观点的时候,其实已离题万里,从而使讨论自由散漫、效率低下。认真倾听他人发言,有助于真正理解他人观点,增强讨论的针对性和连续性。教师可以采用以下措施来促进学生认真聆听的习惯形成:(1)在支持或反对之前努力理解他人所讲的观点;(2)对同意和不同意的观点都同样认真地做笔记;(3)向发言者提问,以便扩大、加深讨论;(4)忘记小组其他成员对发言者观点的看法。

通过实践,笔者逐渐总结了在小组讨论中应遵循的以下若干原则,事实表明,它们能行之有效地帮助学生形成仔细聆听的良好习惯。它们是:

(1)当有人发言时任何人不许打扰;

(2)不许有人不按顺序发言;

(3)每个人3分钟的发言时间;

(4)每个人发言时要先简述前面发言的内容;

(5)每个人发言时都要尽力呈现出自己的发言内容是如何与前面发言者所谈内容相关联的;

(6)当每个人都发过一次言后,就可以自由发言了,前面的原则就不再起作用。

四、确定小组讨论的内容与程序

实践证明,良好的讨论程序本身就为讨论的顺利进行提供了有力的保障。案例互助学习小组其讨论的内容与程序一般包括这几个方面：

（1）确定自己要讨论的主要问题。通常，教师会提供不止一个学校管理案例供大家讨论，而且有一定难度的管理案例一般也会设计若干问题。因此在讨论之前，小组成员有必要确认他们将要讨论的主要问题是彼此共同关心的话题。否则就可能出现自言自语、得不到他人呼应甚至反驳的尴尬局面。

（2）扼要介绍个人在准备阶段对案例进行的初步分析以及问题解决的方案。

（3）回顾个人在准备阶段时所遇到的主要困难和疑惑。

（4）在认真聆听的基础上，对小组内其他成员的看法进行分析与评价，这种评价可能是赞成，但也可能是建设性的批驳。

（5）综合小组成员的意见，形成小组共同的主要观点；并对在全班汇报中可能遇到的责难和反驳进行预期和必要的准备。

五、组织引领讨论的要领

（一）启动小组讨论的要领

万事开头难。由于我们的学生习惯了聆听教师的口若悬河的讲授，所以在进行小组讨论之初常常会有一段时间的冷场。教师可以从以下方面的问题入手，引导学生对案例展开分析与讨论：

（1）案例中提出了什么问题？

（2）在这个案例中哪些信息是至关重要的？

（3）解决问题的方法有哪些？

（4）应做出什么决策？决策的标准是什么？

（5）如何实施这一决策？

（6）执行中可能碰到的问题有哪些？

（7）如何对该事件进行整体的评价？

在这一过程中，教师应注意克制自己讲演的欲望或习惯，教师的任务是引发学生的讨论而不是自顾自地讲下去；要抛砖引玉、点到即止。

（二）引领讨论深入的技巧

在案例讨论的过程中，我们常常陷入这样一种困境，那就是我们始终在案例的表面兜圈圈，而教师预先在课程计划中列出的教学重点或教学目标却始终难以涉及，这是案例教学的难点所在。这时，教师必须采取有效措施将讨论推向深入，也就是说，教师应当使参与讨论的学生感觉到课堂始终是朝着令人激动和兴奋的结果在推进，在讨论的过程中，学生自始至终感觉到新奇和有收获。教师如何才能做到这些呢？实践表明，适当尝试以下方法有助于推动讨论的进程。

1.简短提示,启发思路

教师可以提示学生从这样一些方面入手进行深入的思考:

(1)在案例中哪些看上去是十分重要的问题;

(2)在案例中哪些看起来会得出同一结论,但仔细分析可能是相反的问题;

(3)材料如何得来,情况是如何发生的;

(4)设身处地地想一想,如果我碰到这一问题会怎么解决;

(5)究竟是什么因素导致了事件的发生;

(6)有没有办法解决问题。

2.巧妙利用转折

长时间地将话题集中在案例的某一个方面,会使人产生固着、停滞乃至厌倦的感受,不利于案例讨论的深入。针对这种局面,教师可以指出讨论的转折点,推动讨论进入下一阶段。教师利用转折的方式是多样化的,例如:

(1)自然而然式。当讨论陷入一种僵化的局面时,教师可以这样说:"刚刚××同学提出了一个很好的问题,我们是不是来讨论一下。"或者"你的确提出了一个新问题,有人愿意对它发表自己的看法吗?"或者"这儿,我们有必要问一下这个问题……"。像这几种比较自然的转折方式既不会使学生感觉到讨论被打断,同时又给人一种讨论不断深入的感觉。

(2)突变式。即在讨论中教师打破正常讨论的节奏和话题,故意非常突然、剧烈地转移讨论的主题。如"我想问你们一个不同的问题"。或者"让我们从一个不同的角度看这个问题"。事实表明,偶然采用这一出其不意的做法能极大地震动学生的思维定式,从而迸发出出乎预料的创造性见解。

(3)阶段总结式。在讨论的过程中,教师适当回顾讨论的进程可以使人感到讨论已经取得了不断的进步之感。比如,教师可以这样说:"回到这里,我们说……""但在前面我们总结了这些观点。它们是否仍然有效呢?"教师可以将已经讨论过的阶段性结论粘贴在教室的墙壁上,以此作为成功讨论的象征和进一步深入讨论的参考。

3.恰当运用时间管理策略

恰当的时间管理对于维持案例讨论的进展状态非常重要。在实际的讨论过程中,案例教师常常会碰到时间滞后或没有充分的时间进行完整的讨论等情况。教师可以针对讨论现状分别采取这样的一些策略加以调整:

(1)当讨论停滞不前时,案例教师需要促进学生的活力:"我知道还有比这更多的想法。"

(2)当时间不足时,不要推进得太快。时间不足的重要原因可能是某一论点引发了大家浓厚的兴趣和高度的关注。在某种意义上我们甚至将其视为案例教学的高潮。在这种情况下,教师不仅不能粗暴地转移论题,甚至还应该调整自己预定的讨论计划,比如去掉后面的一个议题,为这一阶段的讨论留够充裕的时间。这样一来,虽然原先的课堂计划可能就不能完全实现,但对促进讨论的深入、提升案例教学的课堂实效有积极意义。

(三)结束案例讨论的技巧

结束一场案例讨论就像飞机着陆,其中蕴含着相当丰富的技巧,并且有许多方面可能出错。一个好的收尾应使学生在讨论结束之后仍然津津有味地讨论整个案例,而不仅仅是获得了解决案例问题的某种答案。好的案例教师应学会努力克制住自己的观点。以下是一些结束案例讨论可以采用的、为实践所证明的行之有效的措施:

(1)通过投票或举手的方式对主要问题或决策达成一致。在案例提出的问题是面临利益和价值冲突的情况下做出的一种决定,采用这一方式来结束讨论有助于降低学生达成一致意见的难度。

(2)总结已有的见解或者讨论中未被发现的新的解决方案。如果案例提出的根本问题是发现新的、独创性或创造性的解决方案,那么结束这场讨论时就应当强调大家提出新观点或其方案的效果。教师应提醒学生思考这一问题:"我们现在得出了哪些在讨论开始时没有的新想法?"

(3)重新回顾"惊人"的言论或意料之外的知识成果。在案例讨论的过程中,常常会有一些学生提出的问题或得出的结论出人意料。这些言论有的可能体现了高度的创新意识,但有时也可能仅仅是故作惊人之语的哗众取宠。在结束对案例讨论的阶段,教师引导学生回顾这些观点,能极大地加深学生对案例讨论的印象,并引导长久的反思与回味。

(4)让学生叙述从案例讨论中得到的收获。在结束讨论这一阶段,教师可以让学生说出他们在案例讨论过程中感触最深、获益最多的地方。教师可以询问他们:"这个案例加深了你的什么理解?"或"在讨论中你获得了哪些启示?"事实证明这些问题能使学生深刻体会到这一案例的价值,并对自己在案例讨论过程中的收获做一理性总结。

(5)分发事先准备好的小结材料。由于用于教学的学校管理案例其结局往往是不确定的,在结束讨论阶段常常会有学生对"结局到底是怎样的"抱有浓厚的好奇心。针对这种情况,教师可以将前几次对这一案例的讨论材料收集起来,经过适当编排,形成该案例的讨论小结。这一小结材料主要包括各人的主要观点、理由、解决方案和从案例中得出的经验总结等。教师可在案例讨论结束这一阶段将此材料发给学生,有利于学生将自己对案例中问题的看法与材料中的观点进行比照,获得全面深刻的启迪。实际上这是一种采用预先准备好的答案对所讨论的案例进行总结的方法。这一做法有一定的风险,那就是学生极有可能会"忘记"或轻视他们在实际讨论中得出的见解和观点,而不假思索地认为教师的小结是权威和全面的。另外,如果他们事先就已知道将要分发有关材料,他们在实际讨论中就不会非常投入了。

六、精彩案例讨论的标志

(一)案例讨论中的不平衡现象及其对策

在小组讨论中常有这样两种情况存在:有些学生发起言来口若悬河、滔滔不绝,垄断了讨论的"话语权";还有另外一部分学生则可能过于沉默。这两种情况都反映了小组讨论的不平衡,都严重阻碍了讨论的深入、持久和有效。下面分别就这样两种情况,谈谈教师的对策。

1.当学生说得过多时,教师做什么?

(1)在讨论伊始,教师要为如何参与讨论做示范。教师要尽力控制自己的发言时间,并确保经常给小组其他成员发言的机会。

(2)教师帮助小组成员研究他们过去参与讨论的经验,以便使他们能够利用这些经验来确立讨论的基本原则。制定的讨论指导原则要明确表示支持和鼓励给予别人发言机会,不允许个人长期把持讨论。

(3)教师要经常研究学生在讨论中的表现,并经常与学生谈话,指出他们在讨论中表现出来的问题。

(4)教师要按照一定规则安排小组成员的角色,并明确指出其中一些角色(如记录员)会有一段时间保持沉默。要保证公平并协调地轮换扮演这些角色。

(5)教师可以定期要求讨论停下来,大家保持沉默,以便小组成员思考他们提出的主要观点,反思刚才冗长的发言和下一步讨论应该如何进行。

(6)教师可以向学生介绍一些讨论的规则来告诫那些"话语霸权者",比如只能谈论别人的观点或者在你做第二次或第三次发言之前应该让第一次发言的人先说等。

2.教师如何防止学生说得过少?

(1)容忍建设性的沉默,既不能把沉默等同于讨论的失败的标志,也不能简单地认为学生一旦沉默就表明其反应迟钝。教师要形成这样的看法,即反思时的沉默和积极踊跃的发言都是好的讨论所不可分割的组成部分。沉默对于提高学习效果有着巨大的作用。在一个新的问题情境中,学生会凝神思考讨论中产生的新问题,尽管这时并没有人发言,但在学生的脑海深处正涌现着"头脑风暴"。帕玛尔指出:"我们必须打消这种念头,即沉默的时候就'什么事都没有发生',而应当看一看沉默能带给我们多少新的、明确的想法。"因此,不能因为小组讨论中一出现短暂的停顿,教师就认为讨论冷场了,就一定要立即填补这一空白。这种做法可能会导致更长的沉默。

(2)在组织小组讨论之前,要明确要求学生收集并阅读必要的理论文献,并在认真阅读案例的基础上进行精心的发言准备。

(3)确保在讨论之前分配给了学生在讨论中具体的人物或者指定了学生在讨论中要扮演的具体角色。告诫自己尽可能不要求学生做毫无准备的即兴发言。

(4)努力把讨论的主题与学生个人的生活经验和工作实践联系起来。比如要求学生用自己学校中发生的类似事件来说明他的观点。

(5)告知那些过分沉默寡言的小组成员,他在讨论中的个人参与程度将直接纳入自己本课程的总成绩之中,并对小组的整体成绩有重要影响。

(二)案例讨论中教师常犯的错误及其改正

在组织案例讨论的过程中,通常会产生以下几种教学障碍,如果处理不当将会严重阻碍案例讨论的进程,教师应予以高度关注。

1. 教师缺乏应有的耐心,给学生留下的时间不够

在讨论中教师等待学生回答的时间尺度难以把握。在相当多的情况下,教师不给学生适量的思考时间而是自己急于回答大多数的问题。这样,学生就逐渐养成了依赖教师替代他们思考的习惯。同样,教师如果过快地肯定某个学生的回答,也会影响到全班同学进一步分析资料信息和探讨案例中更深层次的问题。在实践中我们看到,如果教师能稍微耐心地等待一会儿,课堂就会出现明显的变化:学生自愿反馈的数量和质量都在提高,同时学生之间的信息交流的频度和丰富程度也都有了较为显著的改善。

2. 教师代理学生思考

案例讨论倡导学生通过自身的研究和相互之间的讨论去寻求解决问题的途径和答案。在讨论中,教师应充分尊重学生的观点,哪怕它具有明显的缺陷。教师要树立这样的课堂氛围,那就是任何观点只要经过了认真的思考,都是我们讨论所欢迎的。只有真正确立了这样一种畅所欲言的气氛,讨论才有可能吸引每一位学生的参与。教师要警惕这样一种做法,即启发学生朝着自己所希望的答案来回答。这种做法其实质是教师剥夺、代理了学生思想的权利,并使学生否定了自主思考的价值。

3. 全知全能的误区

在讨论中,学生往往视教师为解决分歧的权威和最终裁决者。在学生因为争执不下而寻求教师的裁决时,缺乏经验的教师总是乐于扮演着全知全能的权威角色,对讨论下最后的断语。其实在案例教学中,教师作为讨论的平等参与者,在讨

论的过程中适当表现出某些方面的无知,或表示对某些问题和信息并没有完全的把握,或表达出真诚帮助学生的心愿而不是显露自己的知识水平,反而会赢得学生的赞许和热烈的参与。记住下面这些做法并在组织讨论的过程中加以实施,对讨论质量的提升会有极大的帮助:能够放弃自己的观点而认同学生的观点;能够承认自己存在模糊认识并犯下错误;能够提出开放性问题让学生各抒己见;能够与学生共同确立目标并承担学习责任;能够消除学生利用自身知识进行解惑的顾虑;能够给予学生评价自己和参与答案评阅的机会;等等。

4.提问缺乏层次感

布卢姆指出,认识的过程是在一个复杂性逐渐上升的层级上进行的,即认识是由获取知识到提升分析能力、综合运用能力和评价能力的过程。在案例讨论的过程中,教师应利用案例问题引导学生思考并检查他们对案例内容的理解与研究程度。但在实际的讨论中,很多教师的提问仅仅局限在获得知识的层次上,而没能向学生提出需要他们综合运用分析、概括和评价等思维活动的较高层次的问题。鉴于上述理由,在讨论中教师可以向学生提出这样三类问题:一类为案例讨论题,其作用主要是为讨论提供主题和空间;一类为知识考察题,其目的主要是促进对相关的学校管理原理和规律的掌握;还有一类为启发思考题,其功能主要是促进学生展开深入的探索和思考,促进其综合思辨能力的发展。这样一来,就打破了问题单一、层次低下的问题。

(三)精彩的案例讨论的特征

什么样的案例讨论才可称得上是精彩的呢? 教师可以从下面这些方面来进行诊断和分析:

(1)教师与学生相比谁说得多? 显然,在讨论中教师讲话的比重越大,教师对课堂讨论的操纵程度就越高,讨论的质量就越低。

(2)讨论中有多少学生是自觉参与的? 高质量的案例讨论会以其内在的魅力对学生构成强烈的吸引,因而教师也无须通过点名式提问来迫使学生发言。

(3)学生笑了多少次? 过于严肃的气氛不利于展开热烈和富有成效的讨论。学生的笑声说明他们感到了讨论的愉悦,而这种愉悦会促进学生更加积极地投入到讨论中去,从而获得更多的收获。

(4)讨论中是否有高潮? 讨论中的高潮是指学生在课堂中高度投入,或为捍卫自己的观点而积极辩驳,或为他人的精彩思路而热烈欢呼,表现出对案例讨论本身的浓厚兴趣和高度关注。高潮的出现使教育管理案例教学的课堂真正成为脑力激荡、头脑风暴的场所。

(5)讨论的进程是否清晰连贯? 虽然案例讨论过程具有随意、模糊和难以监控的特征,但在总体上,对案例的讨论应该与教师预先安排的课堂教学计划大致吻合。在具体的讨论中不要随意滋生出许多无关紧要的枝节，不要试图在一次案例讨论的过程中解决过多的问题。要努力使讨论具有逻辑合理、路线清晰、观点确切等特点。

（6）讨论是否有欲罢不能之感？好的讨论其影响具有穿透力，它可以使学生出了教室仍然在谈论课堂上的案例。相反，在案例教学过程中，如果学生普遍希望早点结束这一次讨论，那么这一次的案例教学其效果就可想而知了。

第五章 教育管理案例分析:价值与策略

一、教育管理案例分析的价值

(一)作为一种研究方法的教育管理案例分析

前文已述,对案例的分析是中小学管理案例教学过程中的一个重要环节。这一阶段的主要任务是在认真阅读、仔细研究案例情节的基础上,独立地进行思考,提出自己的问题、分析意见和初步的结论,为下一个阶段的小组发言和课堂讨论做好准备。很明显,在前面几章中我们是从教师如何教的角度来讨论案例分析的。笔者想着重申明的是,本章对案例分析的讨论已不仅仅局限于将它视作教学流程中的一个环节,在这里我们更愿意将它作为教育管理者进行行动研究和反思教育管理实践的重要工具。这是本章展开的逻辑起点。

什么是作为一种研究方法的案例分析呢? 简单地说,就是指学习者综合运用各种知识,对基于真实事件和情景而创作的教育管理案例进行认真研究和分析,通过模拟决策和判断,提高分析问题、解决问题的能力,丰富自身的教育管理体验,精进教育管理水平。

(二)案例分析何以必要:对教育管理的新理解

迄今为止,丰富教育管理知识、提升教育管理水平的主导途径是理论学习。但在今天看来,这一方式已不能很好地达成这一目的。我们认为,较之于理论学习,案例分析可能是更为有效的学习方式。一个教育管理者如果能在加强自身理论素养的同时,再养成案例分析的习惯,这对于提升个人的实际管理能力、促进自身的专业发展将会有十分重要的意义。为什么要将案例分析作为教育管理者提升管理水平的重要工具呢? 这里涉及对学校组织性质及教育管理过程的理解[①]。

1.学校不是高度理性的科层制组织

在迄今为止的相当长时间里,古典管理理论的重要代表、德国社会学家马克斯·韦伯提出的著名的科层制组织理论成为我们理解学校组织性质的重要理论依

[①] 吴志宏.教育行政学[M].北京:人民教育出版社,2000:96-115.

据。韦伯认为,在现代社会中有着各种各样的组织形态,其中最为理想的就是他所提出的科层制组织。这一类型的组织具有以下基本特征:

分工和专业化。由于组织中的任务太复杂,靠个人难以完成。而分工可以实现专业化。专业化能使一个人成为自己领域的内行和专家,组织的生产效率也因此有望得到极大的提高。

非人格化倾向。组织中的工作气氛,应不被个人情感色彩所影响。在组织中对一切事情的处理均是公事公办,不允许羼杂私人感情。

权力等级体系。各项职务和工作按权力等级组织起来,形成一个自上而下的系统。职务低的人受到职务高的人的控制,借此来保证在组织中上级的指令能严格地被下级部门贯彻实施。

规章制度。在组织中要建立完整、严密的规章制度。这些制度应对各项职务的权利和义务进行严格的规定。通过规章制度,组织的工作能保持高度的连续和统一,不因人员的变动而变动。

职业导向。组织应以技术能力来任用人员。要在组织中建立人员晋升制度,晋升的主要依据是员工的专业能力和职业成就。

由于受古典管理理论的巨大影响,长期以来我们致力于将学校建设成具有上述特征的科层制组织。在学校各级各类管理者的心目中,教育管理的科学化等同于科层制组织对严谨、规范和理性的追求。在这种思想的指导下,他们认为理论学习是提升自己决策能力和管理水平的最佳渠道。因为通过理论学习,可以掌握逻辑严密、体系全面的知识系统,可以训练自己的理性思维能力,可以摆脱感性的束缚从而获得客观公正的非人格化意识,等等。

应该说自韦伯的科层制理论提出伊始,就有学者提出了质疑。他们认为,韦伯所说的科层制组织实际上是一种理想化的组织,在现实生活中其实并不存在。特别是在 20 世纪 70 年代,科恩等人提出了松散结合系统的理论。这一理论唤起了我们对学校组织性质的新的审视。该理论认为,学校组织中的各种要素和子系统是一种松散的结合,而非紧密地呈科层制形态连接在一起,从而呈现出一种“组织起来的无序状态”。学校组织的这种无序与松散至少在三个方面冲击了那种认为教育管理是高度严密、准确无误因而也可以精确认识和把握的观点:首先,学校组织的目标不是具体明确的,学校中的各种目标常常是相当笼统和抽象的。每个人对目标都可以加上自己的看法,而且这些目标还常常随着影响和参与团体的改变而变化。其次,学校中运用的各种技术是模糊的。迄今为止我们对影响课堂、学习的因素以及教师态度与教学行为的关系所知甚少。再次,参与到学校组织中的人是流动的。与其他各类组织相比,学校人员的流动性显然更为频繁。学生的进出、教师的变更、社会的参与等使得学校具备了更为随机的特征。

2.教育管理过程的"垃圾箱模式"

马克斯·韦伯所倡导的科层制组织因其明显的逻辑、规范的特征而通常被人们称为理性组织。在今天看来,这种看法可能混淆了"应然"和"实然"的区别。所谓"应然"是指过于从理想主义的角度来看待学校组织,设想组织在一种理想的环境中生存运转。但实际上,"实然"即实际存在的学校组织其内部不仅仅有高度理性、规范的一面,同时也包含了非理性的一面,比如随机的、情感的、歧变的成分;甚至在松散结合理论的基础上,科恩等人进而大胆提出了教育管理的"垃圾箱"模式,这一观点极大地丰富了我们对教育管理过程的认识。

长期以来,对教育管理过程的认识沿袭了企业管理的观点。所谓管理过程,就是通过计划、组织、控制、激励和领导等环节来协调人力、物力和财力资源,以期更好地达成组织目标的过程。特别是戴明的 PDCA 学说(即戴明环)被认为是教育管理过程最为恰当的说明。事实上,教育管理过程却并不是如此清晰和富有条理性的。科恩认为,实际上学校组织中存在着一只特殊的垃圾箱,里面源源不断地出现形形色色的问题,比如:这次数学考试某某班级考砸了;运动会租不到适合的场地;个别老师总是请病假;上级通知要进行一次新的检查;扩音喇叭又坏了;某学生又在打架;学校推销课外读物家长有意见;等等。教育管理过程"垃圾箱模式"十分形象而又令人信服地说明,教育管理过程并不总是依照事先做好的计划和预定的目标进行的,它具有非常鲜明的模糊和非理性倾向。因此,那种完全将希望寄托在从某些手册或管理宝典所宣扬的原则和规律中寻求解决教育管理实际难题的做法,无疑是相当片面和幼稚的。

(三)教育管理案例分析的独特功能

前文我们已较为详尽地探讨了教育管理案例教学的价值。前面已经涉及的内容不再赘述。以下拟从另外的角度对教育管理案例分析的功能做一简要观照。

1.架起沟通理论与实践的桥梁

在教育管理理论学习的过程中,我们常常面临着这样一种困境:尽管我们已学习并掌握了相当丰富的管理理论知识,熟知管理规律和重要原则,通晓常用的管理方法,但是一旦等到真正面临实际的教育管理情境时,常常感到这些原理与现实反差很大,有无从下手之感。为什么会出现这种理论与实践之间的巨大脱节呢?这里需要思考这样两个问题:

第一,理论是什么?我们需要掌握怎样的教育管理理论?通常的理解是理论是一种非实践性思想体系。因此,有关教育管理理论学习的过程就仅仅是通过辨别、假设、整理论点、检验假设和论据等程序,找出作为基础的普遍原理,并考察这些原理背后的内容。对教育管理理论的这种理解,使得教育管理理论与当前的相关实践完全区分出来。在校长培训的课堂上和许多管理理论图书中就大量充斥着这种高度漠视教育管理实践活动的深奥、玄之又玄的原则和规律。其实,与教育理论相比,教育管理理论更应该是一种实践性理论,它关注的重点并不是学科内在逻辑体系的构建和完善,而是鲜活的教育管理实践问题。我们在课堂上或书本中所阐述的教育管理理论其目的不仅仅是提供理性的解释,它更应为相关的教育管理实践提供行动的准则。管理理论的实践性特征,决定了我们的理论学习不能仅仅停留在思辨、推理和演绎的层面,而应该高度关注与教育管理实践密切相关的知识和信息,切实有效地发挥理论对实践的指导和迁移作用,增加理论的效度。

第二,掌握理论就一定能够解决实际问题吗?毫无疑问,理论对管理实践具有指导作用,它为我们提供了认识的框架,进而能够指导和完善实践。但是,现实中却存在着这样的情况:有些人熟知中小学管理理论,但却是一个蹩脚的管理者;相反,有些人对教育管理理论知之甚少,在中小学管理实践中却能够得心应手。以至于人们认为"学习管理理论并不难,掌握管理规律、从事管理实践不易";甚至认为,中小学管理没有什么专门的原理,只要依靠经验就行。为什么会出现这样的情况呢?我们认为,如前所述,学校并不是具有严密体系、完全遵循逻辑法则的理性组织。实际的教育管理情形也并不是合理规范、有条不紊的,有时甚至呈现出如垃圾箱一般的模糊、随机和非理性特征。可以这么说,实际的教育管理情境是十分复杂的,包含了大量的相互联系的可变因素,管理者需要针对实际情况进行灵活权变的决策或调整。因此,如果管理者只是机械地执行原理,而不善于根据复杂的问题情境综合灵活地运用知识,审时度势、量体裁衣地进行思考和判断,那么无论他的理论造诣有多深,其结局也绝不会比"失街亭"的马谡好到哪里去。

案例分析作为一种研究方法,在一定程度上架起了一座沟通管理理论与管理实践的坚实桥梁。管理理论揭示了教育管理活动领域的一般规律,而管理实践却可用不确定性和不可预测性来概括。典型的教育管理案例通过把一些真实的典型问题展现在学生面前,要求他们设身处地地去做出反应,从而也就为他们提供了一种在不用真正深入实践的条件下能在短期内接触并处理到大量各种各样的教育管理实际问题的机会。它为我们架设了跨越两者之间鸿沟的桥梁,它体现了对不可预期的管理事件的一种把握方式,对特定、典型的管理问题的解决方式。好的案例本身就包含有丰富的理论素材,虽不点明理论背景但涉及一定的理论问题。在案例分析中,学习者必须灵活运用包括管理理论在内的多种学科理论来分析、讨论复杂的、不确定的、典型的教育问题,把握问题的关键,做出合理的"决策"。

2.容忍模糊,乱中求序

在古典管理理论的影响下,我们的教育管理逐渐形成了追求规范、清晰和有序的价值观。而现实的教育管理中却始终存在着模糊、无序甚至混乱的一面。正如前面已经谈到的那样,我们关注的是学校的"应然"而忽略了"实然"。案例分析是一种乱中求序的过程,能促进分析者较为深入地认识和理解管理实践的复杂性,并提高对模糊和不确定性的容忍度。因为案例分析中的案例是对真实的教育管理情境和管理事件的描绘,真实地再现了教育管理过程的复杂性。在分析过程中,就如同学校的实际情形一样,分析者必须学会像一个真正的决策者那样,利用案例提供的模糊、有限的信息进行尽可能"满意"的决策。学习者也因而习惯了实际情景中信息的不完整性和模糊性。

3.增加情景体验,优化知识结构

知识结构是管理观念形成和决策判断的基础。因此,是否拥有一个合理、多元的知识结构对管理者而言显然具有重要意义。近年来有学者提出,完整的教师专业知识结构应由三类知识构成:(1)原理知识;(2)专业的案例知识;(3)运用原理规则于特殊案例的策略知识。我们认为这一判断也同样适合教育管理者的知识构成。与理论学习相比,案例分析最主要的功能就体现在它可以为学习者提供一个个逼真的教育管理情景,分享他人经验,积累反思素材,增加学习者的情景体验,在反思中自觉调整、改进自己的管理思路和行为,并为其今后解决实际问题提供策略源泉。显然,案例分析能为学习者提供大量的第二、三类知识,从而较好地弥补了教育管理者的知识缺陷。同时,案例分析还是管理理论的"故乡",从中可以提炼、生发新的理论观点,从而丰富了理论内涵,优化了理论品质。

4.培养反思精神,发展批判技能

教育管理案例分析可以培养学生的反思精神,发展对自身管理实践进行批判的技能,使他们掌握对管理的自我分析和反思的方法。因为案例分析本身就是对案例所描述的个别教育管理过程的分析、思考、评价等。这种分析行为本身就蕴含着反思教学的方法论因素。这种反思精神对学生作为未来教育管理者的成长过程有着不可估量的作用。

通过反思来提高实际的管理水平,是近年来培训理论研究的一个重要课题。反思对于促进管理者实际能力的提高、实现其专业性发展的作用已成为业界的共识。甚至有人提出这样一个公式:经验+反思=专家。这一看法与以下两种理论的支持有关:经验性学习理论和情境性认知理论。经验性学习理论的代表人物包括杜威、勒温和皮亚杰等。他们主张,学习应该从经验,特别是从个体的问题开始,使学习者感到学习的必要性,从而更多地参与到学习中,这样的学习才会更有效、更可能导致行为的持久变化。情境性认知理论同时考虑学习的过程和学习的情境,认为学习最好通过积极的、社会性和真实性的过程来实现,应使学习者极大地参与到学习中去,学习应在与学习者相关的情境中发生,只有这样的学习才是有效的学习。

二、教育管理案例分析的策略

对教育管理案例进行分析,是相当困难和棘手的事情。正如美国著名案例教学专家列恩所言:"由于短短几页的案例常常引发深刻而根本的问题,所以案例分析要比案例本身复杂得多。"与案例本身所具有的模糊、权变的特征一样,案例分析其实也并没有什么特定的方法,每个人必须根据自身的情况灵活运用最适合自己的分析策略。在此拟对案例分析常用的技术与策略做一简单的介绍,以供学习者参考。

(一)阅读案例的两个步骤

有效地阅读案例、掌握基本信息是进行分析的第一步。对案例的阅读应该分成两个阶段:粗读和精读。

1.粗读

在粗读阶段,分析者主要应解决的问题是:迅速把握案例概貌,尽快进入案例情境;确定自己是否需要特殊的准备,如查阅相关理论、收集阅读与之相关的背景性材料等;留意需要进行深入思考的细节等。粗读可采取细看头尾式的方法,即着重阅读案例的前几段和最后的几段,不必从头至尾逐段阅读。因为最重要的信息通常是包含在这两部分之中的。粗读的时间一般也不要太长。

2.精读

带着粗读所形成的认识和着眼点,分析者应对案例进行深入细致的精读阶段。在这一阶段,阅读者应着重区分事实和观点,对案例中人物的言论和他们的实际做法进行甄别。要对案例中的观点保持高度的警惕和反思精神,不要轻易地被同化。要充分注意细节,要对案例中貌似公允的判断和决策做深入的考量。在这一阶段,分析者可以在案例的空白处做一些摘要和点评。它们对后面的深入分析有提示和警醒作用。

(二)采用适当的分析视角

"横看成岭侧成峰,远近高低各不同。"面对同样的观察对象,为什么会出现截然不同的景观呢?原因很简单,是观察的角度不同使然。对教育管理案例进行分析,也有个角度问题。结合实践,我们认为,案例分析通常可采用以下三个基本角度。

1.局外人视角

这一分析角度是指分析者以旁观者的身份对所阅读的案例进行冷静、客观、纯学术性的理智分析。局外人的视角使得分析者能够将自己置身事外,不受伦理、情境等非理性因素的困扰,杜绝意气用事和感情冲动,完全按事件的逻辑法则去探索解决问题的思路和对策。运用这一视角可能会写出非常漂亮的分析报告,却有"站着说话不腰疼"之嫌,对于真正提高分析者的实际管理能力来讲,其价值并不十分理想。

2.当事人视角

这一视角将案例分析视作主体高度涉入的学习,强调情境体验和角色体验。这一分析角度要求分析者不能完全持局外人的身份,对案例中的事件和冲突进行纯学术的理性探讨。他必须选择他所感兴趣或与他现在的职位相对应的某个角色进入案例情境,以当事人的身份和立场去观察与思考,设身处地地去体验、感受案例中这一角色所面临的那种剧烈的冲突、两难的处境、巨大的压力、混沌的局势带来的种种复杂感受,只有这样,他才能真正领悟到纸上谈兵和实际决策的巨大反差,从而获得实实在在的顿悟和提高。

3.教育管理者视角

其实这也是一种当事人视角,只不过在这一视角中分析者选择的是"假如我是校长(而不是一般教师)应该怎么办"的假设罢了。教育管理培训的根本目的是使每一位学生都尽可能地成长为一名优秀的教育管理者。案例教学中所使用的教育管理案例一般都是以教育管理者比如校长为中心来展开情节的。因此教育管理者视角是在实施案例分析中最为常用的一种角度。这一视角要求学生必须学会从全面、综合、细致和可持续发展的角度去考虑案例中的问题,而不仅仅将某一局部的利益和短时期的得失作为决策的依据。显然,这一视角对于全面提高分析者的综合素质和辩证思维能力有重要意义。

(三)运用有效的教育管理案例分析框架

究竟采用哪一种案例分析方法,分析到何种深度,在很大程度上取决于分析者的学习特点和分析策略。这里给大家提供一个既有广泛的适用性,又简单可行、富于效率的教育管理案例分析框架。它由以下六个步骤组成:

(1)找出本案例中的关键问题;

(2)确定是否还有与已找出的关键问题有关,但却易被忽略的问题;

(3)选定适合分析此案例所需采取的一般分析方法;

(4)明确分析的系统与主次关系,并找出构成自己分析逻辑的依据;

(5)确定所要采取的分析类型和准备扮演的角色;

(6)撰写教育管理案例分析报告。

(四)确定案例中的关键问题

作为教学案例,教师常常在案例的结尾处附上若干案例思考题。一般情况下这些题目就是该案例中比较重要的问题。但分析者不能仅仅满足于只对这些问题进行思考并一一作答就够了。因为这些问题只代表了组织案例教学的教师对该案例的分析思路,而不是你自己经过独立思考而提出的案例分析提纲。作为以提升独立思考能力和实际管理能力的重要手段,案例分析迫切需要分析者运用自己批判性的眼光,提出自己的研究思路。在粗读案例之后,分析者可以带着以下几个方面的问题再去对案例进行细致的阅读(即精读),逐渐明确该案例中的关键问题:

(1)在该案例的诸对矛盾中,主要矛盾在哪里? 如果只有一对矛盾,那么矛盾冲突的焦点是什么?

(2)该案例涉及教育管理理论的哪些方面? 这一案例的编写意图是什么?

(3)该案例中主要有哪些角色? 其中哪些是主要的? 我感兴趣的是谁? 为什么我会感兴趣?

(4)该案例中各角色的观点和行为是怎样的? 为什么他们会这样想(或做)? 案例中有哪些细节支持我的判断? 如果是我来处理案例中的问题,我最有可能采取的行为是……,我的理由是……。

(5)案例中的情况在自己的学校中常见吗? 在现实中我们又是如何采取对策的呢?

在考虑这些问题的时候,不要将它们孤立起来,而应将之联系起来做系统思考。建议和你的同伴沟通、交换对上述问题的看法。在对这些问题有了较为清晰的认识的时候,你对该案例的分析就能够切中要害。

(五)进一步寻找隐蔽的重要问题

在初步确定了案例的基本问题之后,分析者切不可操之过急地宣布自己的观点。要知道,一个高度仿真的教育管理案例可能包含了丰富的、多层次的问题。你刚刚找到的问题仍有可能仅仅为其中的一部分,甚至更糟糕的是它们可能仅仅是某个更为重大问题的症候或枝节,是冰山一角。要想把握案例的实质与要点,必须在对你所确定的问题进行深入分析之后,再问自己这样一些问题:"除了这些问题之外,这一案例还揭示了哪些重要问题?""该案例中的问题其产生的原因还有哪些?""除了这些收获之外,该案例还给了我们哪些重要启示?"……或者干脆转换视角,转而支持你先前反对的某种观点和做法,并努力为之辩护。这样做虽然有些勉为其难,但对训练分析者的辩证思维能力、养成为他人设想的移情习惯是大有裨益的。

(六)选择适当的案例分析方法

教育管理案例的分析不同于普通的文章分析,不能只看文字和结构,概括段落大意和主题思想。而是要深入进去,充当角色,对教育管理案例所描述的具体事件进行分析。一个完整的教育管理案例分析应包括三个方面的内容:一是背景分析,即分析事件发生的社会背景、区域环境对事件发生、发展的影响。二是案情分析,即分析事件发生、发展的过程及内在联系。三是症结分析,即分析事件的关键所在,指出成功失败的必然因素和相关因素,从中吸取的经验和教训。案例所反映出来的问题不是单一的,而是错综复杂的。在这种情况下,正如毛泽东所说的:"研究任何过程,如果是存在着两个以上矛盾的复杂过程的话,就要用全力找出它的主要矛盾。捉住了这个主要矛盾,一切问题就迎刃而解了。"案例分析的方法,实质上是分析主要矛盾的方法。一般常用的方法主要有以下几种。

1. 专题分析法

专题分析法即针对某一问题、某一因素,从某一角度、某一侧面进行切入性的深层分析。这种分析,重点突出,目标集中,能抓住某一问题深入剖析,说理透彻,给人以深刻的影响。当然,专题分析也有不足之处,有些比较复杂的案例只抓某一问题,往往会以偏概全,集中一点不及其余,容易产生片面性。弥补这一不足,可以采取两种方法:一是集体研究分析,多从不同侧面、不同角度进行剖析,共同创造其完整性。二是汇编案例群,围绕一个专题,集中若干案例,多面分析,多点透视,形成主体审视效果。

2. 综合分析法

综合分析法即对案例所反映的全部问题和相关因素进行全面分析。这类分析方法比较全面完整,可将有关问题的来龙去脉、前因后果、主因与辅因、正面与反面予以综合概括,给人以整体全貌的印象,也有利于将学过的教育管理知识与实际有机地结合起来。不足之处是容易出现面面俱到而分散对重点问题的注意力,什么问题都说了但什么问题都没有说清,尤其是对那些庞杂繁复的案例,综合分析难以把握分寸。其补救的办法是分层次、分阶段、分侧面地切割,突出重点,抓住主干,带动枝叶,有详有略地分析,既有整体效果、内在逻辑,又能细致入微,深入透彻。

3. 系统分析法

所谓系统分析法,是把案例所描述的教育管理事件放到整个教育管理的大系统中进行分析。从宏观的角度(包括教育管理系统的大背景和其他同类案例中各种角色的地位与相互关系)分析各种现象和问题产生的社会背景、内因与外因,以及在整个系统内的相互作用和关系,从而得出正确的结论。运用系统分析的方法,其优点是能站在全局的高度,从宏观上去审视案例的概况,有利于抓住案例分析的关键所在,能更深刻地理解教育管理案例中的人和事,更清楚地看清问题的实质。缺点是容易忽略案例本身的个性特点,出现架空分析的现象。把问题产生和发展的原因推向外部,不注重内因的剖析。弥补的办法是要从宏观着眼,从微观着手,把外因和内因结合起来,以"外因是条件,内因是根据"的科学原理,实事求是地进行分析。

4. 行为分析法

这一分析思路强调高度关注案例中教育管理者与被管理者的行为及两者之间

的人际关系状况。行为分析的立论依据是:在学校组织中,任何教学与管理活动都离不开具体的人,是由人的行为来体现的。人的感知、认识、信念、态度、个性等心理因素,人在群体中的表现,人与人之间的交往、沟通、冲突与协调,学校中的人与外界环境的关系,他们的价值观、行为规范和社交结构,无一不是行为分析所关注的重要对象。

5.因果分析法

这一分析方法强调只有确定问题产生的原因,才有可能使面临的问题得到解决。它高度关注对原因序列进行分析,要求层层追溯,直到找出最终的根由。在教育管理案例中,就人员方面的原因来说,就可以进行下面这样一组追问:是谁导致了这种结果? 他引发的这个局面,是因为缺乏动机? 是因为对情况不了解? 是缺乏适当的培训,还是缺乏必要的准备? 这仅仅是个别情况还是暴露了学校的制度缺陷? ……分析者通过持续深入的追问,获得了对事件原因的全面把握。

6.决策分析法

决策分析要求分析者将案例中主要人物的决策行为作为分析的重点,强调分析案例中决策者的价值观,评价案例中解决问题的方案。决策分析还比较注重使用规范化、程序化和定量化的模型和工具来提高分析的科学性。

7.逆向分析法

这一分析方法强调打破思维定式和思维惰性,引导分析者沿着与常规问题解决的思路相反的方面去进行思考和分析。逆向分析并不提倡故意的逆反,而是要求分析者具有高度的灵活性,能够根据教育管理的实际变化,不受一切传统做法的束缚,及时地改变先前的计划、方案、方法,寻找新的解决问题的途径和策略,哪怕这一途径和我们一直沿袭的制度和措施相对立。逆向分析对提高分析者的辩证、创新的思维品质极为有用。

对教育管理案例的分析方法应因人、因文而异。不同的分析者有不同的专长和分析思维的习惯,不同的案例也有不同的分析方法,不必强求一律。方法还可以创造,在案例分析的实践中,我们应该创造更多更有效的分析方法。

(七)明确案例分析的系统与主次

越是与教育管理实际贴近的案例,它所包含的信息量就会越大,成分就会越复杂,因此,在案例分析的过程中,分析者必须将案例中大量而芜杂的信息加以归纳和整理,明确条理,厘清关系,分清问题的轻重缓急。如果分析者对案例中的所有材料事无巨细,一一加以详细研究,势必会造成效率的低下。另外由于不能抓住案例中最关键的因素,也会导致整体分析路径的偏离,出现钻牛角尖或钻进死胡同的现象。分析者应养成这样一种良好的习惯,就是在每一次案例分析之初先问自己:案例中提供的这些信息,哪些是最重要的? 哪些可以稍缓一些来考虑? 采用已选用的分析方法来分析某个特定问题,究竟需要哪些事实? 然后再回过头来有意识地进行寻找和甄别,这样就会事半功倍。

(八)确定教育管理案例分析的类型与水平

不是所有的教育管理案例分析都必须做到最大程度的全面和深入。对某一案例的分析究竟应达到怎样的深度和广度(即分析水平),主要由该案例的类型来决定。每一类型的案例分析都有着相对应的目的和功效,分析者可以根据自身的需要(如需要培养哪些方面的能力)和条件(如时间和精力),进行适当的选择。教育管理案例分析的类型及其相应的分析水平大致有以下几种。

1.综合型分析

这一类型的分析需要分析者对教育管理案例中所有的关键性问题都必须进行深入细致的分析,列举出有力的论据,提出重要的解决方案和建议。它对分析的广度和各因素之间关系的系统思考有较高的要求。

2.专题型分析

这一类型的分析要求分析者选择教育管理案例中涉及的某一个或数个专门问题进行深刻、细致、透彻和创造性分析。分析者选择的分析专题,应尽可能做到是自己最熟悉、最有经验、最有把握、平常思考和关注最多的问题,这样分析起来才有可能达到较为深刻、独到的境界。这一类型的案例分析追求分析的深刻、新颖程度。

3.信息型分析

这一类型的分析是指分析者结合案例所涉及的问题,补充案例中没有包含而来自其他渠道的相关信息,在此基础上指明某种趋势,间接表明自己对案例中所提到的问题的观点和认识。这一类型的案例分析追求分析的广度,要求分析者平时注意积累资料,开阔视野。

(九)撰写教育管理案例分析心得或短论

这是教育管理案例分析的重要一环。笔者建议分析者在对某一案例的分析告一段落之后,用书面形式将自己的分析思路和分析心得表达出来;通过文字的整理可以使学习者更为细致地加工、利用、消化、吸收案例中的"养分",加深对相关理论和管理实践本质的理解,提高管理素养和实际管理水平。国外 MBA 教学中对案例分析报告的形式要求是相当严格规范的。但笔者以为,除非是为了某一特殊的目的或教师的强行要求,分析者所撰写的案例短论大可不必拘泥于这些刻板格式化要求。要提倡精粹、活泼、一针见血的文风,杜绝过于文学化的修饰堆砌,要体现出批判精神,反对唯唯诺诺和做"应声虫"。下面是笔者近年来运用案例思维,针对当前教育管理的焦点问题所做的若干教育管理案例分析短论,谨录于此以供读者参考借鉴。

【案例分析短论 5-1】

格子间、躺椅与人文关怀

由于工作关系，最近走访了一些学校，其中有这样两所学校给我留下了较为深刻的印象。

一所是某著名中学。的确名不虚传，该校在校园环境、硬件设施、教师待遇、教学科研等诸方面均给人以仰之弥高之感。然而，笔者不经意中发现，该校的教师办公室格局也和时下绝大多数学校的办公室迥乎不同：该校办公室采用公司式的格子间格局，将同一年级组的几十位教师集中在同一个大房间工作，每人占有一张桌子和一把椅子的空间。据该校负责接待的副校长介绍，采用这种形式办公，有利于提高教学管理的效率。一方面，教师坐在一起办公，有利于彼此之间的沟通和协作；另一方面，管理者走进这样的办公室，每位教师的工作情况一览无余，便于对教师进行管理。此举措作为该校的管理创新之举同研究性学习经验一起，已经被许多学校所借鉴或仿效。

另一所是名不见经传的普通初中。笔者发现，在该校每一间仍然沿用传统格局的教师办公室里，赫然多了一把在其他学校办公室难以见到的老式藤制躺椅！为什么要在每一间教师办公室里放上一把躺椅呢？校长的解释是：教师们起早贪黑，很辛苦，抽空躺一躺会舒服些。

笔者以为，格子间与躺椅，似乎都很微小，但两者所折射出的教育管理理念其差距之大，却值得我们细细咀嚼和反思。前面这所名校的做法，貌似新锐和高效，其实却并不新鲜。该校的这项管理创新之举，其实质是对企业管理的盲目套用，暴露了教育管理者对学校教育自身的特征与规律的无知或轻蔑。早在 20 世纪之初科学管理学派产生以来，整齐划一的"标准化"管理手段和自上而下的"监督式"管理方式始终是企业提高生产效率的重要法宝，而且也确实起到了相当明显的成效。但这种建立在"经济人"假设基础之上、在企业管理中行之有效的管理方法却与教育管理特性相抵牾。

众所周知，教师劳动十分复杂。一方面，教师的劳动成果是以教师之间的协作形式体现出来的，也就是说，学生取得成就、获得进步不是哪一位教师个人所能包揽的，因此，让教师坐在一起，的确有助于加强相互之间的沟通和协调。但从另一方面来看，教师劳动更重要的特征是他们的个别性和创造性。教师的主要劳动过程如备课、上课、与学生的交流等都呈现出较为明显的个别化特征。因此给教师一个相对清净和更少干扰的空间并不是十分过分、矫情的要求。此外，这种"格子间"管理还与当前所倡导的"以人为本"的管理思想背道而驰。这一管理方式的实施，暴露了教育管理者对教师的不信任感。这种对教师的不信任严重压抑了教师的个性,破坏了本应活泼、和谐、良好的工作气氛,人为地加剧了教师的心理负担。从根本上说,对实现学校的育人目标也极为不利。

在尚不具备彻底改善教师工作条件的今天,一把躺椅也足以体现对教师的尊重和关怀。

【案例分析短论 5-2】

创新教育从给教案松绑开始

开学了,教师们又忙得不可开交起来。你若问这些教师:在忙什么? 他们的回答恐怕是:改作业,写教案。写教案已成为教师一项沉重而单调的"作业"。据笔者接触到的教案来看,这些教案大多体例刻板、要求烦琐,成为不折不扣的现代"八股文"。如今,一篇"标准"的教案,不仅必须包含教学目的要求、教学重点、教具准备、课时安排、教案正文、教后感想,而且在教案正文中又必须包括新课导入、教学方法、过渡安排等。为更加"科学"、规范起见,有的学校还给教师印刷好统一格式的教案本,让教师按图索骥做填充题。

上述做法的后果是显而易见的,有相当多的教师会选择为应付学校的检查,从教参上克隆(抄袭)教案。试想一下,中小学教师除了有沉重的授课任务之外,有大量的作业与试卷要批,还要与学生交流;特别是班主任,还必须处理许多班级杂务,为完成如此"大运动量"的备课,克隆显然是一条捷径。至于这千人一面、千篇一律、缺乏创意的教案有无实际指导意义只能放在一边了。在我国的香港,并不刻意要求教师写所谓的教案,备课形式灵活多样,国外也是如此。有几位外国教育专家来到中国看到展出的这一份份"详细精美"的教案,他们惊呼:"中国教师的工作负担太重了!"而这教师辛苦抄写的教案作用如何呢? 说起来让人泄气,绝大多数上为应付检查,很少有人会按照教案去上课。话说回来,如果教师真成为这种教案的"忠诚奴仆",这种后果也是很可怕的,学生恐怕永远听不到一堂精彩的、富有创新的课了。

回想笔者的学习经历,让我忘不了的那些课往往都体现了教师的即兴发挥和高超的教学机智,它是在特定教育情景中受到某些偶发性因素的触动而产生的。那种油然而生的睿智、挥洒自如的才气以及不期而遇的话语,都是不可预期的,因而也是无法在教案上书写的。一边看教案、一边上课的老师能上出这么好效果的课吗?

教师需不需要备课? 回答是肯定的。但备课不等同于写教案,教师面对的是活生生的人,是千变万化的课堂,教师的每一次课都是唯一的,不可重复的。要上好每一次课,就要根据这些做灵活的处理。而这种能力不是靠写教案能写出的。

当前,广大中小学教师承受着来自学校和家长的压力,要做许多琐碎、繁重的工作，还要参加形形色色的评比与考核，凡此种种，压得他们喘不过气来。在这种情况下，更应废除这种高度"格式化"的假教案，让教师有更多的时间去学习、思考、创造。笔者以为，在倡导创新教育的今天，应为教案松绑，在备课制度上少一些教条和形式主义，多一些个性和弹性。

【案例分析短论 5-3】

教学表演可以休矣

为了参加职称评定，某中学教师就同样的内容给同一个班的学生上了七遍公开课，并拍了录像。家长愤而投诉。这位家长朋友真是少见多怪。所谓公开课，其实质已沦为教师个人的"教学表演秀"，这是时下教育界心照不宣的公开秘密。《文汇报》曾报道，湖南省政协提案批评中小学造假：教师在公开课前预先布置学生做踊跃发言状，会答的举左手，不会的举右手。为了上好一堂公开课，事先点拨者有之，预先排练者有之……某校为了配合特级教师上课，上课的学生经过再三挑选；在课堂上，因学生过早地打开了他事先设计的包袱，使他无法上出高潮，就在课堂上训学生，发牢骚。在很多教师眼里，公开课是表现自我教学艺术的绝佳时机，学生只是教师"教学表演秀"的不可或缺的道具而已。一堂课"成功"了，教师通常会毫不犹豫地将其归功于自己扎实的功底、精湛的造诣；如果课堂效果不尽如人意，很多老师会愤愤地归罪于学生的"不配合"。这真叫人闹不懂，教育究竟是为谁服务的？学生和老师到底应该谁配合谁？！

严格地说，"教学表演秀"就是校园造假，其危害集中体现在两个方面：

一是违背了诚信教育的要求，不利于青少年学生树立正确的世界观。诚信是一个人最重要的品质之一。《公民道德建设实施纲要》指出，教育的首要目的，就是要教育学生学会做人，做一个有益于国家、有益于社会、有益于人类的人。要做一个真正意义上的人，诚信自然不可缺。诚信教育应从小抓起，从小事抓起。要把社会当作对学生进行诚信教育的大课堂，教育学生要用发展的眼光看待社会上出现的诚信缺失的现象，要用科学而正确的人生观、价值观、世界观去看待诚信缺失的现象，让学生从小就树立起做人要诚实、讲信用的观念。"教学表演秀"是与上述要求背道而驰的。在我们的学生对教师充满了"向师性"的青少年时期，在他们世界观形成的关键阶段，却受到教师"教学表演秀"的熏陶和启发，在耳濡目染了高超的"教学造假"技艺之后，很难设想他们会树立起诚实守信的价值观。从这个角度看，包括"教学表演秀"在内的校园造假现象，会危及国家和民族的生存和发展。

二是违背了现代教育规律，不利于学生主体性的发展。在教学表演中，教师视学生为绝对被动的客体，他们在课堂上的一颦一笑都完全在老师的控制之中。教师成了高超的"导演"，他们精心安排提问的对象，选择容易出彩的教学内容，热衷营造学生积极参与课堂讨论的活跃气氛。学生只是这出表演剧中的道具和配角，他们唯一被允许的权利是按照教师的授意和预先的彩排去配合主角的表演，那些正常课堂中富于建设性的短暂沉默被视为"冷场"，那些有独立头脑和批判性思维的学生在教学表演中被视为重点盯防的对象。现代教学理论认为，学生是课堂中真正的主人，教学必须以学生为主体，课堂教学要体现学生的积极性、自主性和创造性。成功的教学标志之一就是学生对课堂教学的积极参与及师生互动的程度。在这种课堂中，学生有高度的情感投入，学习成了自身内在的动力和需要，学生在课堂学习中获得兴奋和快乐。以学生为主体要求教师尊重学生的个性和学习需要，鼓励学生进行发散性甚至是批判性思维活动，不强行要求学生必须围绕和附和教师的见解。课堂教学只有真正实现了"以学生为主体"，学生的独立性、主动性和创造性才能得到高度的发展，素质教育的理想才能真正得以实现。

教学表演可以休矣！

【案例分析短论 5-4】

"作文克星"的克星

最近，一个名为"作文克星"的软件在网上人气飙升。据为该软件提供收费服务的北京某网络公司的工作人员称，该软件近一两个月卖得非常火爆，目前已经跻身国内共享软件销售排行的前五位。购买该软件的主体绝大多数为中小学生。该软件为写作学习软件，其主要目的在于帮助中小学生迅速提高作文能力。为什么一种看似寻常的学习软件能受到广大中小学生的青睐？原来，"作文克星"不仅为使用者提供了数万段、数百万字的分类素材库以及数千篇精选的例文（范文）以供借鉴、参考，而且更为诱人的是该软件具备"自动生成作文"的独特功能。"作文克星"主页用极其醒目的鲜红字体宣称，利用软件的这一功能，在8分钟内自动生成一篇千字作文绝对轻而易举。据说，有一个初三学生用该软件花4分钟就"写"了一篇名为《面对压力》的作文。结果，老师给这作文打了90分！

"作文克星"在市场上的成功，是建立在当下中小学作文教学的固有弊端基础之上的。长期以来在应试教育的阴影笼罩之下，我们的作文教学其主要目的在于应"试"，而非应中小学生之"需"。作文教学只为考试服务，完全无视学生的心理特点和内在感受，导致学生失去了写作兴趣，对写作充满了厌恶情绪，视作文为畏途。在相当多的学校里，学生普遍把作文当作严重的负担。学生抄袭作文的情况相当严重。他们通常的做法是把优秀作文选的几篇文章进行切块拼接，组装成一篇文章。这一方法和"造"文软件从本质上看可谓异曲同工。

客观地说，作为一种电脑练习作文的工具，正如该软件作者所宣称的那样，"作文克星"如果能得到正确的使用，的确有助于写作水平的提高。它不仅为学习者提供了数万段(数百万字)分类素材,有效克服了中小学生因生活经验太少,又没有养成细心观察生活、为作文积累素材的习惯而产生的"巧妇难为无米之炊"的难题,而且,它内置的数千篇例文(范文)以及各种文体的介绍,也为学生作文提供了丰富的范例。但是,这些优点与它的主要"亮点"——自动生成作文功能所起的负面作用相比,就微不足道了。大面积运用"作文之星"这一"高科技"手段"多、快、好、省"地克隆作文,其后果显而易见:一是这种作文是一种"新式八股文",充满套话、空话,缺乏真情实感,使中小学生对作文的看法产生了严重的误解,破坏了语感,丧失了作文教学的本来意义,不利于学生写作能力的发展。二是由电脑作文替代人的头脑作文,剥夺了中小学生的思维和想象活动,不仅严重摧残了他们的想象力和创造精神,使我们的学生成为丧失思考与创造的机器,而且还有可能会抹杀学生的丰富多彩的个性,导致千人一面、万众一"心"。更为严重的是,这种投机取巧的做法也很容易使青少年学生产生不劳而获的消极人生观与世界观。

如前所述,"作文克星"所赖以生存的土壤是应试教育。"作文克星"的克星就是变"你要我写"为"我要写"。在作文教学中教师要真正把学生当作作文的主人,放手让他们写自己最熟悉、最感兴趣、最动情的内容,在写法上不对他们做过多的约束。唯有如此,我们的作文课堂才有可能不被克隆作文所淹没,"作文克星"的商业神话将会被终结。

【案例分析短论 5-5】

"罢课"风波凸显家校沟通之误

据报载,新学期开学的第一天,沈阳市铁西区重工街某小学五年级(3)班学生家长以带领该班全体学生集体"罢课"的方式,来表达对学校更换该班班主任的强烈不满。笔者以为,这一事件表面上看似极端、个别,不具备代表性,但如从当前社会的教育实际以及学校管理的角度看,这一风波其实凸显了在当前教育功利化的社会背景下,在家长参与学校管理的意义和方式方面,学校和家长双方都存在着不少的认识之误和实践之惑。

从教育管理的发展实际看,近年来,鼓励和吸收家长参与学校管理已逐渐成为世界教育发达地区中小学管理改革的重要趋势。家长在学校管理中所扮演的角色日趋重要,家长在参与学校管理事务、监督学校权力运行方面所起的作用也越来越大。从法学的角度说,世界教育发达地区(包括我国的港台地区)的学校均较为尊重家长参与学校教育的权利。这是因为家长参与子女学校教育事务的权利是父母亲权的延伸。虽然家长在学校中不负责执行教学,也不负责规划主导课程和教材,但是如果孩子接受不合适的学校教育,其不良结果仍得由学生家长承受。因此,父母基于保护子女利益的立场与职责,具有参与子女学校教育的合理性和正当性。

此外，家长除了为人父母，也是社会的公民，公民具有参与政府决策和监督政府运作的权利与义务，家长当然可以从这一权利和义务的角度，参与和监督学校教育事务的运作与决定。

客观地说，随着新一轮课改的深入，我国中小学管理在加强家校联系方面做了不少工作：很多学校成立了"家长委员会"之类的专门组织，也开展了家访等相关的活动。但总体看来，我们的家校联系形式大于实质，"沟"而不"通"现象严重，家长参与基本只有象征意义。比如，一些学校的校务会议流于形式，学校的重要制度及发展计划多由校长一人决策或在校内其他会议上决定，这使得许多学校的家长会沦为学校的附庸，不能真正发挥家委会对学校发展的监督作用。另外，很多学校对家长参与学校管理还存在不少严重的误解。有很多学校认为，"家长的参与监督"是家长对学校和教师的不尊重和不信任，把学校和老师当"贼"防，如此才要来监督。这些观点和看法影响着家长对学校管理参与监督的顺利进行。

当然，有些家长的不恰当参与确实干预了学校正当的权力运用，干扰了教师的教学专业自主，造成家长与学校的紧张关系，甚至产生对立和争议。但是这并不能成为反对和阻止家长参与学校管理的理由。我们的中小学应充分认识到，由于教育的高度复杂性，家长与学校必须互为协同，建立起"教育伙伴"关系，才能真正办好学校，对孩子产生良好的教育合力。笔者建议，学校首先要转变观念，将家长监督看作学校发展的机会和资源；同时，尝试摸索和建立家校有效沟通的制度、渠道和形式，以诚待人，逐步化解家校沟通困局。

【案例分析短论 5-6】

"草根教研"才是主流

对很多校长而言，教科研这三个字是和国家级、省部级或至少是区县级课题联系在一起的。当下不少学校把申报课题看作是学校教科研最为重要的一项工作，不惜代价去争课题、"跑"课题。对于被上级部门立项的高规格课题，很多学校会给予政策上的巨大倾斜和物质上的充足支持。相形之下，学校内部自己立项的课题或老师个人进行的教学研究常被视作"小儿科"，只配小打小闹，因此很少得到学校实质上的关心和扶持。笔者以为，这种做法很有代表性，值得关注和反思。

诚然，课题能够成功被上级部门正式立项，一定程度上的确能够反映出这一课题的价值，体现学校的教科研水平和实力，然而，不能不看到的是，有些在不少学校大力推行的"高端课题"，虽然"看上去很美"，却不能很好地为老师们解决他们亟待解决的教学实际问题，很难得到老师们的认同和理解。因此也就不难理解在有些学校里会出现这样的情况：大多数参与课题研究的老师只是虚应故事，课题研究事实上成为教科室主任等少数"科研精英"的个人表演。这样的教育研究显然不能起到真正提升学校教育科研的综合实力、促进教师的专业成长，进而优化学校教育质量的作用。

与这种一味强调立项课题、由学校少数科研精英垄断的"高端研究"相比，笔者更看好"草根教研"在中小学的作用和价值。"草根教研"一词近来在基础教育研究领域颇为流行，是对中小学中教师们普遍、自然状态下进行的日常教研行为的形象化表述。"草根教研"扎根于教育实践，扎根于学校，扎根于教师，其成活的土壤是学校的教育实践，它与学校的生存发展，与校长、教师的专业发展紧密相关。草根虽然平凡普通，但有点雨水就成活，有点阳光就灿烂，具有旺盛的生命力、生长力和亲和力。

著名旅美学者薛涌在其近著《草根才是主流》一书中反复强调，要以小民百姓为基础建立未来中国的主流社会。稳定、健康、和谐的社会阶层结构一般都呈"橄榄形"，合理分配资源，扩大中等收入者比重，逐步形成一个高收入人群和低收入人群占少数、中等收入人群占大多数的橄榄形结构分配格局，这对当前和谐社会的建设至关重要。同理，中小学在教科研工作上，也应努力改革，使学校教科研形态由少数精英把持资源的"葱头型"，向以广大普通教师为主体的"草根化""橄榄形"转变。

草根教研基于学校实际，以普通教师为研究主体，要求教师人人都是研究者，在行动中研究，在研究中行动。"草根教研"的平民化使教育科研贴近每一个老师，让老师用研究的眼光和态度去对待每一件事情；"草根教研"的实践性使教研贴近课堂、贴近学生；"草根教研"的"个性化"尊重教师的个性和创造；"草根教研"的"生命化"赋予教研草一般恣意强劲的生命力……。中小学教科研必须放下高端研究的架子，让"草根教研"成为主流。

【案例分析短论 5-7】

赋平凡工作以快乐与智慧

据报载，杭州市 86 路公交车女司机章爱娣有感于不少乘客每天乘车时都板着脸，神情严肃、冷漠，她在车厢里的 18 个拉环上都插上了彩色的卡纸，每一张卡纸上都写上了笑话、谜语、人生格言、生活小窍门等内容，供乘客们去困解乏、会心一笑。特别有趣的是，她有意在车厢前半部吊环的卡纸上只抄写上一些谜语的谜面，并写上"谜底请在后面的拉环里找"这样的字眼。章爱娣是这样解释她这样做的目的：乘客会觉得有趣，会顺着往后找答案，找到就到下客门了。这样早晚高峰时，比我喊"帮帮忙，往后面走一走"效果可好多了。笔者以为，章爱娣女士的这一做法，看似简单随意，其实有深意存焉。这一小小举动至少有两点值得包括笔者在内的广大教师学习和效仿：

其一，境由心生，赋工作以快乐。老实说，由于工作环境的恶劣和工作性质的单一，公交车司机并不是一项为人所艳羡的工作。相信在城市上下班高峰时乘坐过公交车的人，都会对车厢内逼仄、拥挤、喧嚣、污浊的环境有着深切的体会。然而就是在这样的环境中，章爱娣女士却用心给大家带来了温馨，也为自己营造了工作的快乐。作为教师，和章女士相比，我们工作的环境至少还说得过去，但扪心自问，我们之中有多少人可以像她一样，做到不怨天尤人，珍视岗位，快乐工作？众所周知，教师职业主要是一项用"心"而不仅仅是动"脑"的职业。调查表明，当前有不少中小学教师心态失衡，教学情绪低落，职业倦怠感浓厚。这种负面的心境和情绪对学生和教师自身都带来了不小的危害。苏霍姆林斯基指出，教师在课堂上创造一种精神振奋的、生气勃勃的"情调"具有重大的意义。"常有这样的情况，就是从教学法的观点来看，对教师的课没有任何可以指责的地方，但是教师讲述教材时的那种漫无目的、有气无力的口气，容易使学生产生一种无精打采的情绪，课往往会上得枯燥乏味、毫无生气……"课堂教学是师生重要的生命历程，负面的课堂情绪体验则意味着师生生命质量的低下。因此，教师要像章女士学习，调整好自己的心态，从达人中达己，赋工作以快乐，这样不仅可以优化教师工作效能，更能有效提升师生双方的生命质量。

其二，善于思考，让工作闪烁智慧光芒。在《给教师的建议》一书中，苏霍姆林斯基援引了一位女教师在一封信中的怨言："检查练习册吞没了我所有的空闲时间。"他还说，大概有成千上万的教师都会签名同意这句话，这不单单是因为检查练习册要付出好多个小时的劳动，而令人烦恼的是这种劳动是那么的单调乏味，看不到工作的成效。正如苏氏所提到一样，我们的很多中小学教师也抱怨自身工作机械、枯燥、乏味和繁重。客观地说，老师们的这些抱怨大部分符合实际，并没有夸大其词。但笔者以为，作为教师，针对工作上客观存在的特点与困难，不去潜心研究优化工作的方法和策略，而只是一味地苦干、蛮干，其效果自然不会理想，牢骚和抱怨也就会越来越多。说到职业的机械和单调，公交车司机肯定不遑多让。但章女士并没有让过多的牢骚和抱怨淹没自己，而是积极开动脑筋，精心设计工作流程，优化工作细节，让机械、乏味和枯燥的工作散发出智慧的光芒，用自己的创造性提高了乘客的满意感，优化了工作效能，从而获得了宝贵的成就感。既然章女士可以做得如此优秀，作为老师，我们的抱怨也就多少失去了一点理直气壮。

【案例分析短论 5-8】

家长，请冷静面对《中华字经》热

当孩子望着夜晚的天空，说出"星辰密布"；

当孩子不经意间，谈到"罗盘硝药，蔡伦毕昇"；

当孩子讲起四大名著"西三红水";

当孩子听到祖国统一,说出"鸦片战争,英占香港";

当孩子朗读出"中华初繁,睡狮渐醒";

当孩子看到蜘蛛和蜻蜓,想起"蜘蛛牵补,螳蛉蛀粮。蜻蜓振翅,鸠鹏张膀";

……

亲爱的家长,你的心中是否有一股激动的浪潮在澎湃,你的眼里可有一份憧憬在闪烁。本中心开办的快速识字课程将让您的孩子在六岁前认完四千汉字,解决一生识字问题,让儿童提前识字,提前阅读,扩展孩子的知识空间让他们于读书识字中找到兴趣,找到知识,找到人生更高起点。行动起来吧! 亲爱的家长,您明智的选择,筑就孩子明天更大的辉煌。

对于这段极富诱惑力的文字,很多家长可能并不陌生,因为它出自眼下各地风行的"《中华字经》超级识字班"的招生广告。《中华字经》被"专家"誉为"天下第一识字课本,必将给汉字认读带来一场变革",是一种超级神奇的识字教材。在"六岁前认完四千汉字,解决一生识字问题"的巨大诱惑下,很多家长不由自主地站到了长长的报名队伍中。可以毫不夸张地说,全国各地正掀起了一股《中华字经》的热潮,而且有持续升温的趋势。

如何看待这一热潮? 带着这一问题,笔者在杭州市第二期幼儿园园长培训班上组织了相关的案例讨论。在讨论中,绝大多数的园长认为"《中华字经》超级识字班"的做法不可取,这一做法明显偏离《幼儿园教育纲要》。比如,大纲要求幼儿教育要全面促进幼儿五大领域即社会、健康、语言、科学、艺术的发展,而不是每天花费大量的时间甚至整天让孩子识字。即便是语言的发展,也不仅仅指识字的数量,还涉及口头表达能力和早期阅读能力的发展。同时他们还指出,《中华字经》字词佶屈聱牙、深奥难懂,连幼儿园里的老师都不容易掌握,再加上"超级识字班"主要采用反复朗读和机械背诵的学习方法,有悖孩子活泼自然的天性,不符合幼儿直观形象思维的认知特征。在讨论中,园长们承认,出于家长的要求和幼小衔接的考虑,幼儿园都或多或少地开展了识字教育,但采用的方法主要是在游戏中和在生活中学。

我赞成园长们的上述看法。幼儿园里认完一生的汉字,是完全可能的。许多识字神童的报道想必家长朋友都有所耳闻。但让孩子通过"《中华字经》超级识字班"在六岁前认完四千汉字的做法,不仅要让孩子付出巨大的成长代价,而且根本就没有这种必要。众所周知,汉字是所有文字中最为复杂难学的文字之一。无论采用怎样神奇的识字方法,让孩子掌握数量惊人、远超出自身认识能力的汉字,都是非常困难的,必然要剥夺和占用孩子游戏、从事其他有益活动的时间和精力,从而影响孩子的身心健康,不利于他们愉悦地成长。即便是您的孩子费尽心血掌握了大量的汉字,进入小学之后面对已经了无新意的"生字"也难保不产生高度的厌学心理,从而可能对孩子今后长期的学习热情以及个性和创造力的发展产生难以估量的负面影响。

家长应高度警惕幼儿园小学化的倾向,冷静面对《中华字经》热。幼儿教育应该从幼儿心理和生理特点出发,因材施教,促进幼儿身心和谐发展。就识字来说,家长可顺其自然,结合孩子的兴趣,让孩子在游戏和活动中轻松愉悦地学习一些生活中常用的字词。如果孩子没有兴趣也没有必要强迫其识字。只要孩子发育正常,未来的识字就不会有问题。

【案例分析短论 5-9】

讲深讲透是一堂好课的标志吗?

循循善诱、诲人不倦是千百年来社会对教师劳动的崇高赞誉。一位德国留学生这样评价我们传统的中小学教育:中国的教师是全世界最能讲的,中国的学生是全世界最能考的。从最近笔者与身边的教师朋友的交流情况看,情况已发生了很大的变化。中小学教师已普遍对一味地"讲授"比较警觉,对"满堂灌"和"填鸭式"持否定态度,认为教师应关注学生心理,对教学方式进行适度变革。这些观点无疑在相当大的程度上是与新课程所倡导的新的学习方式是吻合的。它表明,随着新一轮课程改革的逐步深入,我们的中小学教师在教学观念上已有了令人欣喜的变化。

然而,笔者通过最近几次的课堂观摩发现,在中小学课堂教学实践活动中,在一些教学、教研人员的头脑里,仍然存有一些似是而非、根深蒂固的观念,它们仍不时地对我们的新课程实践产生干扰。其中比较突出的是对"讲深讲透"的看法。在很多教师看来,将知识点和难点"讲深讲透"是一堂好课的标志,无论是上课之前的教学设计阶段,还是上课之后的说课或教学反思阶段,"讲深讲透"都是其中最重要的目标和要求之一。在这样一种观念的指引之下,在教学过程中,教师总是不放心或不相信学生有自己选择、"消化"知识的能力或权利,总是喜欢替代学生的思考,把"知识"咀嚼得"稀烂"并"填鸭式"地灌给学生,不敢理直气壮地放手让学生去自主探索和认识世界。

笔者不是一味反对教师的讲授,但反对那种过分强调学科自身的逻辑体系和概念规律的严密性、"一竿子到底"的"讲深讲透"的做法。为什么这样说呢?打一个比方就可以看得很清楚了。农村里有些老太太喂孩子吃东西,怕食物太硬噎着孩子,喜欢把食物放进自己的嘴里咀嚼得稀烂,然后口对口地喂给孩子。在这里我们姑且把食品卫生问题撇开,只是请这些"讲深讲透"的倡导者们想一想这样一个浅显的事实,那就是:食物在你的唾液搅拌和酶的充分化学反应之后再喂给孩子,这个食物还有味道和营养吗?! 它还能有效促进孩子的健康成长吗?!

教育学的"跳摘"原则告诉我们,教师为学生设置的学习目标和学习任务不可过于复杂,让学生望而生畏、自暴自弃,但也不宜过于简单以至于学生伸手就可以够到。对于教学过程中出现的每一个重点、难点,教师都不厌其烦、手把手地条分缕析、讲深讲透,和前面提到的那些老太太的做法一样,暴露了对自主学习内涵的无知,侵犯了学生设疑问难、积极思考的权利,剥夺了学生思维"弹跳力"发展的机会,导致他们对教师的高度依赖,使"教是为了不教"成为永远的神话,不利于学生的自主学习和主体性的发展。

【案例分析短论 5-10】

谨防老师沦为"售课员"

近来一些教师朋友在闲聊中提及一种关于自身职业的新称谓:教师=售课员。乍一听说此观点,不禁有些惊愕,但将其仔细与中小学教师的工作现状进行比照,却不能不承认这一称谓在某种程度上,生动甚至刻薄地刻画了当前中小学教师角色的误区以及职业的尴尬。

作为辛勤的园丁、人类灵魂的工程师和太阳底下最光辉职业的人民教师,在绝大多数人的眼中,实在很难与"售课员"一词联系起来。然而,当前不少学校和教师的做法,却又实实在在地让人觉得这种说法又似乎不是空穴来风。比如,相当多的学校以机械的教学时数作为衡量教师工作业绩以及发放各类津贴的主要凭据;不少老师的课堂教学沦为纯粹地完成教学任务,他们只需在确定的单位时间内将教参上要求的知识"贩卖"出去即可,没有必要去对学生进行人生观、价值观的引导,跟他们交朋友;不少教师只关注自己课时的多少,对提高教学水平、提高教学质量兴趣不高……。上述迹象表明,当前的中小学教师的角色和工作性质正在逐步异化,部分教师越来越有沦为"售课员"的可能。

教师成为"售课员",危害不可小觑。从教学角度看,沦为"售课员"的教师,其工作丧失了复杂性和创造性,在教育教学过程中,教师无力也无法从教育专业工作者的角度,针对复杂的教育教学对象和教育情境进行有创造性的和有高度针对性的教学决策,只能机械地执行教参或学校的计划、简单效仿他人的教学行为,从而降低了教育教学的有效性;从师生关系的角度看,既然教师成为"售课员",那么学生自然就成为"上帝",师生关系当然也就相应地变成了销售员与客户的"双边贸易关系"。当前有不少学校,作为"上帝"的学生对教师的评价往往对其年终的考评有着决定性影响,为了"悦纳"学生,教师必须或只能放弃传统教育中既教书又育人的神圣职责。

撇开上述弊端不谈,笔者认为,更应该引起警醒的是,居然有那么多的教师认同自身的"售课员"角色。认同也罢自嘲也罢,这种现象深刻地表明当前中小学不少老师丧失了教师特有的专业尊严,动摇了他们的专业信心,缺失了他们专业发展的意愿和动力,进而摧毁了他们作为教育者所特有的成就感和幸福感。在笔者组织的我省某城区小学后备干部培训班的论坛发言中,不少学员对自身工作价值评价较低,工作成就感匮乏,工作士气低落,职业幸福感更是无从谈起。不难想象,带着这样情绪状态的教师将会有什么样的教育业绩。

教师不能沦为"售课员"! 社会、学校应充分认识到,教师工作具有高度的复杂性和创造性,教师必须保有必要的专业尊严、专业信心,应赋予教师发挥专业自主和专业成长的权利和空间。如果真的能做到这些要求,相信"售课员"论调会逐步平息。

【案例分析短论 5-11】

警惕"师生同考"背后的片面教师评价观

据报载,沈阳市数万名义务教育阶段教师参加"期末考试"。在此之前,沈阳市8000多名高中专任教师和学生一起参加了市教研室统一组织的教学质量监测。沈阳市教育局决定,教学质量监测的对象不再只是学生,要扩大到教师层面,并将考试成绩作为对教师评价考核的重要指标之一。此举在社会上引起强烈反响。绝大多数论者对类似"考教师"的做法表示全盘否定甚至谴责。对此,笔者认为应从教师评价的角度进行深入分析。

让教师参加考试,是教育行政和学校管理部门对教师进行管理的基本手段之一,是相当正常和普遍的。对教师职业稍有了解的人可能都会知道,在我们这里,有不少教师就是通过考试考出来的。而在世界上许多教育发达国家,参加专门的资格考试是获取教师资格的必经之路。在很多国家,不光是准教师要参加严格的考试来获取教师资格认证,在职教师也要不时接受相关的考试以确保教学的质量和效果。以美国为例,随着《不让一个孩子掉队法》的深入实施,美国有不少州对中小学中从事数学和阅读教学的教师进行定期的测试,测试的理由是,他们深信数学和阅读学科教师的专业水平和学生的学业成就呈正相关,而不少地区的实践也在一定程度上证实了这些"考教师"的做法确有成效。从这一角度看,让教师参加考试未尝不可,不宜一棒子打死。

但沈阳的"师生同考"却不同于上述考试。笔者认为,作为"考教师"举措的升级版,"师生同考"这一极端做法暴露了该市教育行政部门的片面教师评价观。一般而言,教师具备的知识可大致分为本体性知识、条件性知识和实践性知识三大类。本体性知识是指教师所具有的特定的学科知识,如语文知识、数学知识等。条件性知识是教师成功地进行教育教学所必备的知识,即教师的教学技巧和教学艺术。实践性知识是教师在开展有目的的教育教学活动过程中解决具体问题的知识,是教师教育教学经验的积累和提炼,带有明显的情景性、个体性,体现出教师个人的教育智慧和教学风格。教育的研究和实践都已证明:教师的本体性知识不是影响学生的成绩的唯一因素,甚至也不是最重要的因素。相反,条件性知识和实践性知识对教师的教学效能有着至关重要的作用。因此,考老师不能只考学科知识。有效的教师考试除了对教师的学科知识进行测试之外,还应高度关注他们的条件性知识和实践性知识的考查。

从国外的实践来看,对在职教师的教学评价应贯彻"以学论教"思想,即以对教师所教学生的学业成绩和课堂学习的表现作为教师教学考评的主要依据,而不仅仅是简单地对老师"一考了之",更不能是粗暴的"师生同考"。打个不太恰当的比方,"师生同考"隐藏的评价观是:师傅孙海平非得要跑过徒弟刘翔,他才能算是一个好教练;而"以学论教"的评价规则认为,衡量孙师傅教学水平和实绩的是刘翔的成绩,而不是他自己能跑多快。热衷于"师生同考"者不可不深长思之。

【案例分析短论 5-12】

让学校教育不再成为"高危"行业

新学期伊始,教育部刚刚颁布的《学生伤害事故处理办法》将付诸实施。《学生伤害事故处理办法》规定了学校应承担相应责任的 12 种情形,并具体规定了 10 种意外事故学校不承担责任。与此同时,《杭州市中小学校学生伤害事故处理条例(草案)》也经过近两月紧锣密鼓的审议之后诞生。这两个文件的制定和实施,是全面实现依法治教,使学校教育特别是广大的中小学教育工作走上法制化轨道的重要里程碑。

众所周知,我国的大中小学共有两亿多名在校学生,这是一个相当庞大的社会群体。由于学生身心发展尚不够成熟,与其他人群相比,意外伤害日益成为威胁中小学生的"第一杀手"。据报道,校园意外伤害每一天都在发生,我国每日至少有一个班级的学生因为意外伤害受伤甚至失去生命。平心而论,每一起校园意外伤害都是学校校长及教师所不愿看到的,也不是每一起事故的主要责任者均为学校。但从近年来围绕校园伤害事故发生的诉讼情况看,绝大多数为家长诉学校。家长们的主要理由是:家长送孩子上学,就是把孩子"交给了学校",实际上意味着家长已经将学生在校期间的监护责任委托给了学校,于是发生在学校内的所有事故,学校都必须承担一定的责任。而从过往的判例来看,在没有明确的法律界定的情况下,法庭也往往,至少是部分地,支持这种主张。因此,在现实中我们常常看到,只要学生出现伤害,无论是什么原因,为防止学校名誉受损和保证正常教育秩序不受干扰,学校往往会通过各种形式对学生进行补偿,以息事宁人。但通常学生家长似乎并不领情,往往提出远超过学校能力的高额赔偿,使事态趋于僵化,学校工作陷于瘫痪,学校形象严重受损。

鉴于广大中小学在处理类似事故中不合情理的被动现状,在笔者主持的一次校长沙龙中,我省某重点中学分管学生工作的副校长发出这样的喟叹:学校教育似乎已成为"高危"行业。为避免"坐被告席",有相当多的学校砍掉有一定危险性的体育课如游泳,限制学生的课外活动如取消春游,要求学生放学后必须尽快离校等。这些举措看起来似乎对孩子的安全起到了一定的保护作用,但实际上这些做法违背了孩子的天性,剥夺了孩子在大自然这一隐性课程中获得身心和谐发展的机会。从长远看是得不偿失,最终受害最大的仍然是学生及其家长。

广大教育从业者当为这一规定的出台而额手称庆。因为从斯以后,只要学校履行了相应的安全措施,就再也不必混充"无限责任公司"而包揽所有的责任。这样一来,广大中小学就可以在落实好安全措施的前提下,放心大胆地在校内外开展丰富多彩的活动,使学生的身心得以生动、活泼、主动地发展,使学校办学质量有长足的提高。

对于这样两个规定,有论者认为可能会侵害学生及其家长的利益。还有一些家长担忧自己的儿女在学校发生意外,学校却撒手不管。这种看法可以理解,但无必要。教育部及杭州市颁发的这两个条例,虽明确提出"学校对未成年学生不承担监护职责",但仍明确规定学校必须履行"对学生进行安全教育、管理和保护"的职责。学校如果在教育、管理和保护方面失责,则必须承担相应的法律责任。这两个规定的积极意义还在于它们能积极提高各方面保护学生的意识,促进学校和家长的预防观念的形成。改侥幸心理和被动等待为"防患于未然",从而从根本上将学生伤害事故降到最低。无疑,对于学校、家长和社会,这是一个三赢的举措。

【案例分析短论 5-13】

透视"在家上学"

最近,有两则教育新闻颇为引人注目。一则是《八岁女孩退学,学做优秀全职太太》,说的是成都的一对年轻夫妇为了将女儿塑造成一个优秀的女人,他们将应该上小学二年级的女儿留在了家里,亲自对女儿实施个性化教育和择偶教育,让女儿懂得审美,懂得生活,成为一个优秀的女人,一个具有优秀气质的女人,让自己的女儿"有能力"成为未来的"全职太太"。他们认为现在很多学历高的女孩子不会谈恋爱,也缺乏在爱情或家庭生活当中获得幸福的能力,这很大程度在于她们从来没有经历过情感审美的教育。另一则是《博士自己教育女儿,目标:21 岁拿博士学位》,说的是家住浙江海盐的现龄 47 岁的袁鸿林,拥有北京大学硕士和南开大学博士学历,会英、日、法、俄等多国语言。中年得子的袁先生认为幼儿园不适合女儿,决定把女儿袁小逸带回家,自己实施对女儿的早期教育计划。他的教育计划是"女儿至少比同龄人提前七八年博士毕业,把她培养成反应敏捷的同声翻译或掌握多种语言的全球性信息情报类高级研究者"。

一个要塑造未来优秀的全职太太,一个要打造迥异于常人的年轻博士。非常清楚,这两对父母对孩子的具体培养目标似乎存在非常巨大的差异。但就其本质而言,却是非常接近的。这两对父母的做法都表露了对正规的幼儿园或学校教育的否定与不满,以及对在家上学极其强烈的信心。那么,像他们这样让孩子放弃正常的幼儿园或学校教育,实行在家上学是否为明智之举呢?这是很多对正规学校教育不满或怀疑的家长非常关心的话题。我们不妨将在家上学的做法和西方家庭学校的实践来做一个比较。

在美国,家庭学校曾经被美国人视为极少数人的一种宗教行为,如今已经渗透到美国的主流教育方式中,成为一场强劲的基层运动,它迅速地重新确定家庭的价值,有力地改变着美国教育的现状。家庭学校运动兴起于 20 世纪中后期,最初的倡导者是雷蒙德·穆尔和约翰·霍尔特。穆尔认为,"除了严重的残疾和智力低下外,身心健全的儿童在 8～10 岁之前都不应该接收正规的学校教育"。"过度活动、近视、识字困难等问题是过早地使儿童神经机制与心理承受过重的持续学术活动(如阅读、写作)的结果。"霍尔特则认为,"真正的教育"在强迫的、高压下的、竞争的学校环境中不存在,也不可能存在,最文明的方式就是让孩子完全脱离学校,在家中接受教育。在他们的倡导下,美国家庭学校的发展异常迅速。1999 年,据美国政府统计,大约有 85 万名学生接受家庭学校教育,到 2003 年,这一数字增长为 1700 万到 2100 万之间。有的专家指出,家庭学校已经成为美国增长速度最快的一种教育形式。

为什么在美国会有这么多人选择家庭学校呢?1999 年,美国国家教育统计中心对全美国的家庭学校进行了调查,希望家长尽可能多地列出自己选择家庭学校的原因。调查发现,美国家长选择家庭学校的原因多种多样,可分为 16 种,主要集中在家长期望更好的教育、宗教信仰因素、家长对学校学习环境的不满、学校教育内容对孩子缺乏挑战性以及为了真正发展学生个性和品德等方面,其中认为家庭能给孩子更好教育的占 48.9%。另有数据表明,美国家庭学校的孩子的学习成绩普遍高于公立学校学生的水平。很多家庭学校的孩子表现出了创造才能。对音乐和造型艺术游戏尤其如此。研究表明,家庭学校很有可能对孩子的创造才能的培养和形成有促进作用。

有人认为,既然家庭学校被美国人如此广泛地接受并确有成效,我们就应该大力提倡、鼓励"在家上学"。笔者认为,这种看法看似有理,其实却混淆了上家庭学校和"在家上学"的差别。虽然"在家上学"是以家庭为核心,孩子是在家庭中接受教育,孩子的学习在时间、空间和内容上更有弹性,在某种程度上得到学习自由,教育能满足个别化的学习需要。但这并不意味着孩子"在家上学"等同于"上家庭学校"。在美国家庭学校虽然与学校教育相比要自由得多,但仍然具有许多学校的特征:比如,家庭学校仍有一定的制度和规范,需要法律确定它的合法地位;并且家庭学校进行的是初等和中等阶段的教育,学生要接受高等教育,则需要通过一定的测试来评估其教育质量。所以,家庭学校存在一定的标准。再有,家庭学校存在较为完整的课程设置,有一些还与学校保持一定的联系,如使用学校的课程、参加学校的测验,必须有学习进展记录,保留着课题选集,并最终设立他们自己的成绩报告单。另外,家庭学校关注的是学生认知、情感等方面的全面发展。相比之下,"在家上学"则显得较为随意,缺少统一规范,更多的是关注个体的态度、兴趣、价值观等情感领域的变化。因此,美国家庭学校的实践不能作为支持"在家上学"的理由,更何况即便是在美国,送孩子到正规的幼儿园和学校去接受教育仍是绝对的主流。

就上述两则报道的情况看,笔者不是非常赞成这两对父母的做法,理由主要有以下几点:其一是教育的价值取向偏颇,功利色彩过于浓厚,扼杀了孩子未来发展的无限可能性。无论是把孩子的前程寄托在择偶上,还是将孩子的未来人生道路定位于读博士、成为高端人才上,都体现了将成人意志强加于孩子的极端粗暴和功利,侵犯了孩子的自主"发展权"。要知道人生有无限的可能性,从小被人为设计了唯一一种可能的人生是可怕的,有99%的可能不适于当事人的。这种学习的"功利目的"越明确,就越悲哀。其二,不利于孩子的社会性发展。家庭是孤独的学习环境,孩子长期不在群体中生活,体验不到集体的互助互爱,锻炼不了面对各种复杂的人和事的处理能力。一对有能力和教学经验的父母可能可以很好地将知识传授给孩子,甚至可以尽量让孩子学到各种生活经验,但是青少年时期孩子从集体中获得的乐趣是父母无法给予的。孩子很有可能拥有了丰富的知识却成长为一个不适应社会的人。其三,从教学的角度出发,孩子需要学习多门课程,尽管可能有些家长拥有高学历,在某些领域有专攻,但并不意味着他就是一名好的幼儿教师。仅凭家长自己有限的知识结构去教孩子是远远不够的。其四,我认为这两对家长的做法与《义务教育法》有明显的抵触,就目前而言,可能还是一种违法行为。

让孩子"在家上学",请三思而后行。

【案例分析短论 5-14】

无视"教育性"的教学将成为"恶之花"

据报载,"为锻炼文科学生的思维,培养学生的人力资源配置能力",广东外语外贸大学中文学院文秘专业的老师布置学生写一份"打劫银行"的计划书。据说,"学生们普遍反映作业题有创意,能从中得到启发"。笔者以为,这一另类作业的出现,深刻地彰显了我国当前教育中价值引领式微、工具崇拜和技术理性至上的倾向,值得关注和深思。

　　作为一名高校的教学工作者,笔者深深体会到当前不少大学课堂沉闷乏味,缺乏魅力,教学内容陈旧枯燥,教学手段机械单调。应该说,我们的课堂教学迫切需要在教学手段、教学形式和内容上注入新的元素,以增加课堂教学的新奇性和趣味性,从而极大地提升学生参与课堂教学的兴趣和热情,提高课堂教学的效能。从这一角度看,那些有意识地将社会热点问题引入课堂,运用诸如"沙龙"式案例研讨、头脑风暴等教学方法,以期激发起学生的学习愿望,促进学生能力发展的老师,可谓功莫大焉。

　　但"打劫银行"这一另类的教学设计却走向了另外一个极端。有人宣称,策划打劫银行进课堂打破了陈旧的教育理念,因为"学生'能力'的培养的关键在于天马行空的想象、认真严谨的解决,而作为解决问题的工具的'能力'无关道德"。对此笔者不敢苟同。

　　稍微了解一点教育学常识的人都知道,教学永远具有教育性,不存在任何无教育的教学。赫尔巴特认为,教学如果没有进行道德教育,就是一种没有目的的手段;道德教育如果没有教学,就是一种失去了手段的目的。教学应当使教育的知识传授功能和对灵魂的铸造功能融合起来。教学过程的一切环节和因素都不可避免地对学生思想、情感和价值观产生潜移默化的影响。教学的教育性原则要求教学成为一种"道德的事业",即教学不仅仅使学生获得知识和技能,更要激发学生对人类社会普遍道德规范的认可和敬畏。

　　可以说,"打劫银行"是典型的"寓教于恶"。从教学伦理的角度看,这一教学设计无视教学的教育性,一味强调以哗众取宠的教学手段给学生以新异刺激,对极端的教学内容可能会对学生产生误导缺乏认识;从道德的角度看,这一另类作业至少在虚拟层面上鼓励学生挑战现代社会普遍遵循的法律规范,漠视世风良俗和道德底线,从而构成了对教学伦理和道德良知的双重打劫。

　　学校教育需要创新,但创新需要遵循教育的规律和道德的底线,不可背弃现代社会基本的价值观。任何时候,教育在传授知识、培养学生技能的同时,勿忘价值引领,激发和唤醒学生对真、善、美的向往。

【案例分析短论 5-15】

学校更名应注重内涵发展

　　随着市场经济的逐步确立、教育改革的深入发展以及学校竞争的日益加剧,运用教育策划手段推动学校形象建设的重要性已逐渐被一些中小学校长所认识。现代社会是一个竞争的社会,教育也脱不了干系。受传统的计划经济思维模式的影响，学校自我宣传的意识不强，自我宣传的力度不大，更谈不上营销策略。即使是品牌学校，也是"藏在深闺无人识"。教育策划和学校形象建设要求学校通过各种媒体向社会各界宣传学校成绩，吸引大众注意力；要求学校对自身形象进行合理包装，投放教育广告，提升知名度和影响力；要求学校做好情报收集工作，不断调整发展规划和宣传策略。教育策划是学校创建品牌、树立形象的法宝。学校要通过教育策划，学会营销自己。

从教育策划、学校品牌建设这一角度来看日前媒体报道的某校改名事件和早些时候的"评选超级教师"等活动，则颇有意味。据悉，某校以所处古巷命名，而该巷相传因南宋某奸相贾似道曾居于此而得名。学校认为校名和宋朝大奸臣有关，"校名与学校文化不和谐"，怕影响小学生心理，因此召开论证会欲给学校更名。有关专家认为，从公关视角看，更名能为城市或企业等带来新的机遇，学校召开论证会，让公众来讨论是否给学校改名，公关学上把这种行为称为征询性公关。这一行为能为学校至少带来两点好处：一是扩大了影响力，提高了知名度或美誉度；二也的确能获取公众的意见，帮助学校明确公众对此的倾向性。

笔者以为，从学校发展的角度看，学校改名不是不可以，但若以为学校更名就意味着形成了良好的学校文化，提高了学校形象，特别是认为只要通过媒体的报道吸引了公众眼球就意味着确立了学校品牌，提高了学校美誉度，显然是过于乐观了。不可否认，"学校更名"乃至早些时候的"评选超级教师"等活动表明，当前的中小学敏感性教育策划和公关意识有了显著的增长，能密切抓住社会热点事件，通过新闻媒介、召开推介会和研讨会等多种形式来推销学校，迅速提高学校知名度。但这些活动并不能被视为成功的教育策划和形象建设的范例，这是因为：学校形象建设应尊重教育规律，注重内涵发展。

学校品牌管理需要由科学发展观引导，不能仅靠人为宣传、吸引眼球取胜，而是要靠用心做教育，做出内涵、做出品位、做出信誉、做出口碑来。学校形象建设不仅仅是赚取眼球，要知道，知名度≠美誉度。知名度指一所学校为公众所知晓、了解的程度，它是衡量学校形象的量的指标；美誉度指一所学校获得公众信任、赞许的程度，它是衡量学校形象的质的指标。有人说，眼下是注意力经济时代，赢得注意，就赢得市场，就获得发展。这种被广泛接受的观点其实混淆了知名度和美誉度之间的差异。学校形象建设是一种文化建设，需要长期的努力和积淀。学校形象的建设、品牌学校的打造不是一蹴而就的，需要一个比较长的周期。从这一意义上说，给学校换一个时尚、漂亮的名字，或举办一些出位的活动，企图一朝出名天下知，不能说是十分明智和恰当的。

第六章　教育管理案例的开发与撰写

一、教育管理案例开发的意义

作为一种优秀的教学方法,教育管理案例教学为什么不能在教育管理课程的教学中广泛运用呢? 一个重要的原因是我们对讲座式的理论讲授养成了高度的依赖性。这种依赖性不仅仅是因为对教师来讲向一群仰慕他的听众阐述知识具有很大的吸引力和诱惑力,更重要的是运用这种教学方式有大量可利用的理论素材与资源。对于那些试图在自己的课堂中尝试案例教学的教师来讲,最大的困难并不在于观念的滞后或硬件的不足,而在于找不到足够的文质兼优的好案例,正所谓"巧妇难为无米之炊"。确实,如果没有储备丰富的切实有效的教育管理案例,在校长培训或教育管理专业的硕博士课程中大力开展教育管理案例教学就只能是美好的愿望。

自 20 世纪 90 年代以来,我国已有一些有识之士逐步认识到通过教育管理案例进行教育管理教学的重要性,他们克服种种困难编制了不少教育管理案例,并陆续出版了若干教育管理案例选编之类的著作。这些工作为教育管理案例教学的实施打下了较好的前期基础。但毋庸讳言,这些案例及相关研究存在着明显的不足。比如,大部分案例的篇幅过于短小,每个案例很难支持 80～90 分钟的教学;案例的主题过于暴露,可供研讨和争论的可能性很小;案例的情节过于老套和陈旧,所描述的事件与人们今天所面对的教育管理环境和问题差距实在过于遥远。因此,优质教育管理案例资源的严重匮乏在今天已成为制约管理案例教学的主要瓶颈。要大力推行教育管理案例教学,就必须首先做好教育管理案例开发工作。

二、教育管理案例开发的层次

教育管理案例的开发有这样三个层次:一是作为以高校的教育管理院系或中小学校长培训机构的案例开发,这一层面开发的主要目的是构建一个教育管理教学案例库,为在教育管理专业硕博士教育及中小学校长培训中大力开展案例教学提供丰富的教学资源。二是以各级各类中小学为单位进行教育管理案例的开发，这一层面开发主要是通过将本校中教学与管理中的典型事件收集起来，汇编成册，进行研究，以改善教育、管理观念，发展教育、教学管理的技能，提升他们的实际管理水平。在一定意义上其实也可将这一层面的案例开发视作校本培训的校本课程开发。这种层面的案例对于学校成员具有特殊的亲和力，将其用于本校的校本培训中会使学员产生极大的认同感，因而很容易收到较好的效果。三是个人层次的案例开发或案例编写。这种层次的案例开发指教育管理者个人将自己日常管理实践中的典型事件作为研究对象，加以记录和提炼，以达到积累管理感性经验，反思管理实践得失的目的。

中小学校长培训的制度化和经常化以及教育管理专业的迅速发展为第一层面的案例开发提供了极大的便利。一方面教师应逐渐加大案例教学的力度，尽可能地使学员体会到教育管理案例的魅力，认识到撰写教育管理案例是自我反思、自我提升的有力工具，从而产生了自主编写案例的内在动力；另一方面，培训机构和教师可以将学员对教育管理案例的撰写和分析的表现纳入最终的成绩评定中去，从而在制度上对学员提出了一定的要求。在这一层次的案例开发中，最有可能产生的问题是学员自发撰写的案例主题较为集中和单一。在笔者的实践中，我发现学员们关注的现象主要集中在教育管理的中观、微观层面，比如教师聘任、评职评优、奖金发放、班级管理、师生关系等，有些主题甚至有严重的撞车现象，造成资源的严重浪费。而一些相对宏观重大的主题如学校发展战略、特色创建与形象设计、干部与教师队伍建设等则较少涉及。针对这一问题，笔者建议采取的策略是教师先要对教育管理课程做通盘考察，确定出最需要开发的案例类型和主题，在兼顾学员经验、特长和个人兴趣的基础上，组建案例撰写小组。每一小组人数可以为3～5人不等。每个小组都承担着与其他小组不同主题的案例撰写任务。这样不仅能有效地避免"撞车"现象，而且还能够确保案例主题的系统性和全面性。通过这样的滚动开发，我们就可以建立起一个相当完善的教育管理案例库。

三、教育管理案例开发的不同定向

对教育管理教学目标的不同理解，决定了作为课程建设的教育管理案例具有不同的关键点或中心关注点。这些不同的关键点或中心关注点实际上体现了教育管理案例开发的不同定向。与教师教育中的理论定向相似，教育管理案例开发的定向一般也分成五种：学术定向；实践定向；技术定向；个人定向；批判/社会定向。这些不同定向的教育管理案例其应用方法和目标都有所不同，各自的开发标准和要求也不尽一致。

(一)学术定向

这一定向主要关注知识的传递和理解力的发展,将案例教学看作是传递理论知识的手段,要求开发出的教育管理案例能反映具体实例与理论的关系,能表征理论知识。这一定向强调案例应由理论与叙事两部分构成,首先呈现某一课程的不同的理论观点,以作为审视叙事的标准,然后再呈现以该课题为中心的叙事,最后还应列出相关理论的参考书目。

(二)实践定向

这一定向主要关注有技能的实践者在工作中表现出的工艺、技术和艺术的因素,强调管理情境的独特性、不确定性和模糊性,注重管理活动的艺术性、适当性和创造性。这种定向认为经验是管理知识的首要来源,也是学习的重要手段。这一定向强调案例教学的目的在于培养学员的问题解决和分析技能,为实际的管理活动做准备。为此所开发的案例常常是对教育管理实践中两难情境的描述。

(三)技术定向

这一定向同样着眼于管理的知识和技能,但不同于实践定向的是,这种知识和技能不是基于经验,而是基于对管理的科学研究。这种定向将能力视为行为表现,强调向学习者提供实践理性的决策模式和应用性的科学原理。认为案例教学应为学员提供特定的决策程序,提供在实践中可以加以参照的技能和行为模式。

(四)个人定向

这一定向关注管理者作为个人的专业发展和个性发展,强调将学习者置于教学过程的中心,认为在人的专业成长和发展中,个人的经验以及对经验的反思极为重要。因此这一定向要求学员直接参与教学案例的开发,以审视和反思自己的经验。要求所开发的案例能为其他学员提供处理某种情境的行为模式或指南。

(五)批判/社会定向

这一定向认为管理者的职责不只是要为学校营造一个有序、规范的组织环境和气氛,更重要的是还要养成批判性思考和行动的能力。

四、由谁撰写案例:倾听实践者自己的声音

教育管理案例开发究竟应该以谁为主体呢?仅就目前为数不多的教育管理案例集来看,绝大多数为理论研究者出于理论研究或教学的目的编撰而成。在相当长的时间里,这种情况并没有使我们觉得有什么不妥。然而,近年来,和教师教育领域相仿,出于对"倾听教师自己的声音"的重要性的认识逐渐加深,那种要求将"实践者自己的声音"引入教学材料中的呼声日益强烈。一方面,正如著名案例研

究专家舒尔曼所总结的那样,实践者更喜欢阅读由其他实践者所写的案例。因此,在今天我们呼唤让实践者也即参加培训的校长成为撰写案例的主体。从另一方面来看,管理实践者通过案例撰写,能够加强他们在传统的理论学习过程中可能难以发生的理解、洞察和移情,加强对自己经验的反思,从而有可能成为真正的反思性实践者。舒尔曼认为,在教师教育领域的教育案例开发中,对于让教师而不是理论研究者成为撰写案例的主体,存在着这样两种相互矛盾的误解:其一是悲观主义的观点,即认为教师不可能写出适用于教学目的、足够复杂而且能激发学习兴趣的教学案例;其二是乐观主义的观点。这种观点认为,只要教师坐下来,即使没有适当的帮助,也能独立地写出良好的教学案例。舒尔曼指出这两种观点显然都是相当片面幼稚的。他坚持认为,教师可以写出适用于教学的好案例,但这只有在教师与研究者和其他案例写作者的相互作用中得到持续的支持和指导才有可能。根据笔者的教学实践,我认为舒尔曼的这一认识照样适用于校长培训领域的教育管理案例开发。在教学实践中我深深体会到学员以其自身丰富的管理实践经验、活色生香的感性素材,以及来自真实管理情境的问题意识,天然地具备了撰写教育管理案例最大的优势。同时,激发学员成为案例开发的主体也不失为一种最为经济高效的案例开发途径。需要特别注意的是,在让学员成为案例开发主体的同时,教师应通过参与和介入案例开发的进程负起引导的职责。毕竟学员的教育管理理论素养尚不够全面和系统,同时他们对校长培训的内容和目标也不是十分清楚。在这一方面,哈佛大学肯尼迪行政学院为我们提供了一个很大的教训:学院投入大量的经费由毕业生来开发案例,结果却因为缺乏指导者和案例撰写者之间的交流而开发了一些无法应用于教学目的的材料。所以在让实践者成为案例撰写主体之后,教师的责任并没有因此而有丝毫的减轻。教师必须从一开始就介入学员对教育管理案例开发的工作中去,并自始至终地与他们进行沟通和合作。

具体来讲,由实践者撰写教育管理案例,将会使他在以下几个方面受益:

(1)案例写作为实践者提供了一个记录自己管理实践经历的机会。通过案例写作,实践者可以将自己在此前的职业生涯中的困惑、挫折、喜悦、感悟等进行整理和小结,有助于今后的提高和发展。

(2)借助案例写作,实践者可以更加深刻地洞察和认识到教育管理工作中的重点和难点,进一步梳理那些难以化解的难题,强化自己在问题解决过程中体会到的经验和规律性的认识。

(3)案例写作能够有效地促进管理实践者对自身行为的反思,提升管理工作的专业化水平。在实践中常常出现的情况是:虽然问题被解决了,但很有可能管理者自身对问题解决的真正原因却不是十分清晰,可能仍然停留在经验和自发的状态。而案例写作就为他们提供了进一步发现、思考问题,澄清认识的绝好机会。一旦案例写作形成习惯,这种持续不断的探究必然会极大地推动管理实践者专业化水平的发展。

(4)案例写作为管理实践者之间分享经验、加强沟通提供了有效渠道。管理工作的核心层面的活动是信息交流活动。然而,在实际的教育管理过程中,不同部门和层级的管理者常常缺乏必要的交流和沟通,甚至由此导致隔阂、误解甚至工作上的相互掣肘。通过书面的案例写作,可以促进管理者之间更为有效的交流和了解,使个体的知识经验为大家所共享。不仅有利于改进工作,而且还有利于改善人际关系,优化学校组织气氛。

五、教育管理案例开发的支持性条件

案例研究专家梅塞斯在考察案例教学方法的早期历史时,提出了一个有趣的问题,即为什么案例教学方法在法律教育和工商教育中获得巨大成功并受到广泛的支持,而在教育领域却遭受了严重的挫折呢?他认为,这里涉及案例开发的一个重要前提,那就是是否具备了案例开发的支持性条件。参照梅塞斯的观点,笔者认为,教育管理案例开发必须具备以下两个方面的支持性条件:

(1)必须视案例开发为一项严肃的学术性工作。长期以来在我们的眼中,只有理论著作或立项课题似乎才算得上学术。至于案例似乎很小儿科,难登大雅之堂。特别是某些教育科研成果的权威认定部门,对精心编撰的高质量案例集持嗤之以鼻的轻蔑态度。在这样一种得不偿失的情况下,很难想象会有较高理论修养和丰富教学经验的专业人员对案例开发投入大量的时间和精力,从而导致眼下案例集量少质次。反观国外,早在20世纪20年代,哈佛大学工商管理学院就成立了专门的案例研究和收集机构,从事案例开发扩大的教学人员可以像从事学术研究的人一样获得工资和职称上的报酬。

(2)必须获得足够的经费支持。案例开发是一项高耗费的工作。20世纪20年代,哈佛工商管理学院在案例开发上的成功很大程度上依赖于洛克菲勒基金会、福特基金会等所提供的巨大的财政支持。必要的经费是教育管理案例开发的物质基础和动力源泉。

六、教育管理案例的类型与标准

(一)教育管理案例的类型

教育管理是一项综合性、创造性的活动。其管理对象和涉及范围十分复杂,影响学校教育管理效能的因素也越来越多。因此,教育管理案例的类型是多种多样的。由于用途、使用主体、侧重点的不同,编写的案例在体例、格式、篇幅上也就有了一定的差别。以下按不同的划分标准对教育管理案例的类型做一简要的介绍。

1.按照教育管理案例的篇幅长短分类

可以分为小型案例、中型案例和大型案例三类。

(1)小型案例篇幅短小,内容单一,情节简单,线索简明,一般是一事一例。字数一般在 2000 字以内。

(2)中型案例情节较为复杂,解决问题的过程比较曲折,涉及的面比较广,字数较多,一般在 2000~5000 字。

(3)大型案例以解决综合性重大问题为主题,容量很大,矛盾错综复杂,涉及范围和对象广泛,解决问题的手段多样,是反映学校重大事件而综合开展的管理活动,字数一般在 5000 字以上。

在笔者组织的教育管理案例编写活动中,由于受到学员时间和精力的牵制,通常以小型案例的撰写为主。对于确实重大的主题,并且在学员的确表现出对该主题具有浓厚兴趣的情况下,适当扩展篇幅,尝试撰写一些中型的教育管理案例。总之,一切要从学员的实际出发,达到教学目标就可以了,不可一味追求案例的篇幅。

2.按照教育管理案例的内容分类

可以分为单一型、专题型和综合型三类。

(1)单一型案例。一般是一事一例,问题简单,涉及范围小,但处理这类问题需要有智慧和技巧,处理不好,小问题会变成大问题。如学校偶发事件的处理。这类案例虽然内容单一,篇幅短小,但能小中见大,简中见奇。

(2)专题型案例。这是反映学校某一部门或某一方面工作管理活动的案例。如学校的德育工作管理、教学管理、总务工作管理等,以专题为主,比较集中地描述教育管理实务活动,解决某一方面的突出问题。这类案例主题突出,矛盾集中,但解决矛盾的过程比较复杂,能够反映管理者的思想作风和分析问题、解决问题的能力。

(3)综合型案例。这类案例所反映的事件涉及的对象和范围比较广,需要学校各部门、各方面相互配合,以至需要政府、社会、家庭的支持,才能得以解决。例如,反映学校整体改革的案例,它的综合性很强,时空范围比较广,必须运用综合分析的手段才能充分反映这类管理的实务活动。

除了按照篇幅和内容来划分案例的类型之外,在上篇中我们还介绍了以案例的功能为标准可以将其划分为描述评审型、成功评价型、方案抉择型和问题待定型四种类型。其实,案例并不仅仅局限于书面形式的文字型案例。从更为广泛的意义上看,现在已经出现了许多影视型和实录型案例。目前有很多的中小学,将本校教师的课堂教学实况用数码摄像机录下来,并上传至校园网上,供学校教师观摩、研讨。与文字型案例相比,这两类案例形式则更为具体、精细,可以预计,它们将会得到更为广泛的使用。但在本书中,我们主要还是集中讨论文字型教育管理案例的开发与撰写。

(二)教育管理案例的主题

撰写教育管理案例的一个关键问题是选择什么样的内容或主题。一般地说,凡是与教育及教育管理相关的内容都可以成为教育管理案例的写作主题。下面大致罗列了教育管理案例常见的主题。

1.教育管理思想

管理思想是教育管理之魂。思想支配人们的行为,有什么样的教育思想就有什么样的教育行为,有什么样的管理思想就有什么样的管理行为。因此,办学观念、管理思想的冲突和矛盾是极好的案例主题。

2.校长职权与影响力

一个好校长就是一所好学校。校长在行使职权对下属发挥影响的过程中所面临的种种困惑,如权力的收与授、独断与民主等都可以成为教育管理案例的写作主题。

3.学校公共关系

在今天,学校与社会和家庭的边界日益模糊。学校与所在社区、学生家庭之间是否存在着良好的沟通渠道,学校能否得到社区及学生家庭的支持,学校面临的生存策略与办学原则之间的冲突等也是教育管理案例的重要主题。

4.教育管理体制改革

这是教育管理案例最为重要的主题。它又可以细化为学校分配体制改革、人事制度改革、学校政策、规章、制度建设与实施等。在笔者建立的案例库中,这类案例的数量和质量都是最突出的。从在案例教学中的实施情况看,它们也是最吸引学员的一类话题。

5.学校领导班子建设

这一主题包括学校干部的选拔与任用、行政与党团的关系、领导班子的互补与内耗等。

6.学校领导策略及艺术

教育管理既有科学性,又需要讲究艺术性。这方面的内容十分丰富,比如培养新教师的艺术、树立自身形象的艺术、把握全局的艺术、同教职员工进行有效沟通的艺术、批评和表扬的艺术、与员工搞好关系的艺术、利用时间的艺术等。

7.教师评价与激励

比如在评职评优过程中由于名额的限制,常常需要对两个较有个性的教师进行比较和取舍,经常会遇到的情况是瑕瑜互见,该如何取舍?还有,奖励与惩罚的标准与尺度的把握等。

8.师生关系

学校教育的育人属性决定了师生关系是学校中最为重要的人际关系。这里包括了师生交往的尺度、师生冲突、新旧学生观的矛盾等许多内容。

9.教学评价与管理

教学是学校的中心工作,因此它也是教育管理案例最为关注的主题之一。比如教学评价指标的科学性、对课堂教学纪律和秩序的不同认识、创新教学与刻板的教学常规之间的矛盾等。

10.德育、总务后勤等专项工作

比如德育实效性问题、教学与后勤的关系、后勤社会化问题等。

11.学校教育科研管理

现今科研兴校已成为校长们的共识,但这里面的问题丝毫不比上述方面少。比如中小学科研的形式化、科研与教学实践的脱节、科研形式的单一化、科研管理的刻板与滞后等。

12.班级管理

班级是学校的细胞,班级管理是教育管理的基础。这里有着极为丰富的案例资源,比如班级管理艺术、班主任的人选和任命、班级管理中专制与民主的冲突、班级人际关系如灰色学生、班风的建设等。

13.教育教学实验与课程改革

目前,我国正在进行大范围的基础教育课程改革,在这一过程中,已经而且还将大量产生形形色色的问题,这就为我们的教育管理写作提供了源源不断的话题。比如:学校要实施某项教育教学改革,遭到教师的抵制或消极应付;教师所持的教育教学观念与课程改革产生了认识上的冲突;教师想进行某项革新而学校并不支持;新教师面对众多的课堂教学问题陷入两难境界;等等。

需要指出的是,以上只是笔者根据自己的体会而提出的一个大致范围。它远没有涵盖所有的教育管理案例的内容。做教育的实践者和有心人,这样我们就会有一个取之不尽的案例矿藏。

(三)教育管理案例的基本格式

格式其实指的是案例的表现形式。需要说明的是,案例的表现形式是由案例的内容决定的,由于教育管理案例所反映的现实极端复杂多变,案例撰写的目的及编写者的风格又不尽相同,在案例的形式上似乎不宜有什么统一的要求和必须遵守的规范。但从国外的案例开发实践看,事实上已逐渐形成了一种为人们普遍采纳的、约定俗成的基本格式。了解案例的这一基本表现形式,在一定程度上可以使我们撰写的案例更趋于规范化。

1. 标题

标题之于案例,犹如眼睛之于蛟龙。好的案例不能没有好的标题。标题应抓住案例材料中最要紧、最本质的东西,做到切题、醒目、不落俗套,引人入胜。如《副校长的情绪》《"换将"风波》《买蛙记》等。案例标题通常有单一式和复合式两类。单一式标题就是只有一句话或一个短语,或表明一个判断,或提出一个问题,或概括一种情景。像刚才列举的这些标题就是这一类。复合式标题是指除正标题之外还加上一个副标题,如《局外生存者——一个实习班主任的日记》。标题要起到两个作用:一是能引起人们进一步阅读和探究的兴趣;二是要使读者对案例内容或主题有个基本的了解。

2. 正文

正文是案例的主体部分,是对事件的发生、发展过程的具体描述。它必须将事情发生的时间、背景、人物、过程交代清楚。案例的语言要求朴素、明快、准确、生动,反对过于雕饰和文学化,主张客观、冷静地叙述,但需注意可读性。有时也可有意识地将无关细节写进去,以锻炼分析者提炼主题的能力。

3. 结尾

案例不宜有过于完美的中国式"大团圆"结局,提倡"镜头淡入式"和"问题待决型"结尾。要给人以意犹未尽之余味,从而引发读者的深入思考。如果问题已经得到了彻底的解决,那就丧失了进一步思考和讨论的必要。

4. 说明和附录

为增加真实性、可信度和对案例中难以理解的部分进行必要的注释,可适当在案例正文后有一些说明和附录。它们可以是文字性材料,也可以是一些图表或实物。

5. 思考题

在案例的正文之后,通常会有一些案例思考题。对于案例是否一定要有思考题,目前不同的研究者还存在着相当大的分歧。有人认为,案例思考题隐含着编写案例的指导思想和教学目的要求,是案例的思想和灵魂所在,是完整案例的必备成分。还有人认为,在案例结尾处布置一些思考题,只是对初次学习案例的新手进行案例分析提供了思考的线索。在大多数情况下,这样做容易使学员养成以照题回答来代替独立分析的不良习惯,禁锢了学员的想象力,把案例分析简化为机械地完成作业。

6. 问题分析

是否要包含这一部分取决于案例的用途。如果该案例主要用于案例教学指导,这一部分就是相当必要的。所谓问题分析,即依据一定的框架对该案例做定性的分析,针对案例所提供的背景对一些教育管理问题提出可能的解决策略。要求条理清晰,立论有依据,论证充分。主要作用是为案例教师和阅读者提供教学参考。但如果该案例是教师打算印发给学员以供课堂教学或小组讨论之用的,那么这一部分最好略去,以避免限制学员的思路。

(四)好案例的标准

明确一个良好的案例应具备哪些标志性特征,对于每一个案例撰写者都是非常有必要的。笔者认为,一个适合校长培训的良好案例应该符合下列几个条件。

1. 具有典型性

正如本书中所探讨的那样,一个能激发大多数人研究、讨论兴趣的好案例,其中所揭示的问题不应只是某种类型的学校的特例,而应当是许多学校共同面临的普遍存在的问题。它应给人以这样的感觉,那就是案例中的难题可能刚刚在自己的学校发生过,或现在正在困扰自己的学校,或虽然到目前为止还没有在自己的学校中发生,但很有可能即将面临的类似问题。这样一来,通过对案例问题情境的分析所得出的结论,是一种规律性的认识,具备了良好的普适性和可迁移性特征,能够起到举一反三的作用。

2. 能引起讨论

这里其实包含了两个方面的要求:一是案例内容应尽可能丰富,具有使读者能从多个角度、多个层次进行分析的可能性。教育管理本身是高度复杂的,描述管理活动的案例也必须足够复杂,方能容纳多种解释。丰富的内容有助于激发读者兴趣,有助于争论的展开。二是案例中的冲突各方的观点及其立论依据应势均力敌,都有相当充足的理由,使读者不能轻易地做出判断并确定自己的立场。那种孰优孰劣一望便知的浅显案例不可能引起深入的讨论。

3. 具有情境性

一个好的教育管理案例,应为读者提供一个特定的问题情境,必须交代特定的时间、特定的地点、特定的人物和特定的事件。这些对情境的描述能够为读者对案例的理解提供足够的背景信息,是对此理解的重要条件。虽然案例表征着一定的理论知识,但它并不必然地具有概括性。案例的作者不需要考虑案例的概括化、一般化。这项工作由解释者来做。

4. 可读性强,但无过多的文学色彩

好的案例应该尽可能地吸引人的眼球。首先,它应该有一个吸引人的标题。可惜的是,有很多作者对案例的标题相当随意,甚至干脆以"教育管理案例"为题。这无异拒人于千里之外。其次,作者应适当选择叙述的角度,设置较有张力的冲突和有波澜的曲折,还可以为案例设置一个悬而未决的结尾,坚决反对中国式的大团圆结局,因为它极大地扼杀了案例的讨论余地和读者进一步探究的好奇感。再次,在语言方面作者也不要过多地使用过于专业化的术语,而要尽可能地做到简洁明快。总之要使案例尽量融科学性、艺术性和可读性于一体。但也不要将案例写成单纯的文学故事,那样将会冲淡案例的教学价值,并可能会引起分析者的反感。

5.高度仿真

案例应当是经验性的,是对教育管理实践中真实事件的描述。有研究认为,学习者常对描述"现实世界"中的事件的案例表现出更强烈的兴趣。因此对教育管理案例的撰写必须注意其真实感。在案例写作中可以将事件中的一些实物如信件、文件、档案、表格等作为附录放在案例的最后,以增加案例的真实感。

6.不暴露作者观点

在传统的写作理论中,有文以载道一说。但用于教学的教育管理案例要求作者仅仅提供事件的客观、中立的描述,其目的是消除一切可能束缚读者思维的框框,确保案例教学的多元化和发散性。一旦读者感觉到了作者对案例冲突双方的支持倾向,他们就可能会潜移默化地受到干扰,从而影响到他们进行案例分析、做出判断的独立性,因而导致案例教学价值的丧失。

7.不是从某一管理理论出发的闭门造车,不与某一具体理论一一对应

一个好的教育管理案例应该是源于生活的,它不是对管理理论的图解。而且在真实的教育管理实践中,也并不存在着只对应着某一管理理论的问题情境。它应该具有丰富的内涵,绝对会涉及不止一种的管理原则或方法。

七、教育管理案例的撰写:步骤与策略

(一)教育管理案例的撰写步骤

1.分析领会经典案例

案例写作对于绝大多数人来讲是较为陌生和困难的事情。在打算撰写教育管理案例之前,有必要请一些富有经验的人如教师或相关的研究人员为自己推荐一些与你的写作计划较为接近的经典案例。写作者应该对这些典型案例的结构、内容进行分析和研究,重点领会案例作者是如何陈述事件的发生与发展过程的。要特别关注这样几个方面:在这些优秀案例中,主要问题是如何突现出来的?案例的各组成部分之间的关系又是如何处理的?提炼的问题是如何与案例内容相关联的?通过对经典案例的认真学习和细致揣摩,对下一步的案例写作大有裨益。

2.广泛收集教育管理案例素材

要编写出高质量的教育管理案例,必须要有充足的案例素材。正如宋代著名诗人陆游所说的那样,想写出好诗,"工夫在诗外"。在案例编写的过程中,大量的时间和精力都用于收集资料。没有足够的原始资料,谁都不可能编写出成功的教育管理案例。即使勉强编出案例,也不会有太大的使用价值。收集案例素材的方

法和渠道有很多,这里主要介绍以下几种。

(1)自我采集。案例素材主要取自编写者的亲身经历。通过这一渠道所获取的材料,是编写者亲身经历的、第一手的、最直接的、最熟悉的资料,同时又凝聚着编写者深刻的情绪体验,因此在编写案例时就会更加得心应手、生动形象、细致入微、感情投入。特别需要指出的是,这种事后将自己的实际管理经历经过提炼和升华再以案例的形式加以表现的做法,充分体现了教育管理案例对管理实践者自我反思的促进功能,其实质已与行动研究无异。

但是,这种面向自我的材料采集方式也存在着一些较为明显的问题。比如,由于案例编写者"身在此山中",可能会产生"不识真面目"的倾向,即过分拘泥于对当时具体情景的描写,或过多地为自己所采取的管理行为寻求根据,有文过饰非之虞。同时,由于个人经历和岗位的束缚,注定这一渠道所提供的材料有数量不足、主体单一雷同等问题。

(2)实地调查。所谓实地调查,是指通过观察、访谈和座谈的方式,对某一具有典型意义的学校进行深入的了解,获取丰富详尽的案例资料的过程。与自我采集相比,实地调查所提供的素材具有量大、面广、客观性强,有助于捕捉当前教育管理的热点和难点的特征,因此具有更多的优势和更为广泛的运用。运用实地调查收集资料需要做好以下几方面工作:

①确定恰当的调查对象。选择什么样的学校作为调查对象,直接关系到案例编写的质量。调查学校的情况必须符合既定的案例编写目的与主题的要求,又要有良好的合作意向。编写者要在平时注意与中小学建立广泛的联系,多和教育管理者交朋友,多与学校主管部门沟通。谨防任务观点,切忌"临时抱佛脚"。在选择调查学校时,不能有非省市县区的重点学校不可、非成功学校不可的想法。这是一种对调查极为有害的偏见。要明确调查的目的主要是揭示、彰显教育管理中的冲突和两难情境,以引发关注、讨论和思考,而不是确立模范和典型。

②精心拟订调查方案。为了提高调查的效率,调查者在事先应当根据案例撰写的需要,设计制订一个完整的调查方案和较为具体的调查提纲。调查方案一般包括调查的目的、调查对象、调查方法以及时间安排等。调查提纲应进一步明确两个方面的问题:一是调查的关键内容是什么?这里可能会涉及背景性材料、主要人物情况、事件的发生与发展过程等。二是明确在调查的不同阶段,调查的重点是什么?需要注意的是,在调查方案与调查提纲的拟订过程中应主动与调查对象进行沟通和协商,必要时还需要进行调整和修改,以获取对方最大程度的支持。

③调查访谈应遵循的原则。一要尊重事实,实事求是。在调查访谈过程中,不要预设结论,而要充分尊重事件发展的自然逻辑。不要在调查中暴露自己的喜好和倾向,以防止调查对象有意无意地歪曲事实加以迎合。不能根据自己的需要对

调查的资料进行随意的加工和"美容"。二要真诚坦率,向对方说明调查的意义,消除被调查者不必要的顾虑。否则对方可能就会避重就轻,有意隐瞒重要信息,导致调查质量的低下。三要充分尊重调查对象,注意维护对方的利益。在调查访谈的过程中,双方应是合作、平等的关系。调查者要注意自身的言行,不可居高临下、强人所难。还要注意尊重被调查者的意愿,不能随意公开调查的信息。

(3)查阅文献。报纸杂志中的有关的中小学报道、学校的会议纪要、工作计划或总结等书面文献是收集案例素材的重要渠道。通过查阅文献,我们得以把握问题的背景,追溯事件的原貌,获取大量的第一手资料。这一方法具有省时省力、客观性强的独特优点。

(二)精心撰写教育管理案例

收集了一定的资料以后,接下来就可以进入撰写案例的阶段了。以下按顺序分别对这一阶段须做的工作进行简要的说明。

1. 对素材的筛选和加工

通过多种渠道收集到的大量素材,并不能直接使用。它们通常是非常凌乱、分散和粗糙的,其中可能还包含有一些对案例写作无用的冗余资料。必须在周密分析的基础上对材料进行甄别和筛选。在对材料进行筛选的过程中,写作者需注意区分三类材料:第一类是只需直接加工整理就可形成案例内容的材料,这类材料必须真实、典型、富有时代感,能体现事件的诸多要素。第二类是具备案例的基本特点,但内容上还有欠缺,需要进一步丰富材料。第三类是不具备构成案例特点的冗余材料。区分了这三类材料之后,写作就可以根据案例的主题和使用目的对它们进行加工。将第一类材料按其与主题的密切程度进行排序;剔除掉第二类材料中无关紧要的部分,萃取其中的精华,并对其不足部分进行补充;第三类材料弃之不用。这一过程其实质是去粗取精、去伪取真。

2. 案例结构的设计与安排

案例结构是指安排材料的顺序或思路。通常有两种方式:一是按时间顺序,即根据事件发生的先后来构建案例。这种安排符合事件发生与发展的自然进程,使人易于接受和理解。二是按照逻辑顺序将杂乱的事实进行组织,将性质相同、联系紧密的信息分门别类,并用小标题的方式加以强调、说明和区分。这样的安排赋予案例条理清楚、逻辑严密的特点。目前有很多学者强调在案例结构的设计上不必过分拘泥于以上两种传统的限制,采用诸如富于文学意味的叙述结构、洋溢着生活气息的情节结构、激发好奇的倒叙或悬念结构等,以增强案例的可读性和吸引力。

3. 案例的撰写手法

首先要掌握好分寸感,做到繁简适度。凡事不可过细。过于烦琐的细节描写对于突出案例的主旨并无太大的助益。但为了尽可能地使案例与教育管理实际吻合,有时也需要在案例中包含一些不大相干甚至是错误或虚假的信息,因为现实往往如此。同时,这些冗余信息会吸引分析者的注意力,干扰他们的视线和思维,从而使案例具备了较高的锻炼思维的价值,但需注意这种做法不可过头。总之,写作者要对案例中提供的信息进行恰当的处理和加工,做到有关与无关、虚假与真实、直接与间接、分散与集中、明显与隐蔽、完整与不足的有机结合。

其次要处理好写实与虚构的关系。案例的撰写并非完全排除虚构的手法,只允许纯客观的说明。在不违背常情的前提下,允许对情节进行适当的删节、合并和适当的调整处理。如将不同场合、不同时间发生的事情压缩到同一个场合和时间上去,把两个任务中的形象糅合到一个角色中去。这样,案例的情节和任务就显得更典型、更集中,表达也更精练。

最后要处理好客观描述和个人观点的关系。案例写作者应是客观的报道者而不是评论员。他只是提供事实和客观情况,不对发生的事件或问题进行解释和判断。因为案例教学的根本目的在于培养学习者独立的分析判断能力,而不是要求他们接受案例作者的既定答案。当然,在行文中不流露出自己的观点,并不等于作者没有观点。实际上从案例材料的收集、加工直至对案例结构的安排等环节,都是在作者头脑中的观点指导下进行的。问题的关键在于,你不能在案例中直接加以表露,而要通过事实去让读者自行参悟出来。

4.对案例初稿的掩饰与修改

所谓掩饰是指对案例中的某些内容进行适当的掩盖和装饰。比如更改学校名称或人名,将某些较为明显的特征进行模糊处理等。这样做的目的不外乎两点:一是出于尊重和保护案例中所涉及的学校和个人;二是为了避免不必要的麻烦,防止有人"对号入座"。需要注意的是,无论做何种掩饰,必须保证问题的核心部分不能更改,否则就失去了案例的客观性和典型意义。对案例初稿除了要做必要的掩饰处理之外,还必须进行反复、全面的修改。修改的原则和方法与一般文体并无二致。最后定稿。

(三)案例写作的技巧

结合相关的理论成果和自身的案例开发实践,笔者认为在教育管理案例的写作中适当应用以下技巧有助于提高案例的质量。

1.选择有冲突的关键事件

中小学的日常管理活动是案例的主题和案例材料取之不尽的源泉。对于写作者而言,可以选择的潜在的案例材料十分丰富。但并非随便确定一个教育管理活动,就可写成一个良好的教育管理案例。对事件的选择应有一定的标准,其中最重要的标准是这一事件是否对自我发展、专业成长和深入的理解具有最大的促进潜力。在具体选择的过程中,作者需向自己提出以下问题:该事件对你产生过情感上的冲击和心灵上的震撼吗？该事件中呈现的情境是一个深深困扰着你，却又不能轻易找到解决之道的两难境地吗？该事件使你进退维谷，难以抉择吗？你是否觉察到在该案例中自己必须以一种不熟悉的方式来解决问题？该案例是否具有道德或伦理上的启示？如果你选择的事件具备了上述特征，可以说你找到了一个极好的案例原型。它会使你产生强烈的写作激情。

2.对事件的背景进行描述

在描述事件时必须首先交代事件的背景，将事件置于一定的问题情境中，从而使读者能在一定的具体环境下深入细致地感知、解读事件。在描述事件的背景时，作者需要考虑：这种情况以前出现过吗？第一次引起你注意是在什么时候？这以后发生了什么？连接发生的事件是怎样开始的？事件发生时你的反应是怎样的？你的反应对事件的发展所起的作用是积极的促进，还是使之恶化？影响事件的社会因素和心理因素是什么？物质环境是什么？教育因素是什么？历史因素是什么？

3.确定事件中的人物

人是教育管理活动的主体，每一个良好的教育管理案例都无一例外地将人与人的关系作为最为重要的内容加以详尽的描写。在写作案例时作者必须要确定事件中的关键人物和从属人物。要考虑这样几个问题：他们各扮演了什么角色？相互之间的关系如何？他们和你有什么关系？写作时不要忘记将你自己设定为案例中的某一个角色，并通过情感、动机、目的、个人价值这面多棱镜来审视你自己在案例中的这一角色；也不要忘记审视自己在事件中产生的假定。这些假定是从哪里来的？它们怎样影响自己的行动？

4.审视事件以及自己的回应

当事件展开时，一个个问题堆积起来并达到高峰时，冲突就不可避免地发生了。这时作者应考虑：事件中发生了什么？你可以有哪些选择？所做的选择有危险的后果吗？实际上你的反应是什么？是什么情感、价值观或理论假定导致你做出了这种特定的选择？到目前为止，是什么东西仍在困扰着你？

5.检查行动的结果

在实际的教育管理过程中，管理者的行为都会引发一系列的反应。在案例中你的行为对学校中的其他成员有什么影响？对学校气氛的影响是什么？对自己的影响是什么？它有没有提高或降低你对该类事件的重视程度？

6.假设你再次遇到该事件

你会以怎样不同的观点来看待同类事件？如何看待事件中的其他人物，如何处理你与他们的关系？如果该事件再来一遍，你会有不同的行为选择吗？

在将主要事件转换为一个教育管理案例时，考虑上面的这些问题将会为你的案例写作提供一个可资借鉴的思路和大致的框架。这并不是意味着在案例写作时,作者要对这些问题进行逐一的回答。应当怎样建构案例乃至最终确立案例的具体内容,作者做出选择的最重要的凭据,并非上面提到的这些技巧,而是他亲身的实际管理经历和体验。

下 篇

教育管理案例讨论与分析示例

第七章　依法治校案例讨论与分析

一、"教育权"与"生育权"孰轻孰重:教师生育权案例讨论

【案例7-1】

教师"排队怀孕"为哪般

某市一所著名小学,最近几年,每年都有大量新教师分配到学校,年轻教师的到来,给学校增添了不少活力与生机。每天一大早,操场上就出现了他们的身影,小运动员在他们的带领下精神抖擞地体训;每天放学后,从音乐排练厅里总能传出悦耳动听的童声,那是他们正带领百灵鸟合唱组的同学排练,准备参加全市歌咏比赛;课间十分钟,他们与孩子一起游戏、玩耍……校园里充满了欢乐。望着青春活力、激情四射的年轻人,校长脸上露出欣慰的笑容。

随着该校教师队伍年龄结构年轻化趋势的出现,尤其小学女教师比例高,这慢慢地给学校工作也带来了麻烦。这不,暑假过后,上班第一天,教导主任拿着一张请假条一脸沮丧地走进校长办公室急匆匆地说道:"糟了,刚才小李老师的丈夫到学校来找你,说准备提前请产假。"眼看明天孩子们就要进校报到了,教导主任能不急吗? 刚从教育局回来一脸疲倦的校长听到这消息如同晴天霹雳:"是吗? 刚才就是因为有家长到教育局告学校对学生不负责任,经常随意调换老师,才把我叫去开会的。又一个要请产假了? 这样咱们学校就有四位老师因生孩子请假休息在家了。""是啊,刚才在一楼办公室听老师议论,小叶也怀孕了!""她也怀孕了? 她年纪还小啊!""听说有先兆流产的迹象,正住院保胎呢。"校长瞪大眼睛望着教导主任。"那小李老师……""你赶紧打电话到她家,现在的年轻人怎么就不会顾全大局呢! 想我们当初,哪个老师不都是工作到'生'才休息的。现在的人真是太娇气了。她怀孕好像还不到8个月啊! 告诉她,这是我的意见,让她无论如何要以学校利益为重,无论如何得再坚持一段时间。"校长说道。"小李老师怀孕8个多月啦,也真是难为她了,离校那么远,每天上下班挤公交车来回得花两个多小时啊……""那二年级甲班明天谁去顶呢?"校长一脸怒色地说道,办公室里一片寂静。沉思片刻后,校

长神色严肃地望着教导主任:"咱们该想想办法了,要不这学校无法正常运作了,中午12:30召开行政会议,通知大家准时到。"正说着,楼下传来吵闹声:"我要找你们校长,校长在哪?"校长和教导主任不约而同地探着身子,向下望去:只见一个中年男子满脸通红,一脸怒气。"有话好好说。大伯,让他上来吧!"教导主任朝传达室大伯大声喊道。原来,该班语文老师分娩请假在家,上学期学校费了很大的劲才找来一位退休老师代课,可家长总喜欢把代课老师与原任老师做比较,总觉得这位老师这也不行,那也不好。瞧这位家长趁新学期开始,希望学校能重新调整安排一位好老师来接替。当听说还是原来的代课老师时,他怎能不着急呢?对当今望子成龙、望女成凤的家长来说,频繁调动老师无疑给他们泼了一盆凉水。眼看马上就要举行满意单位评选了,学校得罪得起视为上帝、救世主的家长吗?校长和教导主任左右开弓,花了不少时间仍说服不了家长,望着愤愤离去的家长,校长满脸苦涩地说:"中午12:00召开行政会议,赶紧通知有关人员。"心急如焚的校长无意间又把开会时间提前了半小时。

中午12:00行政领导准时到达会议室,会议由校长主持。

校长望了望到会的领导,清了清嗓子说道:"现在,学校已有四位老师请假生孩子了,照这样下去,要是不注意控制,学校将面临更大的困难。"望着沉默不语在座的各位,校长接着说:"咱们做事心里得有个谱。现在结婚未育的女教师有7人,还有几位女教师也正考虑婚期。我想,女教师生孩子必须间隔一定的时间。谁什么时候生孩子合适,咱们得给她们排排顺序。"于是校长谈了自己的看法。与会者也想不出更好的措施,更何况共事多年,大家都十分清楚校长的性格,说一不二。一旦决定了,是很难改变的。于是大家点头,一致通过,并按照女教师的年龄以及学校教育教学的实际情况考虑,给这些老师排了个顺序。

"马上通知有关老师,下午3:00开会。"校长朝教导主任说道,"那些快要结婚的女教师也来,接受教育。要不然,学校要乱套了。"

下午三时,有关教师准时到会。

校长开始独白。她首先感谢大家近几年为学校发展而做出的努力,随后叹出苦经。

"最近一年,学校人事安排遇到了很大的困难,女老师一个接一个请假生孩子,这影响了学校正常的运作,家长反响也很大啊!我这儿就有不少家长来告状,有的家长还直接打电话给上级教育行政部门。中午领导班子专门为此召开会议。最后决定根据你们年龄的大小和学校具体情况,给你们排了个生孩子的先后顺序,希望你们严格按照要求做。每位老师都应该以集体的利益、以学校的利益为重,要能够舍'小家'顾'大家'啊!这是师德的体现,是爱学校的体现。小陈老师,你虽然是在座年龄最大的一个,但学校考虑到本学期你正好带五年级,希望你把孩子带到毕业后明年下半年再考虑个人问题。"小陈老师动了动唇,也许想说什么,但终于没吐出一个字。"小吴老师,这里边你年龄最小,希望你三年后再考虑……"校长逐个把事先安排好的顺序一口气念完了,如释重负地望了望在座的各位。那些已经登记了,但还未举行结婚仪式的老师满脸通红,一副窘迫的样子,还有几位老师显得一脸的无辜。

"要是大家没别的意见,会议就开到这儿。"

小吴老师直了直身体,似乎想说什么,望着一脸严肃的校长,终于忍住了。大家起身离开。

刚出办公室,小吴开腔了:"我先生比我大12岁啊,天哪!他快要40的人了,还要等三年?婆婆上星期来我家就希望能添个小宝宝。这样做,实在太过分了!"

"是啊,这段时间我俩的身体状况,各方面都很不错。我们正打算要个孩子啊!"又一位老师说道。

……尽管大家牢骚满腹,但谁也不敢当面顶撞,现在学校是校长负责制啊!于是,女教师基本按照排队的顺序怀孕生子。这办法倒挺见效的。这不,告状的少了,学校安稳多了,领导也轻松多了……

【思考题】

1.如何看待"女教师排队生孩子"这一现象?

2.你认同案例中学校的做法吗?你认为当前应怎样合适地处理"女教师生孩子"与学校工作的关系?

3.在学校教师管理方面,你能从这个案例中得到什么启示?

【案例研究与分析】

"排队怀孕"?!普通人乍一听到这种说法,肯定会怀疑自己的耳朵,这怎么可能?怀孕、生孩子完全是个人隐私,是一件非常神圣的事,怎能可以在公开的场合由着别人"摆布",由着别人来"发号施令"呢?然而,现实的发展往往出人意料。笔者在互联网上搜索,真是不看不知道,一看吓一跳!居然有大约38200项的查询结果和"教师排队怀孕"有关!调查表明,"教师排队怀孕"这种情况不仅在农村、厂矿学校存在,就连各省会城市乃至北京都广泛存在。这种现象也不仅限于小学,在相当比例的中学,尤其是初三、高三这些所谓的关键年级,更是不允许出现老师怀孕请假,学生临时换代课老师的事情。据北京教育学院心理卫生研究专家的统计,在北京的中学里有超过半数的学校存在教师怀孕排队的现象。看来,"教师排队怀孕"已不是特例,这一引人注目的举措已经成为教师行业的潜规则。为什么那么多的学校要求教师通过排队才能怀孕?学校管理的这一新举措究竟意味着什么?带着这样的问题,笔者在杭州市中学教师培训班组织了相关的案例讨论,以期获得对上述问题的深入认识。

【思考与建议】

　　1.学校的立场:规避教学真空,确保教育质量

　　在讨论中很多老师表示,老师也是人,结婚生子天经地义。但从当前的中小学实际来看,有相当多的人认同很多学校采取的排队怀孕的做法。从全国各地的中小学教师结构来看,当前我国的中小学教师性别生态失衡严重,特别是小学,"找一个男老师好难"成了校长一个挥之不去的头疼事。学校成了妇女扎堆的地方,从北京海淀区教育部门了解到,目前全区的男女教师比例为1∶7。在别的地区,有的小学只有体育、计算机老师是男的,加起来不超过5个人。女老师都得怀孕生孩子,中小学校中的这种以女性为"主导"的结构特征,给不少学校出了难题。有的学校一个学期竟有七八个女教师请产假,面对"瞬间"造成的空缺,学校只好临时请代课教师来"救急"。不少校长感叹:"请代课教师花钱倒在其次,最令人头痛的是教学质量难以保证。她们都是班主任和教学骨干,一个女老师怀孕、休产假等,至少会影响2至3个班级的教学安排。"一位中学德育主任说:"一个年级有3个老师同时休产假,课就没法上了。学校要保证升学率,不少中学青年教师多,怀孕前先统筹安排、列个顺序也是职业性质造成的。"因此,面对这种状况,学校把工作做在前面,通过排队怀孕这种"计划生育"的方式来规避教学真空,确保学校的教育教学质量,应该说是可以理解和接受的。

　　2.家长的态度:不希望自己的孩子赶上老师怀孕

　　讨论中很多老师非常激烈地指出,很多家长认为,他们花了学费和各种杂费把孩子送到学校,就和学校构成了一定的契约关系,学校和老师必须为消费者提供高质量的教育服务。老师怀孕休产假,国家规定的产假就是3个月,学生还得适应新老师,肯定会对孩子的学习造成很大的负面影响。所以他们普遍不希望自己的孩子赶上老师怀孕。个别极端的家长把老师的怀孕称为"倒霉",在一些学校甚至出现了家长集体联名写信要求怀孕老师"下课"的粗暴做法。平心而论,这些家长的要求不难理解。毕竟在社会竞争日趋激烈的今天,孩子的学习成绩关系到一生的前途与命运,所有负责任的家长都不会对自己孩子的学习处境无动于衷。但靠粗暴干预教师正当生育的权利来保证家长的要求,是不恰当和难以接受的。

　　3.教师的看法:"排队生孩子"剥夺了教师做人最起码的尊严和权利

　　生孩子是非常个人的行为,是非常神圣的事情,怎么可以在公开的场合由着别人"摆布",由着别人来"发号施令"呢?生孩子是个人的一种权利,完全由个人、家庭来选择与支配,如今却要听从别人的"指挥"、别人的"宰割",这失去了做人最起码拥有的尊严。这种做法纯粹是低级的、愚蠢的,怎谈得上是领导的一种管理策略呢?提出这种建议的领导有没有站在老师的角度替他们的老师们想过呢?生孩子

可不是简单的商业产品制造,可以按计划预定的,也不是单方面的一厢情愿啊,它应该由双方共同决定的。再则生孩子不是随时想要就能有的,随时想生就能生的!其中有许多事先无法确定的因素。这就好像我们的教学工作,教学可以预设,但随时有变化的可能。在提倡优生优育的今天,夫妻双方的身体健康也是必须考虑、重视的因素。谁又能保证,在领导规定的那段时间里夫妻双双均能健健康康、平平安安呢? 新时代的学校管理要以人为本,校长不仅是教师工作上的领导,也是教师生活上的"家长",要对教师体现人文关怀。排队生孩子是不道德、不明智的做法。校长应多听听老师的呼声,多倾听教师的心里话。

4.结论:情、理、法兼顾,实施柔性生育管理

"排队怀孕"这一现象的产生,是多方面因素综合作用的结果。从大的根源上看,应试教育所造成的教育功利文化和当前中小学教师的性别比例失衡是其中最为主要的原因。教育功利文化对于分数和升学的追求使得广大的家长和社会对学校、教师失去了理解和宽容,进而也迫使学校对老师采用了一些较过去更为严格的管理制度,包括"排队怀孕",同时,日趋严重的教师性别比例失衡使"排队怀孕"显得似乎必需。"排队怀孕"也并非中国所特有。据报道,马来西亚教育部部长夏姆苏丁指出,马来西亚全国学校系统中的两性教员比率为:女教师占65%,男教师占35%。一旦女教师怀孕,寻找代课教师将变得十分困难。校方和教师应排出时间表,让教师轮流怀孕,并将生产日期安排在学校假期,以避免干扰教学。尽管如此,笔者还是坚持认为,那种无视教师个人的实际情况,强行排定教师怀孕、生子的制度安排是极不妥当的。学校应充分考虑学校、教师、社会和家长多方面的情况和呼求,以法律为底线,情、理、法兼顾,实施柔性生育管理。这是因为:

(1)依法治校,学校生育管理必须以法律为准绳。生育权是妇女的基本人权,《劳动法》和《妇女权益保障法》中对保障妇女生育权都有明确规定。任何用人单位劳动合同中关于女性求职者在就业多少年内不得生育的合同条款均属违法约定,因而属于无效约定。一旦诉诸法律,用人单位将极为被动。这种情况在企业管理中已不乏先例。学校管理当然也不能例外。

(2)以人为本首先是以教师为本。学校的制度面对的是有着人格尊严的教师,是对民主平等有着基本需求的教师。"排队怀孕"忽视了以人为本,首先是以教师为本。"排队生孩子"看似是有些校长在管理上的"无奈之举",实则反映着一个校长的人生哲学理念,反映着学校教师的生存状态,反映着学校人文理念的构建深度和实践厚度。作为学校领导,年轻教师的生育问题虽在管理上带来些无奈,但不能把矛盾和责任强加给那些"排队生孩子"的年轻教师们,也不能简单地进行"道德衡量",问题的关键是学校如何建立一套符合学校实情的柔性生育管理机制,平稳地解决由生育高峰所带来的师资紧缺问题。学校应事先从人性关怀的角度,以尊重

个人意愿为原则,对那些处于婚育年龄的教师进行调查摸底,让学校有充分的准备,并在安排工作时适当避让这些教师的生育时期,合理安排学校全局工作。让教师的合理的个人问题与学校的全局工作问题处于平衡和谐状态,不至于让双方陷入被动尴尬的境地。

(3)从社会层面看,一方面,希望教育人事制度能够进一步改革,教育事业有更大的发展,学校有更强的魅力来吸引更多优秀的男性进入教师队伍中,使中小学教师性别比例逐渐均衡和合理。从另一方面说,社会各界和家长也应推己及人,进一步理解和善待教师,给学校和教师一个更从容的工作环境和氛围,群策群力,共同推进教育事业的进一步发展。

二、"教案官司"拷问学校管理缺失

【案例 7-2】

教师为争教案与学校对簿公堂

2002 年,重庆市南岸区四公里小学的高丽娅老师将一纸诉状递交到了法院,要求学校归还自己的 44 本教案。高丽娅老师首先以"对教案的所有权"为诉求,从法院一审、二审和终审判决,到经检察机关抗诉后启动重审程序,在这宗全国首例"教案"官司中,她已经落败了 4 次。随后,心有不服的高丽娅老师改变诉由,以主张"教案著作权"为由,第五次走进了法院,誓要讨回"公道"。

2005 年 12 月 13 日,重庆市第一中级人民法院最终认定,四公里小学私自处分教师教案原稿的行为侵犯了高丽娅的著作权。高丽娅老师经过一波三折、一路坎坷的诉讼,终于讨回了自己附载在 44 本教案上的智力成果权益。

十几年来,重庆市南岸区四公里小学都要求教师在每学期末上交教案,作为学校检查教师教学工作质量及考核教学成绩的依据,这在学校已成为惯例。从事小学教学工作已近 30 年的高丽娅老师说,她从 1990 年调到四公里小学担任语文教师后,按学校的规定,她已经上交给学校 48 本教案。2002 年 4 月,她为写教学论文,向学校索要教案,但最终只拿回了 4 本,其余的 44 本已被销毁或被当作废品处理掉。

四公里小学以往从来没有一个老师要求学校返还教案,而教师因为"教案"将学校告上法庭,更是闻所未闻。然而 2002 年 5 月 30 日,高丽娅却将学校告到了南岸区法院,要求学校返还自己语文教案 44 本,赔偿损失 8800 元。最初,法院认为原告、被告并非平等的主体,彼此间在从事职务活动过程中产生的纠纷不属于法院受理范围,裁定驳回高丽娅的起诉。高丽娅不服,提出上诉;市第一中级人民法院撤销南岸区法院的裁定并发回重审。

2003年10月24日，南岸区法院重审后，以教案本属物权范围，归学校所有为由，做出一审判决：驳回高丽娅的诉讼请求。高丽娅仍不服，再次向市一中院提出上诉。

2004年3月29日，二审法院审理此案后认为：教师是基于学校为完成教育主管部门规定的教育内容而受聘于学校，教师在上课前应提前备好所授课程，写教案是教师在工作中应该履行的职责，是一种工作行为。而学校购买并发给教师的教案本是记载教案的一种载体形式，其所有权无证据证明已转移。为此，二审法院做出终审判决：驳回高丽娅的上诉，维持原判。

对这样的终审判决，高丽娅仍然不服，于2004年5月向检察机关递交了民事申诉书。2004年7月，重庆市检察院对此案立案审查，并于2004年11月25日向重庆市高级人民法院提出抗诉，2005年3月30日，重庆市第一中级人民法院对此案开庭再审，但还是以高丽娅老师的败诉告终。

2005年9月，继一审、二审、终审和抗诉后重审的4次接连败诉后，高丽娅老师改变诉由，将争夺教案所有权改变为以侵犯著作权为由提出起诉。至此，高丽娅老师四次败诉后终于讨到"说法"。一中院判决重庆市南岸区四公里小学私自处分高丽娅教案原稿的行为侵犯了原告高丽娅的著作权，赔偿其经济损失5000元。

【案例讨论与分析】

作为一名老师，向学校提出要回自己的教案，这是多么自然而平常的要求。但高丽娅老师未曾想到，就是这么一件微不足道的小事，却一步步将她推上了风口浪尖。当她把民事起诉状交给重庆市南岸区法院立案庭的法官时，她就注定要成为教育法律界的新闻人物，她的教案官司也注定要在中国教育法制化和教育管理改革进程中留下浓重的一笔。高丽娅老师及其"教案"官司引起了人们的广泛关注。这不仅是因为它是国内首例教师与学校之间的教案纠纷，同时也由于教案关涉到全国1600万名教师，牵涉和影响的面非常之广。纵观国内的众多相关报道，它们绝大多数是从法律和政策的宏观视角来关注这一事件，阐发了许多颇有价值的法律思考和建议。但以中观和微观的视角就这一事件对学校管理的现状及其问题的分析却相对阙如。就媒体目前披露的该案具体情况来看，笔者以为，这一起"教案"官司反映了当前某些中小学在管理上存在着以下四种较为严重的缺失：

1. 部分学校民主、法制观念淡薄，家长制作风严重，校长权力缺乏制衡和约束

依法治校，即依照法律对学校的人、事、物进行管理，是建立现代学校管理、建设和谐校园的第一要求。依法治校，就是要实现学校管理与运行机制的制度化、规范化，学校依法按照章程自主办学，依法接受监督的新格局。依法治校是全面贯彻党和国家教育方针的必然要求和根本保证，是保障师生民主权利的必然要求。教

育民主和学术自由是现代校园的基本特征。只有在充分保障师生民主权利的基础上，才能实现教育民主和校园的和谐。《教育法》第三十一条第三款规定："学校及其他教育机构应当按照国家有关规定，通过以教师为主体的教职工代表大会等组织形式，保障教职工参与民主管理和监督。"《教师法》第七条第五款规定：教师享有"对学校教育教学、管理工作和教育行政部门的工作提出意见和建议，通过教职工代表大会或者其他形式，参与学校的民主管理"的权利。为了保障师生的民主权利，学校必须制定章程，建立各项管理制度，构建校内治理结构与管理体制，建立教职工代表大会，发挥其参与民主管理、民主监督的作用，实行校务公开，建立校内监督约束机制。

然而令人遗憾的是，我们的一些学校领导，在学校管理上，家长制作风严重，缺乏民主意识，管理方法粗暴简单，对待教师居高临下，严厉有加，责骂和威胁过多，教育引导不力，诚恳宽容不足，关心不够，导致学校气氛压抑、活力不足，教师积极性不高。更有甚者，对于和学校意见不合的教师，学校能轻易解聘。案例中高丽娅老师所在学校就表现出上述特征。在《新京报》记者和高丽娅老师的访谈中，高老师提到，在教案纠纷之前，老师都不敢在校长面前大声说话；当时第一次找校长要教案，校长的反应居然是说："我们教案从来没有还过老师，你找学校要教案，胆子够大的。"学校书记的反应是："学校马上就要人事聘任改革了，你要是不想干，我们可以不续聘啊。"当《重庆晚报》第一次报道这件事后，校长就在全校公开地说，你是一颗老鼠屎，是一颗刺。你告了学校，学校就要把你除掉！高丽娅天真地想，我是一名老师，只要我的教育教学能够得到学生的认可，得到家长的认可，大不了你不给我涨工资、评职称，但是我教书的权利总还有的吧？你没有权利不让我教书吧？但是我没有想到学校的威胁很快就变成了现实：当年，高丽娅老师教学考核为70分，名列全校59个在职教师的最后一个，成为重庆市南岸区4年内唯一一个被解聘的老师。至今学校都没有给出考核的评议标准，对考核分数也没有任何解释和说明。

2. 教学检查简单机械，重数量、缺反馈、少沟通

教案检查与评价是教学常规管理的一部分，任何一所正规的学校，都会对老师的教案有具体的规定和要求，学校将教案收集后统一检查、监督，是一种正常有效的管理方法。但问题在于，在相当多的学校里，检查教案成了教学管理的主要手段，而对教案的检查与评价又简化为收缴教师的教案。有些学校对于教师上交的教案尚能粗略翻阅，并注明日期，加盖公章，并将检查的情况及时向全体教师报告，并写一份书面材料备案。而在另一些学校里，情况正如案例中该小学一样，老师们唯一清楚且必须完成的事情是按照学校的要求准时足额上交教案，至于上交之后学校是否对这些教案进行了认真的审阅和仔细的检查，就无从知晓更不敢追问了。

这种重数量、缺反馈、少沟通的教学检查制度让教师认可了这样的游戏规则:教学检查等同于写教案;教案无非是凑数,反正学校也不会认真对待;在行动上表现为普遍大量地拷贝和抄袭教案。这种极端"异化"了的教学检查制度和严重"形式主义"、不负责任的教案检查手段,导致很多教师高度漠视、蔑视甚至仇视教案。

3.人本管理流于口号,教师劳动成果得不到实质性尊重

眼下,柔性管理、情感管理以及人性化管理成了很多学校的口号。几乎所有的学校都提出,要"弘扬人性"、培养"亲和力",要充分尊重教师人格、重视教师需要、重视对教师的人文关怀……。可惜在很多情况下这些动听的辞藻对教师来说基本上只能是听听而已,当真不得。在现实中,很多学校对老师的尊重只停留在学校文件和管理手册上,而不能实实在在地体现为对教师的劳动及其成果的尊重。比如教案的归属问题,案例中学校的做法就绝非个别,而是非常普遍和具有代表性的。据了解,目前我国大部分学校都不归还教师教案,对教案这种公认为凝聚了教师心血和创造的劳动成果的认识相当轻蔑,对教案的处置也漫不经心和随随便便。在案例中,学校认为,"有的老师说教案有知识产权,你一个小学老师的教案有啥知识产权",对教案的保管则是当作废品"都卖了,处理了"。对老师归还教案的要求的反应则是"你找学校要教案,胆子够大的","学校盖房子请建筑队来,房子盖好了难道还要还给建筑队?"学校未能妥善保管教师的教案,而学校不但没有一点歉意,也不做任何解释,甚至觉得教师向学校索要教案是一件不合理的事情。看到这里,我相信很多人都会发出和高丽娅老师一样的责问,也会产生和她一样的悲愤:不是说尊师重教吗? 尊重教师,尊重什么? 就是要尊重他的劳动。作为教师,我也是劳动者,我的主要劳动就是备课上课。我要不断地总结经验,不断地完善教学方法,完善教学经验,这是我的劳动。教案是我为之付出心血的结晶,是智力劳动的成果,它对我来说是很有价值的。"这48本教案记载了我三四十岁期间的教学经验和成长过程,这是一个教师最富成就的一段时间。还有我教书育人的心得体会,我的感受,我的认识,这些都在教案里面,同时它也反映了时代的变迁及教材的变革。我很想在退休后,将这段时间的教学进行整理和回顾。而且我教了这么多届学生,学生们走了,长大了,回想和孩子们在一起时的快乐是一个老师最感欣慰的事情。但现在,教案没有了,什么都没有了……"。由于教案问题的普遍性,高丽娅老师的以上话语在某种程度上也代表了广大教师共同的心声和质疑,必须高度警惕和关注。

4.教师权益缺乏保障,维权渠道不畅,成本高昂

从案例中不难看到,尽管通过"教案官司",高丽娅老师赢得了教案的著作权,维护了自己的权益,但整个四年的维权道路可谓是一路坎坷、代价沉重。在长达四年的维权过程中,高丽娅老师打了五次官司,四次败诉。在此期间,她被原来的学校辞退,在四个学校做代课教师或食堂临时工,工会的活动、教代会、教研会都不能

参加,没有评职称的权利。作为一名教师,她最成熟、经验最丰富的一段时间,被白白地耗费。虽然高老师最后成功了,但其中的艰辛、高昂的成本都说明,去法院起诉并非教师维护自身权益的良好途径。在与新京报记者的对话中,高老师多次提到,在打官司的几年中,她常常伤心得在家里躺在床上哭。虽然官司赢了,自己也才48岁,仍处于一个教师的黄金年龄,但她最想做的事情却不再是返回学校做老师,而是退休。因为她被学校伤得太深,心中留下了很深的伤疤,一旦触动心里就隐隐作痛,她已无法面对这个创伤。"教案官司"的曲折、艰难的胜诉历程表明,教师权益缺乏保障,维权渠道不畅,成本高昂,现状不容乐观。

【思考与建议】

1.积极寻求对于校长权力的制衡之道

像案例中的学校一样,当前不少校长家长制作风严重,缺乏民主意识,管理方法粗暴简单,对待教师动辄以解聘相威胁等现象的出现,是校长权力过大,缺少制衡而滋生的诸多问题之一。孟德斯鸠说:"要防止滥用权力,就必须以权力约束权力。"权力制衡是现代民主政治的一个主要特征,同时也是对任何一种权力进行规范所不可或缺的条件。校长负责制与原来实行的学校党支部(党委)领导下的校长(副校长)分工负责制相比,实质上只是权力在不同职务官员之间的一种转移。党组织的监督形同虚设,工会成了校长的代言人。校长一人说了算,决策缺乏民主,权力失去监督,教师不能参与管理,因而也就难以保障自己的权利。要积极寻求制衡的方法,通过权力制衡迫使校长转变工作作风,实施真正的民主管理。

2.摈弃教学检查的形式主义,建立、完善富于实效的教学考评制度

对教师教学工作的检查与评定对教师的观念和行为具有最为直接的导向、激励、控制作用。像案例中该校将教案一收了之的形式主义、走过场的教学检查,不仅会导致教师的应付心理,更是对教师的劳动成果和劳动价值的高度蔑视。学校应从学生的实际需要和切实提高教学的实效出发,重视实用性,不把教学检查和上交教案等同起来,建立多元化的、双向互动的教学考评制度。比如可通过看教师的教案、教后札记、资料卡片、剪报和听课等形式,综合检查评估教师备课的质量;对教师上交的包括教案在内的教学材料认真研读并将检查的情况向教师通报和交流;检查时可根据需要对教师的教案等材料进行复印和制作电子文献以作为学校教学资源和教师教学档案予以永久保藏,检查后应将材料及时归还给教师。

3.真正践行现代管理思想,将人本管理和尊重教师落到实处

眼下几乎所有的校长都在不同的场合经常念叨这样几句话:人本管理是现代管理思想的核心之一,学校管理应该是以人为本的教育管理,以人为中心的人本管理是学校教育管理的核心和发展方向……。但真正将其付诸实践的恐怕为数不多。校长真正转变观念,要发自内心地确立这样的认识,即校长的工作质量和学校

美誉度,源于教学质量,而教学质量的关键在教师。"校长的生命在教师手中"应成为校长的座右铭。人本管理的核心是管理者对人的尊重、信任和激励。学校要建立具体细致的制度确保教师每一分钟的付出和每一份劳动成果都有精神和物质的体现。

4.修改和完善相关法规,切实发挥教师申诉对教师权益的维护作用

按照我国《教师法》的规定,教师对学校或者教育机构侵犯其合法权益的行为或者处理决定不服,可以向教育行政部门提出申诉。但在实际情况中,教师申诉的作用非常有限。由于我国的公立学校都是由政府举办的,教育行政部门与学校之间是"老子"与"儿子"的关系,在涉及学校的重大问题上,教育行政部门更容易倒向学校一边,而很难站到教师一边。在没有第三方居中裁决的条件下,教师的合法权益是不会受到有效保护的。在教案纠纷发生之初,高丽娅就向当地的教委提出了申诉,得到的"支援"是到别的学校做帮厨之类的临时工或给学前班做代课教师(实质上就是被原先的学校辞退)的结局。因此,修改和完善相关法规,切实发挥教师申诉等法律救济手段的维权作用已迫在眉睫。

第八章　学校管理制度案例讨论与分析

一、学校制度的伦理之维

众所周知,作为一种可能是受到最严格监督的职业,中小学教师在今天感受到的压力之大前所未有。调查表明,约有 58% 的中小学教师表示自己感到压力过大,经常出现焦虑情绪、强迫症状等心理健康问题。调查发现,30% 的教师会因焦虑或情绪低落而上课没精神;18% 的教师承认会因为自己心中烦恼而迁怒于学生;还有 14% 的教师会因为上课气氛达不到自己的要求而情绪失控、朝学生发火,给自己的教学工作和学生的健康成长带来了不小的负面影响。在这一背景下,笔者在杭州市第 24 期小学校级干部培训班的学校管理课程中,组织了以"教师消极情绪回避制度"为主题的案例论坛活动。期望通过对"情绪假"这一问题的深入研讨,进一步唤起包括学校在内的社会各界对教师的理解和关爱,为寻求和建立更为人性化和更富实效的教师管理制度做铺垫。

【案例 8-1】

教师"情绪假"制度

身体不舒服导致心情烦躁、家中有事带来情绪焦虑……当老师在上课前有这样那样的情绪问题时,可以申请调课,也可以请半天假,由学校的领导为其代课。沈阳市皇姑区岐山三校在教师中推行的"情绪假"引起社会关注。

"'情绪假'就是教师消极情绪回避制度。"校长赵美君说。故事得从去年下学期开学时说起。2005 年 9 月,赵美君出任岐山三校校长。新校长对学校的情况不熟悉,就在学校里做了两次调查。10 月的一天,200 多名高年级的同学被"秘密"请到一间大教室里,每个人都拿到了一张"征询意见卡",要他们回答"你喜欢什么样的老师?"调查结果给学校领导们上了一课:那些最受学生欢迎的老师,不是教的学生成绩最好的,而是和蔼可亲、幽默风趣的"大朋友"。另外一份给老师的问卷结果却让人皱眉头:多数老师感到工作压力大,"放松不下来"。

做了 10 多年班主任,又当了 10 年校长的赵美君对老师的感受特别理解:新课改对教师的要求提高、家长的高期望值、过长的工作时间和不能与之成比例的工资待遇等,都容易使教师出现心情烦躁、情绪低落等心理问题。以前老师情绪恶劣时,除了上课前深呼吸自我调整,别无他法。要想课堂气氛活跃,要想学生的心理健康,老师的心里首先要充满阳光。之后发生的一件事让赵美君拿定了主意。一次,一位姓韩的老师和学生家长发生争执,家长带几名亲戚和同事前来"兴师问罪"。校长室里,韩老师委屈得哭了一个中午,下午有课,她只好抹两把眼泪上课去了。"这课能上好吗?"赵美君心里直打鼓,这让她受到启发——何不给老师放个"情绪假"?

曾经请过"情绪假"的刘老师告诉记者,那天家里有难事,自己心里特别乱,上课也是"赶鸭子上架",索性请了假。"老师脸上的表情是孩子心情的指针,现在讲究互动教学,就更需要老师情绪饱满、心情舒畅。这个制度特别好,虽然不一定非得请假,但让老师觉得心里热乎乎的",刘老师说起这事来夸个不停。一位班主任老师说,过去比如和家人闹矛盾时,自己心情不好还要硬撑着上课,自己都不知道讲的是什么,现在有了"情绪假"制度,调整过心情再重新上课,对自己和学生都有利。

家长们对此反应如何? 岐山三校向家长发出 800 张问卷征集对"情绪假"的意见,收回来的 690 张问卷中,赞成的占 92%,家长们觉得"情绪假"有利于孩子们愉快地学习。

另外 8% 的家长表达了他们的担忧:老师放假了,孩子们的课不就落下了吗?为了不耽误课程,"回避制度"里立下规矩:在教师"回避"期间,由学校的中层以上领导负责代课。记者看到,"回避制度"里明明白白地写着:"凡代课领导日常要通读教材,尤其要侧重备好分管学科的课,随时随地准备进入课堂。"这下领导的担子重了,平时既要做好"替补队员",还要做好"队医"——"代课领导要经常深入年组,与所分管学科的教师谈话、沟通,帮助教师及时调节心态,解决其在生活和工作上遇到的难题。"赵校长说。

"其实叫'情绪假'也不太准确",赵美君解释说。原来,老师提出不能上课时,一般选择调课,即使"放假"半天,老师也通常待在学校里干干别的事:可以到"健身放松活动室"打打乒乓球,也可以到"温馨之家"里听听音乐、看看报纸,还可以到"悄悄话室"直接找校长唠唠嗑,学校还请来了专业的心理咨询师呢! 当然,如果老师提出回家调整状态,也是允许的。赵校长说,他们平时就注意从多方面做好老师们的心理健康工作,好的课堂效果"功夫在诗外","情绪假"属于应急制度。

四年级一班的孙佳琦同学对"情绪假"有自己的看法:"老师又不是机器人,肯定有闹情绪的时候。以前看老师脸色难看,课堂上就死气沉沉的,同学们主动举手的少了,回答问题的声音也小了。自从有了'情绪假',我们看到老师的笑脸比以前多了!"记者在一份家长问卷中看到,一名学生家长还呼吁自己的单位也放放"情绪假",她是一名医生。

【新闻链接】

杭城首次出现教学回避

新华网浙江频道2003年2月21日电 教学过程中,教师在情绪难以自控,可能会对教学带来负面影响的情况下,是继续教学,还是暂时中断教学,进行心理调控,待情绪稳定后再继续?

昨天,杭州市天地实验小学出台了该校首部关于"教学回避"的规章制度,这在我省诸多学校中也属首例。该校出台的《教学回避办法》中明确规定:当教师面临以下情况导致情绪失控时,可申请教学回避:因家庭突发事件或受外来刺激,或在日常生活中遇到难以排解的矛盾,或在处理与教师、家长的矛盾中矛盾激化,或在教学过程中受各种因素干扰等。

情绪失控程度较轻的,可暂时回避教学现场,时间一般不超过半小时;如果其情绪过于低落或激动,学校可放假半天,让其用听音乐、看书、喝饮料、外出散步、找人倾诉等方法积极调控心态,等情绪调适后再及时进行教学工作。当教师不愿主动申请回避时,学校也可视具体情况劝说其回避。

浙江省心理评估委员会委员、省同德医院心理科副主任医师陈敏说,据他们调查,教师中存在心理问题的有很多,一些学生受到不公正待遇,主要就是事发当时教师情绪失控引发的。教师的悲哀、急躁情绪很容易让学生习得,产生不良影响。教学回避办法的提出,非常人性,值得推广。

该校负责人表示,实行《教学回避办法》,对他们来说也是一种尝试。

【思考题】

1.您如何看待该校的"情绪假"举措?您认为这一做法对于学校教育教学将会有着什么样的影响?

2.您认为"情绪假"的提出折射了当前教育的哪些问题?您是如何看待当前教师的处境与压力的?

3.从学校管理的角度看,假如您是校长,您会在自己的学校推行这一做法吗?为什么?

【案例讨论与分析】

(1)"情绪假"充分考虑到了教师和学生的需要,体现了对教师和学生高度负责的精神,这种人本管理的理念值得倡导。

郑老师：首先应看到这两位校长已经充分看到了教师的压力与情绪问题，真正考虑到了"教师也是人"，提出了这一人文关怀的举措。确实，当今社会教师的压力越来越大，有来自领导的、来自孩子的、来自家庭的、来自社会的等。尤其是新课程标准实施后，各界对教师的要求越来越高，难怪有不少人感叹"教师难当"！其次这两位校长也体现了"以生为本"。学生到学校是来受教育的，没有理由看老师的脸色上课。这一举措保证了学生的受教育权。

邓老师："情绪假"举措我觉得十分好。现在老师的压力太大了，作为教师要搞课题、做研究、写论文、评这评那，对于老师来说实在太累了。什么时候可以让老师们减减压，减轻他们的心理负担，这是学校管理者必须看到的问题。

黄老师：沈阳岐山三校提出的"情绪假"，其出发点是体现教育的人文关怀，不希望教师带着不愉快的情绪进入课堂面对天真的孩子。我估计该校中请"情绪假"的老师不会太多。首先，因为每个教师都接受过心理学学习，都有一定的自我调控能力。其次，老师都很要"面子"，不会因一点点情绪而请这个假，因此不必担心操作性。作为管理者，提出"情绪假"是想传递两点：一是教师们压力很大，学校领导是看在眼里的，也在积极地采取对策；二是老师要学会自我调节，不要因情绪而影响教学、影响学生，而要笑对学生、笑对生活。

张老师：如果说学生减负是人性化举措，那么教师减压也是人性化的体现，应大力提倡。杭州下城区曾进行过的一个活动"阳光教师、快乐少年"与此类似。这里的"阳光"是指心理上的阳光，无不良情绪。心理不阳光的教师是不可能培育出快乐的少年的。那么，"情绪假"对于一些情绪波动幅度大、频率高的教师是好的举措。这是对教师的负责，也是对学生的负责。

（2）"情绪假"不符合中国国情和教师心理特征，有作秀之嫌。

汤老师：这是心血来潮的结果！这种假很难与我们中国的国情相接轨。中国人爱面子，喜好把问题掩藏起来。如果这种假确立了反而不太会有教师来请假。因此，我个人以为"情绪假"还是不设为好。校长要"察言观色"，细心地呵护教师，敏锐地觉察出他们的情绪波动，帮助他们调节。

夏老师：情绪假无操作性！不但不利于教师放松，反而会进一步加重教师的心理负担，并对其后期工作产生不利影响。对老师的关怀要出于真心！老师来请半天假、一天假应无条件答应。教师不会无缘无故就请假的，要相信教师的素质。

徐老师："情绪假"这个举措的推出具有很强的人文性，学校充分考虑到了教师的需要，做到了以教师为本，这种理念值得倡导。但我觉得具体做法不是很妥当。因为学校之所以有校长、中层、一线教师这样的分工是根据学校发展的需要、学校本身的特点来定的。如若校长、中层都去代课了，那么学校的发展谁来规划，具体工作谁来落实？所以我不赞成在学校中推行这一举措。

教师是一个成年人,应对自己的工作、生活负起责任来。你的工作对象是学生,你就不应该把情绪带到工作中来。但我认为学校可推行既考虑到学校全局,又考虑到教师需要的请假制度。如机动假,在不影响教师年度考核、评先评优的基础上,学校允许教师每学期请两天机动假。教师可根据自己的需要确定请假的时间,只需事先安排好自己的教学工作,又不需要说明具体原因(保护个人隐私),这不是比"情绪假"更人文吗?

周美君:"情绪假"制度建立,学校是考虑了教师的工作压力,教师真的很容易出现情绪低落。这一举措传达了学校管理人性化的信息,能让老师感受到学校对教师的尊重与理解。但我觉得这个制度的建立也只能是一种理念的传播,操作起来会有难度。相信不会有几个老师来请这个假。首先,"情绪假"的名称就让人不舒服,难道有"情绪"就可以放下学生、不进课堂?同事会有什么想法呢?老师不可能没有顾虑。其次,如果因为家庭问题有情绪,如何向领导开口请假(哪怕只有一位领导知道)?我认为关于教师情绪调节,完全可以有另外的操作方式,例如,每月给教师4~8小时的调休(前提是安排自己的工作,到教导处备案),这样不是能给老师更大的空间吗?

吴老师:可以预见的是,该校申请"情绪假"的老师可能为数不多,并且会以老年教师为主。从现在各校教师的现状分析,大部分教师比较爱面子,一旦请这个假就会担心引发同事及学生、家长的无端猜测。大部分教师在一般情况下宁可自我调解情绪,也不愿公开自己的情绪。

陈老师:教师有情绪一般不会轻易启齿,从心理学角度看,情绪假看似是一种人文关怀,实际操作起来却有相当大的难度,相信会在实施的过程中"破产"。"情绪假"有作秀和吸引眼球之嫌。

(3)从人性化管理的角度看,"情绪假"制度值得借鉴,但在方式方法上还可斟酌,要严格管理,加强规范。

孙老师:沈阳岐山三校实施"教师消极情绪回避制度",是现代学校管理进步的体现,充分体现了该校校长人文化管理的先进理念,受到欢迎也在情理之中。我觉得从人性化管理的角度看,这一制度值得借鉴,但在方式方法上还可斟酌。比如请假的时间、空间再扩大些,请假的名称再含蓄些,索性将人性化坚持到底;同时要加强行政人员的业务培训,以尽量减少因教师请假对教学产生的消极影响。

吴老师:首先,"情绪假"是人本化的管理制度,非常值得倡导。但这种做法在让教师有一个调整心态机会的同时,对学校的教育教学必然会产生一定的影响,代课、调课或多或少地干扰学校正常的教学秩序。

其次,"情绪假"从一个侧面折射出了当今社会教师的压力之大。家庭、经济、人际关系方面的压力,观念方面的压力让老师喘不过气来。我们老师现在经常听到这样的话："不为失败找原因,只为成功想办法。"——这种忽略过程、注重结果的思维方式导致教师心理的失衡。因此,我们要关注教师的心理健康,适时提供个别辅导、音乐讲座等给教师减压。关键还要帮助那些请"情绪假"的教师度过"情绪低落期",找到能帮助他们的有效策略,否则,请再多的"情绪假"也是于事无补。

再次,作为学校来讲,加强教师自身的心理防范很重要。如果教师处于消极情绪状态,就会极大地伤害学生幼小的心灵。学校的发展关键在于教师,什么样的老师将会教出什么样的学生。"情绪假"制度充其量也只是一种不得已而为之的办法,它或多或少地会给学校、学生带来消极影响。

最后,好制度还应有好的操作。如一定要实施"情绪假",就必须严格制度,规范操作,否则,好事可能就变成坏事了。杭州天地实验学校也曾实施过这一制度,该学校的操作流程就比较规范:自我申请—教导处安排代课或调课—教师回避。和案例中不同的是,天地实验学校没有刻意强调由学校领导来代课,而是安排了同一学科的老师来代请假老师的课。我比较认同天地实验学校的做法,原因有二:其一,领导不是全才,他们代课教学质量得不到保证;其二,领导事务较多,时间上难以保证。

王老师:首先,教师的情绪当然会影响到学生,如果教师自己的心理状态不佳,自然会转嫁到学生的身上。所以,该校能实行"情绪"假,让教师有一个调整心情的机会,这当然是一项"人文措施"。但同时对学校的正常的教学秩序肯定会有影响。

其次,校长应在平时多注意教师的心理状况,要经常地帮助教师减压,请专家给教师做心理辅导,教会教师自我调节,这样或可防患于未然。

再次,从学校管理的角度看,"情绪假"的推行可能还需要一些配套的措施。例如代课毕竟不太可行,因为涉及教学进度、内容等方面,次数多了,也确实会像家长们所担心的那样,课的质量会受到影响。还是"换课"更合适。同时,还要注意帮助教师切实解决问题,真正切断不良情绪产生的根源。

【思考与建议】

尽管在讨论的过程中,杭城的这50位准校长对"情绪假"这一制度有着不尽相同的看法,但是,对于这一举措所体现出来的对教师的理解和关怀,大家基本上都表示了认同和赞赏。也就是说,今后在这些准校长的学校中,我们有理由期待尊重和厚待教师的、以人为本的学校制度和文化的出现与完善。从这个层面看,我们的这次讨论其意义就不可低估。我始终认为,一个不能尊重教师、漠视教师心理状态和生存处境的学校,不可能有真正意义上的教育。从这一意义上看,我们应向目前尚不完美但却致力于给师生以温暖和关爱的学校致敬!

二、学校应不应该实施封闭式管理

【案例 8-2】

封闭还是开放：学校管理的两难选择

P学校是处于市中心的一所职业学校，前几年经过全校教职工的共同努力，学校的教学秩序、学生的行为规范良好，学校被评为市行为规范达标学校。随着社会的开放程度的不断提高，学生从外界接受的新鲜事物也越来越多，同时职业学校学生的课业负担较轻，课余时间充足，而P学校周边环境的不理想，各种"室""厅""店""吧"等包围着学校这方净土，再加上学校旁边有学生管理较薄弱的技校，使得午间和放学时在学校周围各种"室""厅""店""吧"等营业性场所经常可以看到P学校的学生，还出现了有部分学生与旁边技校的学生结成学生小团伙，参与打架、敲诈等违纪、违法的行为，在附近的社区造成了不良的影响。对此学校也采取了许多措施，比如平时加强学生的行为规范、法制教育，在午间学校开展一些有针对性的讲座，延长图书室、阅览室的开放时间，中午组织护校队在学校周围进行管理等措施，但是收效甚微。

该校校长针对这个情况，召集了学校中层干部共同就学生的午间管理进行了讨论：有人说，应该加大护校队在学校周围进行管理的力度；也有人说，与附近的"室""厅""店""吧"等协商禁止我校的学生进入；还有人说，要求学生中午一律在校用餐，采取"封闭式管理"，不允许学生出校门……。后来经过讨论达成一致意见：要求学生中午一律在学校用餐，中午校门关闭，不允许学生外出，对特殊的学生则采取办通校卡的形式允许中午进出校门。

学校则经过了一番充分的准备：在后勤服务方面，改善午餐的质量，开放学校的各种活动场所；在学生的教育方面，召开各年级大会进行教育；发给学生家长信……。通过各方面的努力，尽管在学生、家长、教师等各个方面都有持不同意见的，但是最后这项措施得以了实施。经过了一年的管理实践之后，效果明显，中午P学校周围的"室""厅""店""吧"等地方很少见到P学校的学生，校门口也清净多了，学校的周围很少见到一些不良的社会青年在游荡了，社区对学校的评价也高了。可是，到了下午放学的时间在学校周围却经常有不良的社会青年出现，也不时地可以见到有学生一放学后照样到"室""厅""店""吧"等处活动。

Z学校也是一所职业学校，校风一向较好，但是最近也为中午学生的管理问题伤脑筋，于是校长召开行政会议商议。校长说："目前，我校2000多名在校的学生中大约有40%的同学不在学校食堂用餐，有相当一部分学生中午下课后直奔网吧,迷恋游戏机;有的学生在校外聚集吸烟、打牌甚至赌博;有的学生在男女交往方面,举止失态;有的学生在校外无卫生许可证的食品摊点饮食,造成肚子痛,影响身体健康等,大家各抒己见,看看该采取什么办法对学生进行管理。"政教主任说:"我们应该学习 P 学校的午间"封闭式管理"的方法,要求学生一律在学校用餐,不允许学生在中午的时间外出。"教务主任说:"不行,职业学校的学生有其独特性,三年后他们直接走上社会的,若现在我们便把他们关在学校,今后将很难适应社会,现在应该让他们多接触社会,尽管在这过程中有一些不好的现象发生,但这是正常的。"C 说:"学生的管理不应该靠'堵',而应该靠'疏'。"D 说:"现在学生在校还有校纪校规的约束,但是走上社会,就毫无纪律规范可言了,我赞同'封闭式管理'的管理方法,这样学校的秩序是会有所改善的。"E 说:"P 学校的'封闭式管理'的方法也有其弊端,比如:中午有个别学生爬墙出校门,下午放学时学生照样是开放的。"F说:"这些现象是个别现象,但是'封闭式管理'的方法至少保证了学生白天在校时间有约束,对学生的教育、教学都是有帮助的。"负责后勤的副校长说:"这么多的学生全部在校用餐,那学生食堂的工作负荷是很大的……"。校长最后总结:"对于中午的学生'封闭式管理'的方法今天没有得出结论,我们请政教处与后勤部门共同再讨论一下。"

会议结束后政教处发了"告家长书"征求家长、学生的意见,最后的结果是家长赞同的多,学生赞同的少。就这个问题,Z 学校在第二次的行政会议上,又进行了讨论……

【思考题】

　　1.学校为什么要采取"封闭式管理"?

　　2.你认为 Z 学校该不该采取午间"封闭式管理"的方法?

　　3.这一案例,体现了什么样的教育、社会问题?

【案例分析】

　　1.封闭式学校管理具备鲜明的时代特征

　　(1)封闭式管理:民办学校为适应市场、抢占生源的管理举措。

办学体制的多元化是教育改革不断深入的标志性特征之一。随着各类民办学校、私立学校和实验学校的蓬勃发展,教育市场上的竞争也日趋激烈。在这样的情况下,各校纷纷推出一些新的举措以适应教育市场的需求,以赢得生源。封闭式管理就是这些新举措中的重要成分。随便翻翻身边众多的民办学校或实验学校的招生简章,"本校实行全日寄宿制,实行封闭式管理、开放式教学,班主任和生活教师跟班负责,二十四小时全方位管理,给学生创造了一个温馨幸福的家",这样的承诺比比皆是。这种较为严格的封闭式管理方式因为与目前都市学生家长高密度的工作节奏相适应,因而受到相当多家长的欢迎。寄宿制学校普遍实施全封闭、半军事化的严格管理体制。学生住校,要按学校规定,早晨按时起床,中午吃饭定量,晚上准时睡觉。据许多家长反映,学生住读后,大都能较快地适应寄宿生活。原来在家里不会料理自己的,在环境"逼迫"下,生活自理能力都提高得非常快。小学三年级女孩自己会扎小辫、初中男生衣服洗得干干净净已不是新鲜事。许多孩子通过学校组织的公益劳动,学会了劳动的本领,养成了劳动的习惯。

(2)封闭式管理:追求升学名校流行封闭毕业班。

和民办学校实施封闭式管理的目的不同,有相当多的学校对毕业班的学生实施这一较为严格的管理举措,目的是杜绝一切外界的干扰,全力以赴提高学生的应试能力。据人民网报道,某大都市著名重点中学将高三近1000名学生搬到离市区3公里远的郊区,实施封闭式集中管理。学校的两个门有严格的保安措施,学生要离开学校,必须经班主任老师签发"通行证"。一个月才能回家一次。

(3)封闭式管理:对恶劣社会环境的规避。

近20年,我国处于社会转型期,文化的多元化,社会冲突、社会问题的不断增加,给学校教育带来了许多困难,比如在中小学德育工作中,就有一个著名的公式:"5+2≤0"。为了最大限度地消除社会不良因素对学校教育及管理活动的消极影响,有越来越多的中小学认可和采纳了封闭式管理方式。

2."封闭式管理"的负面影响

近10年来,伴随着基础教育的发展,"封闭式管理"逐渐成为我国中小学学校管理的一种时尚。最初是一批办学理念"先进"的私立学校,在追求办学条件现代化的同时,声称实行封闭式管理;随后,许多一般公立学校也在纷纷模仿封闭式管理。简单地说,"封闭式管理"即"关起门来办学"以及严格的制度管理。学生被限制在学校的深院高墙内,除周末或学校圈定的少数几个"放风"时段外,不能踏出校园半步,社会各类人员也休想轻易进入学校。学生在校还必须严守一大堆学习与生活制度,而这些制度又往往与严厉的惩治直接挂钩。追求的方向是关起门来办学,学校被人为地阻隔于社会之外。"封闭式管理"给学生发展带来了以下负面影响:

(1)"封闭式管理"割断了教育与社会和家庭的必要联系,剥夺了学生与社会和家庭的联系,不能造就出具有健全人格的青少年。陶行知先生指出:"生活即教育""社会即学校",教育是社会生活的一部分,学生的教育并不是学校所能单独完成的。对于学生来说,学校与社会、家庭一样,只是其生活的场所之一,而且这一场所只有与其他场所保持密切联系,实现沟通与互补,才能保证学生生活的完整和人格的健全。但是,"封闭式管理"却将学校与社会及家庭完全隔绝开来,剥夺了人的发展所必需的、根源于人的完整的社会关系和丰富的生活经验。据调查,在这样的学校学习的孩子容易产生厌学情绪,学习效率低,习作素材匮乏。有人曾打了一个不恰当的比喻:在寄宿学校学习的孩子由于吃、穿、住、行、学习都是统一的模式,就像养鸡场的饲料鸡一样,很难有家养鸡那样富于灵性的。如何克服寄宿学校给孩子培养带来的弊端,让学生"活"起来,富于个性,富于灵性,富于生气呢?

(2)"封闭式管理"强调高度的纪律和规范,将学校变成了"军营",扭曲了青少年的本性。青少年是春天的使者和自由的象征。他首先是个"自然人",天真而活泼。他是快乐的、舒展的,也是生机勃勃的。他探求于自然,好奇于社会。完整地体验真实的美好生活,与周围世界建立起全面的联系,应是青少年的基本权利。然而,"封闭式管理"强调高度的纪律和规范,把学校等同于"军营",在实施"封闭式管理"的学校里,一切都在监控之中,把青少年安置在固定的轨道中,时间被排好,空间被划定,让青少年绝对遵从于学校及其纪律。英国教育家威尔逊指出:"如果你追求主人—奴隶制度,你只需要一些规则和鞭子;如果你追求自由,你就需要各种复杂的机制和交往的环境——信息、选举、争论、程序、规则等的有效性。""封闭式管理"下的学校显然只拥有"规则"和"鞭子"。

(3)"封闭式管理"着力营造过度纯净的学校环境,剥夺了青少年对社会复杂性的认识,降低了对社会消极因素的"免疫力"。学校实施"封闭式管理"其初衷之一是将社会问题、社会矛盾和社会不良影响阻隔在学校环境之外,在学校与社会之间构筑一堵高墙,试图给学生构建一座"温室",找到一块"净土"。事实证明,在社会高度发达、人的交往极度丰富、信息传媒无孔不入的今天,这种以对学校实施"封闭式管理"来营造"温室"和"净土"的企图是不可能实现的。"封闭式管理"只是一个给人以安慰作用的"塑料大棚"而已,它并不能阻挡社会不良因素对学校的影响。这一做法暴露了学校管理者对学校教育,特别是德育的观念偏差。首先应该看到,现在社会上消极因素、腐败因素的确很多,但并不能就此武断地认为社会上只存在着对学校教育起负面影响的消极因素。其次,单是从"封闭式管理"倡导者眼里所谓的外部恶劣因素比如社会矛盾、社会问题来看,我们认为它们虽有可能给学生以负面影响,但同时它们也是一种重要的教育资源。学校教育存在着一个对社会大环境的积极认识和对待的问题。温室里的花草肯定不能抵御外面恶劣的环境。过分的顺利容易使人丧失抵抗力。小孩子注射疫苗的原理就是将病菌经过处理植入人体,以毒攻毒,使人获得抗体。同样,价值冲突和社会问题有助于学生认识社会文化的多元,确立主体性的价值评判标准,实现对社会、他人以及自我的理解与认同,选择实现和提高自我价值的现实途径。倡导"封闭式管理"的一个重要理由,是学生缺乏免疫力。从这一角度看,"封闭式管理"是对社会现实和社会变革的逃避和退缩,是用一种高度"净化"了的温室环境来彻底"摧毁"学生对现实病菌的抗体和免疫力。

3.结论:学校管理应走向"封而不闭"

以上两个学校的"封闭式管理"是为了消除社会的种种丑恶现象或消极因素对学生的负面影响,学校出于无奈而采取的消极的逃避式的管理办法。从学生的成长角度来看,学生的成长环境离不开家庭、学校和社会。生活即教育,社会即学校,学生的教育并非由学校单独承担,还需要家庭、社会来共同承担。对学生来说,学校、社会和家庭一样,只是其生活的场所之一,而这一场所只有与其他场所保持密切联系,实现互补,才能保证学生生活的完整和人格的健全。马克思早就指出,人的全面发展必须以建立丰富的社会关系为前提。要造就健全的人,必须要有家庭、社会、学校互通的开放的教育环境。

从学校管理的角度来看,管理的本质是服务,学校管理是为学生提供优良的教育、教学服务,为学生的成长发展服务。"封闭式管理"中的管理体现的是管制,对学生的自由发展十分不利,但是,面对学校教育的外部环境大为恶化,为了积极阻断社会不良因素对学生的影响,"封闭式管理"又可视为一种积极应对社会变化的教育措施,从某种意义上来说这又有利于学生的成长。现状是:学生在学校有校纪校规的约束,但是离开学校,学生毫无规范的约束。学校的教育又不是万能的,需要家庭、社会的配合。可是现在社会对学校的职能认识不清,对学校职能定位不明,认为学生的教育任务是由学校来承担的,导致学校在教育中的所作所为非常谨小慎微。但是学校为学生提供的是"免疫"的功能,而不是"隔离"的功能。只有在法律上对学校的责任给予明确的界定,对学校的职能恰如其分地定位,不要让学校的责任无限化、无边际化,则学校的管理才能放开大胆,从封闭走向开放,才能真正让学生体验真实的生活。针对这样一些问题,有许多实施"封闭式管理"的学校已着手构建"封闭式管理,开放式教育"的教育管理模式,强调真正的"封闭式管理"应该是"封而不闭"的。一方面,它能有效地过滤掉那些对学生成长阶段不利的因素,为学生提供健康的、具有引导价值的教育因素;另一方面,它又能提供给学生参与社会,了解、批评社会的多元化的实践机会。它应该是既能够跟上社会前进的脚步,又能发挥自己的精华功能,是"封闭式管理"和"开放式教育"的有机结合。

三、学校管理制度执行的智慧与策略

【案例8-3】

制度要不要有"弹性"

某幼儿园于4月中旬出台了新的较为详细的《奖惩制度》,制度上明确了奖励与惩罚的内容和力度,尤其对教师离岗做了以下规定:上班时间干私活或擅自外出,发现一次扣 5 元,如有特殊情况外出请自觉填写离园记录,回来后及时销假。中途无故离园或上班因私事串岗,视情节轻重(造成不良影响的程度)扣 5～50 元。

由于幼儿园都是清一色的女教师,她们家务事比较多,健康问题也多(多集中在妇科病这一块),所以每天都有人因买药拿东西等原因外出 5～10 分钟左右,因为时间短,所以她们都觉得没有必要记录离岗时间,园长在周前会议上也认可了这种说法,认为这样做可以体现一种人性化管理。园长外出开会或外出有活动之际,司职考勤的后勤主任经常看到有人不记录就随便地出去了,有几次忍不住说:“不管出去多长时间,请你到办公室记录一下,让领导知道你的去向,否则有事找你都不知道你在哪。”有教师就回话了:“就你多事,园长都说了,如果有急事出去,几分钟之内可以不用记录的,不过是几分钟的时间,记记都嫌麻烦。”后勤主任说了几次,都被几个常有事外出的教师没好气地驳回。后勤主任左右为难,有一天终于忍不住向园长反映:“园长,您的离岗制度不能有弹性,否则不自觉的老师就会钻这个空子,增加了我们执行考勤等制度的难处,真叫我很为难呀。”

在执行制度和顾及人情面前,园长沉默了。

【案例 8-4】

扣发的奖金该不该退还

某企业办的幼儿园郑老师,日常工作中不能很好地遵守园规,时有迟到、早退,甚至上班吃零食、看闲书等违规现象。在发放当月工资时,园长根据考核制度,扣发了其百分之五十的考核工资,并将扣发的考核工资奖给了出满勤、工作认真负责的陈老师,以起到奖优罚劣,调动职工积极性的作用。郑老师感到很不平衡,她认为幼儿园工作量大,偶尔放松一下没什么了不起的,况且这算不上大的工作失误,因此要求园长退还扣发的考核工资,园长则坚持认为,既然幼儿园有规章制度,就应该认真贯彻执行,否则会挫伤本园职工的工作积极性,因此,拒绝了郑老师的要求,郑老师因此很想不通,认为园长对自己有“看法”,对她不公平。她找主管幼儿园的上级领导哭闹,并歪曲事实,诉说园长处事不公正,是对她打击、报复。而领导在没有调查清楚事实的情况下,轻率表态,认为园长批评教育一下郑老师就可以了,要求园长把扣发的考核工资还给郑老师。

面对来自上级的干涉,园长犹豫了:该不该把扣发的奖金退还给郑老师呢?

【案例分析】

1.制度是“所与立之大本”,无规矩无以成方圆

这是两则较为典型的与制度管理有关的教育管理案例。案例中所呈现的管理困境具有普遍性,绝不仅仅局限于这两个幼儿园。从案例中可以很清楚地看到,两

位园长不约而同地制定了考勤制度,并打算依据这一制度对违规的教师进行考核或处罚。这一做法表明,制度管理作为教育管理的基本管理思想已被这两位园长所接受和认可。这是非常重要的。所谓制度管理,是根据管理制度进行管理的一种管理方式,是指根据组织中制定的成文规章和制度进行程序化的管理。马克思曾经说过,管理工作并不是一开始就有的,它是人们共同协作劳动的产物。人们为了共同的目标,在一起协作劳动,就要有管理。要管理,就要按一定的规章制度进行。大教育家陶行知就提出,要建立科学的管理制度,就必须重视规章制度的订立。他认为,规章制度是"学校所与立之大本",是师生员工"共同的约言"。学校管理如此,幼儿园管理也不例外。大量的管理实践表明:把一切建立在员工自我觉悟的基础上,那是软弱无力的;把一切寄希望于"人治",则不可避免这样或那样的随意性、盲目性。实施制度管理,实现管理制度化,不仅有助于建立正常的学习和工作秩序,使幼儿园一切工作和所有师生员工都有规可循,有矩可蹈,还可以使园长从繁杂的事务中解放出来,保证有足够的时间和空间,集中精力研究和思考幼儿园改革和发展的重大问题。也只有实现了管理制度化,才能从根本上保证幼儿园民主管理实施到位,从根本上维护师生员工的民主权益。

2. "贵"在制度:好制度的特征

制度管理的前提是建立在一套良好的幼儿园管理制度上的。好制度的主要特征如下:

制度的合理性。每个幼儿园都会制定相当多的规章制度来约束师生员工,事实上,制度的制定要有它的合理性。在一个幼儿园有这样一个制度:凡一学期出满勤奖励教师100元。园长的行为很明智,她没有采取"罚款100元"的方式。这是因为奖励要比惩罚更容易起作用。规则更要讲求合理性,我们希望用更多的制度来管理,而合理的制度才是我们最需要的。有经济学者指出,"很多失败的公司是管理上的失败,他们制定了过多不合理的规则,自然,规则也无力来管理好公司"。幼儿园也是如此。为此,我们改革旧制度制定新制度时,不但要考虑"效率优先",更要考虑"兼顾公平",从而体现制度的合理性。制度的合理性能使大家工作积极性得到提高,工作态度发生变化。

制度的延续性。有些幼儿园制度执行力不强,主要是园长没有常抓不懈,园长对政策的执行不能始终如一地坚持,虎头蛇尾,导致即使有好的制度、规定也得不到有效的执行;另外出台管理制度时不严谨,经常性的朝令夕改,让师生员工无所适从。让文化延续下去,让制度延续下去,让幼儿园延续下去,是园长必须研究的课题。

制度的创新性。世界上哪怕曾经是最优秀最完美的制度,也不可能永远有效。因此,在检查制度落实情况时,不仅要关注师生员工行为与规章制度的符合性和有效性,奖励守规则和有效率的师生员工,惩罚违规者和低效者,还要查找制度是否存在与文化理念相冲突的地方,以不断改进幼儿园的规章制度,并以此促进制度的全面落实和幼儿园制度文化的发展。制度文化要求幼儿园有这样一种氛围,即为了幼儿园的发展,每个师生员工都可以提议有关部门对制度进行修改。我们制定的制度必须具备造血功能,能不断纠错并自动修复,有所创新。这是制度文化不断成长的标志。

3."输"在执行:警惕制度管理变为"墙化规则"

再好的制度也须在执行的基础上才有意义,否则就会成为一纸空文。管理上切忌只喊口号不做事。有的幼儿园制度制定得比较完善,并把制度编制成册,或经常把制度性的标语贴在墙壁上,可是在执行过程中往往就变了样,成了还是摆个样子给外人看看而已的"墙化规则"。美国 ABB 公司董事长巴尼维克曾说过:"一位经理人的成功,5%在战略,95%在执行。"事实证明,制度制定以后关键是执行,再好的制度,没有人去执行或执行力不到位都是没用的。制度制定后并不等于达到了管理的目的,关键是通过制度实现有序管理,使管理有法可依,并在管理过程中不断完善相关的制度。在这样的前提下,师生员工会以制度为准绳保质、保量地完成工作。有人总结了执行制度中常见的几种不良做法:(1)随意增删。在制定制度时,不是根据组织的实际情况和需要,而是一味仿效其他组织的制度。这样制定出来的制度,科学性、系统性、准确性都存在问题,一旦执行,先天缺陷即暴露无遗。于是企业管理者又会发出增删制度的命令。(2)藐视制度。制度是死的,人是活的,不能死抱着制度不放,原则性应该和灵活性相结合。(3)下不为例。当某些业务骨干、爱将出现了违规行为时,管理者不愿执行制度,或网开一面,或从轻发落。管理者也意识到这种做法对制度化管理不利,所以还会补充一句"下不为例"。

好制度往往"输"在执行。规章制度就是幼儿园的法律,一旦发布生效,就得不折不扣地执行,任何人包括园长都不能例外。"依法办事","制度面前人人平等","制度第一、园长第二"应成为幼儿园文化的内容之一,同样要在幼儿园形成习惯行为并得到必要的尊重。一方面,制度文化要求对具有科学性的制度要坚定不移地执行,谁不执行谁就要受到相应的惩处;另一方面,制度文化提倡人们不断提高执行制度的自觉性。当师生员工自觉执行规章制度成为习惯时,就标志制度文化正在迅速地形成。

4.人性化管理不等于"讲人情"

在第一个案例中,园长之所以会默许某些教师短时间离岗,从而出现弹性制度的困境,除了园长没能深刻领会到制度管理的精髓在于严格执行这一原因之外,还跟一个错误的认识有关,即误把人性化管理混同于"讲人情"。人性化管理强调管理者与员工双方的相互尊重,要求围绕人的生活、工作习性展开研究,使管理更贴近人性,充分调动起每个人的工作欲望和工作热情,坚决屏弃传统管理中的利用强制性的指令、制度来完成指定性的工作,从而合理、有效地提升人的工作潜能和工作效率。然而,人性化管理又绝对不能等同于"讲人情",不是一方对另一方的放纵或施舍。现代管理思想认为,人性化管理是严格管理前提下的人性化,是制度约束下的人性化,而"讲人情"则是做无原则的老好人,会从根本上丢弃管理原则。如果一味地去追求人性化,最终就变成了人情化、仁慈化,忽略了制度的严肃性,甚至置幼儿园管理制度于不顾,那幼儿园的秩序就如同一盘散沙。

从幼儿园这一组织的特殊性出发,弹性制度绝对不可取! 这种制度明显脱离了制度的初衷和它本身的意义。幼儿教育是一个比较特殊的活动,基本上是每时每刻都要围绕孩子们转,关注幼儿的一言一行,即使你不带班了,你也需要制定计划,写观察笔记,要准备充分的教具和预设教案。托、小班的教师职责更为紧要,孩子如厕、盥洗、外出游戏散步等,都必须至少两个教师密切协作,才能使活动高效、有序、安全地开展。但如果一味追求所谓的"人性化管理"(其实是"讲人情"、做无原则的老好人),实行弹性制度,就为不自觉的人提供了他们溜离岗位办私事的机会,不仅使管理制度成为无用的摆设,更会让自觉工作的老师产生心理上的不平衡感。因此,制度必须严格执行。对于在上班时间确实有私事处理的,不管是10分钟还是5分钟,都得做离岗记录,不能让不自觉的教师有空子好钻而不受约束。奖勤罚懒,鼓励先进,教育后进,从而形成一种严肃、活泼、团结、和谐的全心全意为幼儿服务的良好园风园貌。

5.执行制度需要策略与技巧

制度一旦确立,就须严格执行。但在执行制度的过程中,管理者却未必要以"铁面"的形象出现。要使人们在接受制度管理时,能够乐于接受,心甘情愿,需要管理者具备一定的"执法"技巧。比如在对违反制度的人进行处罚时,应先晓之以理,动之以情,使每个被处罚者内心受到震动。就第二个案例来说,郑老师之所以对园长给她的处罚想不通,感觉是受到了不公正对待甚至向幼儿园主管部门的上级领导哭闹,其因素可能有很多,但也许跟园方没能事先跟郑老师做充分、有效的思想工作有关。除此之外,该幼儿园属于企业承办性质。这类幼儿园园长由企业领导直接任免,其管理行为的有效性往往取决于上级领导的支持、理解和信任。这类幼儿园目前还有很多。对于这类幼儿园来说,在执行制度上,园长一方面要坚持原则,按制度做出的正确决定不能轻易反复;另一方面,要化被动为主动,平时就要积极地做好与上级领导的沟通、协调工作,一旦出现特殊和意外情况,要及时请示上级,与领导共同研究分析问题,圆满解决争端。

第九章 教师管理制度案例讨论与分析

一、"末位淘汰制":教师聘用制的案例探究

【案例 9-1】

卡了壳的"末位淘汰制"

临天中学是一所远离市区的、地理位置较为偏僻的农村初中。近两年来,按照L市教委的统一布置在每年的暑期都要进行教师聘任制工作。第一年开始实施教师聘任制,市教委的要求不是非常细致,为安定"军心",校长打了擦边球,学校内部没什么大的波动,教师聘任工作进行得较为顺利。

转眼第二年的聘任制工作又到来了。为了进一步推进学校用人制度改革的深入,在教师聘任制实施细则中,L市教委明文规定,每校必须有3%~6%的教职工待岗。为这一今年的工作更有利、更科学、更规范地开展,临天中学早在上一年聘任制工作结束后学校就进行了准备:建立健全了各类规章制度,制定了学校教职工考核细则量化表,并在教代会上通过。同时,在平时的工作中加强了监督、管理的力度。聘任前,召开了校聘任小组会议,最后确定了当年的考核方案:量化得分占80%,教职工民主测评占20%,根据考核总分确定出10%的教职工作为待聘对象,再由聘任小组最后确定一名待岗人员。

经过一番紧张、辛苦的工作,有两位教师进入了最后的名单。在最后的一次聘任工作小组会议上,针对两人的情况,大家进行了讨论。从两人的情况来看,李某某教学业务能力较好,但时常因身体或态度原因未到校上班。李某某量化考核分较低,而民主测评分较高;张某某刚好相反,从实际情况看,他教学业务能力较差,但平常到位情况较好。究竟应该淘汰谁?无记名投票表决的结果是:16人投票,8:8。"末位淘汰"卡壳了。

【思考题】

1. 你是如何看待教师聘用中的末位淘汰制的?
2. 你认为这一制度是否适合在学校管理中运用?

【案例分析】

在组织杭州地区第 40 期中学校长岗位班的学校管理案例教学中,笔者收到 10 多篇集中反映杭州地区 L 市教育系统实施"末位淘汰制"带来负面效应的案例。为什么有如此之多的校长关注"末位淘汰制"? 这一制度究竟产生了什么问题? 应如何认识和应对这一制度所产生的积极影响与负面效应?"末位淘汰制"应向何处去? 笔者从中选取了上面这则较为典型的案例,组织参训校长对其进行了小组讨论与合作探究,目的在于获得对上述问题的理性认识。

讨论的场面相当热烈。一方面,校长们认为 L 市实施"末位淘汰制"是顺应时代之举,为学校的内部管理注入了新的生机与活力,促进了各项工作的顺利进行,其成效主要表现为:一是充分体现了能级管理的思想,充分体现了能者上、平者让、庸者下的优化组合原则,逐步建立与市场经济相适应的学校用人制度。二是引入了"能上能下、能进能出、择优竞聘"的竞争激励机制,大大增强了教师的危机意识、竞争意识,强化了教师的责任心、敬业和奉献精神,提高了教育教学质量。

然而,另一方面,校长们发言中更多地却是表露了对 L 市强行实施"末位淘汰制"的忧虑、不满甚至指责。来自 L 市的绝大多数校长指出,目前实施的"末位淘汰制"在执行上非常棘手,其初衷与效果严重背离。其理由概而言之有这样几个方面:

第一,"末位淘汰制"意在引入竞争机制,增强学校全体教师的危机意识,促进教师爱岗敬业。但实际上这一制度真正触动的只是学校排名靠后的极少数教师,竞争面过于狭隘,起不到激发学校全体教师工作积极性的作用。

第二,"末位淘汰制"中待岗人员的比例缺乏科学性。按 L 市教委的规定,各校每年均必须有 3%～6% 的教职工待岗。这样可能会出现这样两种尴尬局面:一是优秀教师惨遭淘汰而"末位"的教师却高枕无忧。举例来讲,甲校师资队伍力量较强,乙校师资队伍力量一般,在甲校考评中排名靠后的教师 A 其教学能力和教学态度很有可能好于乙校处于中等位置的教师 B,这样一来,相对优秀的教师 A 就要面临待岗或下岗,而教师 B 却高枕无忧,这样的改革方向对头吗? 二是在所有教师都尽职尽力的情况下,必须有人被淘汰出局。那么,这一"幸运"究竟应该给谁? 这无疑给校长们制造了一个超级"难题"。

第三,"末位淘汰制"的实施缺乏必要的前提。众所周知,科学地评价教师是教师聘任的首要条件。只有建立在对教师工作进行了客观、公正、中肯、科学的评价的基础上,才能使教师的聘任工作有据可依、令人信服。然而,到目前为止,我们对教师评价的目的、内容、指标体系、方式以及对结果的分析处理等问题都不甚了了。基于教师评价这一"软肋"之上的"末位淘汰制",在实施过程中随时会出现卡壳的现象,因而也是非常容易理解的了。

第四，"末位淘汰制"人为地加剧了人才闲置与师资紧缺这一矛盾。"末位淘汰制"要求每一所学校每年都必须淘汰和引进一定量的教师，这就需要在学校内部和社会上建立一个"教师人才库"，以供不时之需。然而，就杭州地区目前的情况来看，除了少数地理位置优越、待遇优厚的县区、学校教师相对饱和之外，大多数学校中学教师比较紧缺，这也是导致"末位淘汰制"卡壳的重要因素之一。

第五，"末位淘汰制"错误地导致了教师对学生的迁就。在教师考评中，学生评价是重要的一环。有很多教师为了使学生"悦纳"自己，获得好的考评结果，不敢或不愿去指正学生的不足和错误，任其自然，严重影响了学校的教育教学质量。很多教师形象地把这种现象称之为"蒸笼里的包子——两头受气"。

第六，"末位淘汰制"不利于新教师的培养和成长。一方面，他们严重缺乏教学经验，其教育教学能力还亟待提高；另一方面，他们还没有完成组织社会化过程，形成学校所要求的价值观念和行为规范，学会在特定的组织环境中正确定位自己，学会协调个人和组织的冲突，在复杂的人际旋涡中虚与委蛇。因此，他们在考评中和中老年教师相比处于相对不利地位。很难想象一个年轻教师在最需要学校给以引导和帮助的时候，能积极应对"末位淘汰制"的巨大压力。……不一而足。鉴于上述理由，相当多的校长呼吁，必须淘汰"末位淘汰制"！

那么，"末位淘汰制"本身究竟该不该被淘汰？笔者认为，"末位淘汰制"是一柄锋利的"双刃剑"，既有可能有效地触动、激励学校教职员工，营造积极向上的学校氛围，又有可能击破教师心理承受底线，恶化人际关系，妨碍学校工作的正常运行。在目前尚无理想替代策略的情况下，这一制度在中小学管理实践中，应该说还是有一定生命力的。我们要审慎、权变地看待这一源自企业管理的聘用制度，并在实际的操作过程中适当地加以改良和修正。受企业管理思想与管理实践的启发，下面谈谈笔者对在学校管理中如何有效实施"末位淘汰制"的两点初步认识。

（1）在教师聘任工作的指导思想层面，学校管理应在"安全"中造"危机"，在"危机"中提高"安全"，实行"危机式"管理与"安全式"管理的有机统一。追本溯源，"末位淘汰制"是企业管理中危机式管理思想的具体体现。所谓危机式管理就是管理者运用种种威胁手段和可怕的后果，给员工施加一定的压力，使之在心理上产生不进则退的危机感，从而充分发挥自己潜力的管理方式。危机式管理的本质是通过解雇、降级、扣发奖金等措施给员工制造一种潜在的威胁，使员工产生不努力工作就会受到惩罚的危机意识，以此迫使员工为企业积极地工作。尤其是当危机可以通过员工自身的努力加以消除时，危机就会成为促进员工积极进取的强大驱动力。心理学家通过实验研究发现，在一个若干人组成的小组中，只要通过某些手段制造某种紧张或危险气氛，而此气氛又可以通过个人的积极工作来消除，那么，每个人的工作效率可以提高 1～3 倍。

尽管危机式管理在一定程度上能够有效地调动员工的积极性,但就这一管理思想在现代企业中的运用实践来看,它存在着相当严重的缺陷,具体表现为:①以恐吓形式出现常常会引起员工防卫性或报复性反应;②单纯以危机刺激员工工作,容易使员工产生不求有功、但求无过的心理,其工作就蜕变为应付危机的行为,而不再是积极的创造;③与企业离心离德。显然,单凭危机式管理是难以管理现代企业的,也无法实现增产增收的目的。

与危机式管理相对应的管理思想是安全式管理。安全式管理是指管理者通过满足需要,关心员工,创造稳定的工作环境,使员工追求成就与挑战,从而使其积极为企业创造性工作的管理方式。这一管理主要包括三方面内容:①职业有保障,工作环境稳定;②情感激励,使企业成为员工的"命运共同体";③满足员工合理需要,实施参与管理。这一管理思想的实质在于消除员工的由于威胁和压力带来的焦虑,使之对企业产生强烈的认同与归宿感,屏弃杂念,积极主动、尽心竭力地工作。除了上述积极作用之外,实践表明,单纯的安全式管理也会产生极大的问题,如果员工完全丧失危机感,就会泯灭斗志与进取心,进而导致整个企业丧失活力。

现代企业管理强调危机式管理与安全式管理的有机整合。危机与安全是相互依存、须史不能分离的。一方面,要尊重每一个成员在组织中的合法地位,实施民主参与管理,使之产生心理上的安全感和对组织的归宿与认同感,从而有利于他们积极奋发地工作;另一方面,要让成员了解组织内外环境中的处境与危机,从而产生压力和紧迫感,激发每一位成员的工作热情与动力。

反观 L 市在学校管理中实施的"末位淘汰制",显而易见的一个重要问题就是没能科学合理地处理好危机式管理与安全式管理两者的关系。"末位淘汰制"待岗人员比例的硬性规定,完全无视教师在学校中的主人翁地位,彻底剥夺了广大教师的安全感,极大地挑起了教师的不满情绪,破坏了教师视学校为"命运共同体"的归宿感,"末位淘汰制"不为广大教师所认可也属情理之中。由此观之,在学校内部体制改革过程中,不是要不要淘汰"末位淘汰制"的问题,而是如何在这一制度中将危机式管理思想与安全式管理思想有机结合的问题。只有将两者结合起来,并存于"末位淘汰制"之中,实行危机与安全的和谐统一,才能真正发挥"末位淘汰制"这一利器的锋芒作用。

(2)在教师聘任工作的实践层面,恰当运用"逐级尾数淘汰"与"逐级头数晋升"相结合的双向激励方式,克服学校管理中"末位淘汰制"的"传递损耗"效应。从"末位淘汰制"在企业管理中的实践看,这一制度存在着"传递损耗"效应。一方面,"末位淘汰制"跳出了"减员增效"仅限于裁减冗员的局限,即不仅要淘汰冗员,而且对在岗职工每年也要按一定的比例把工作业绩最差的职工作为尾数强制淘汰,从而激发员工奋发向上,努力工作;但另一方面,这一制度也有不足之处,突出表现在激励效应的损耗上。"末位淘汰制"对少数工作业绩较差的职工激励作用最强,因为稍不努力就可能被作为尾数而淘汰掉。但对大多数业绩中等,处于中间状态的职工来说,激励的作用就要差一些。而对少数优秀职工来说,更不用担心尾数淘汰会落到自己的头上,这一制度对他们的激励效果就更差了。概而言之,"末位淘汰制"对工作表现和业绩差的职工,有较大的激励作用;而对工作表现越好、业绩越突出的职工,其激励作用就越小。所以,"末位淘汰制"起不到全员激励的作用。从学校管理所反映的实际情况看,"末位淘汰制"在教师激励方面也存在着类似的"传递损耗"效应。

如何克服"末位淘汰制"中的"传递损耗"效应? 如何使"末位淘汰制"进一步完善? 参照山东省兖矿集团的有关做法,笔者认为可以尝试运用"逐级尾数淘汰"与"逐级头数晋升"相结合的双向激励方式来克服学校管理中"末位淘汰制"的"传递损耗"效应。所谓"逐级尾数淘汰"是指参照教职工的职称、职务与前一阶段的工作业绩,将其分为优秀、合格、基本合格三个等级。优秀是最高等级,由学校中工作业绩最突出的教职工组成,在工资、奖金、福利、进修、晋升等方面享受最高待遇,人数控制在学校总教职工人数的 20％ 左右。合格等级由学校中工作业绩良好的教职工组成,人数可以控制在学校总教职工人数的 65％ 左右,所享受的各种待遇比优秀教职工低一个等级。基本合格由学校中业绩较差教职工组成,所享受的各类待遇在学校中为最低,人数可控制在 15％ 左右。每学年末,学校可根据每个教职工的全年工作业绩进修考核排队,按一定比例对三个等级的教职工实行逐级尾数淘汰。与此同时,在按一定比例进行逐级尾数淘汰的同时,也按相同的比例进行逐级头数晋升。如优秀等级中有 6％ 的人员被淘汰下去后,出现的 6％ 的空额由合格等级中工作业绩最佳的,即所谓"头数"来递补晋升到优秀教职工等级中。依次逐级类推。

在学校管理中利用"逐级尾数淘汰"与"逐级头数晋升"相结合的双向激励方式,有望降低单纯实施"末位淘汰制"的"传递损耗"的负面效应。一方面,"逐级尾数淘汰"使每位教职员工都清晰地认识到工作的压力与危机感,他们会更加努力工作,敬业爱岗;另一方面,"逐级头数晋升"又给每位教职员工以向上的希望,创造了公平竞争的机会,他们也产生了巨大的动力,焕发出所有的工作热情和潜在能力。从而真正实现了人人努力、个个争先的学校全员激励,提高了学校管理的实效。

二、聚焦教师转会:对教师流动制度的案例分析

【案例 9-2】

教师跳槽两败俱伤

某市一名优秀中学英语教师,因调动一事与学校发生了纠纷,一个坚决要走,

一个坚决不让走,最终这位女教师被学校以自动离职除名。这位 33 岁的女教师称,她从 1998 年起受聘于一所区属中学,很快成为该校的教学骨干之一,曾两次获得区优秀班主任荣誉称号和区先进教育工作者称号。几年来她一直教差班,教出成绩好的学生就被调到快班去,这使她心理难以平衡,便动了调离该校的念头。去年鼓楼区某省重点中学扩班招生,需要补充教师,她便悄悄地去了,但接到录用通知时已是新学年开始,她只好请病假两头应付,其间她向原学校提出了调动申请。背着学校在其他学校上课的事很快被学校探知到了,本来不同意她调动的学校领导和她之间由此产生了激烈的冲突,吵骂打架的事情一件件发生。最后学校连"辞职"的机会也没给,今年 3 月,她被校方按自动离职处理。

从人事部门得知,某市目前教师的流动还是有较严格的限制,教师想走,学校愿放,问题很好办。但遇到双方意见不一致时,事情往往会闹得很复杂,而一般符合教育局有关规定的处理方式是:合同期内教师违约,学校有权开除;学校可以不批准教师"辞职"。

【案例 9-3】

教师流动实行转会制

如今球员转会很流行,殊不知杭州的教师也可尝尝"转会"的滋味。从下学期开始,杭州市上城区教师调动将实行"转会"制,学校想要引进或调走哪位教师,可以到区教育局人事科挂牌,由双方学校协商,引进一方支付一定的"转会费"。另外,每年高达两百万元的师资培训费也不再由区教育局统一拨给区教师进修学校等培训单位,而改为按教师人头发放培训券,由教师自由选择区教师进修学校或区社教学院、区少年宫等进行培训,用于支付培训费用,学期末时再统一将培训券兑换成现金。这既有利于促进培训单位良性竞争,也是对教师培训的一种考核,过去有些学校以"没钱"为由不组织教师培训,现在教育券像人民币一样有编号,非常有利于监控教师个体的培训质量。

杭州市上城区教育局认为,作为一个基础教育水平较高的省级教育强区,基础教育要向更高水平迈进,课程改革要向纵深延伸,关键就在于有一支高质量的教师队伍,而培养高质量的教师离不开体制创新。教师流动实行"转会制",将有助于合理解决人才流动中的矛盾冲突。过去学校出于自身利益的考虑,不愿白白放走培养多年的骨干教师,而一些新办学校需要骨干教师充当领军人物,因此拼命"挖人",使得教师流动矛盾很多。实行"转会制"后,一方学校引进了人才,另一方则得到了合理的经济补偿,矛盾迎刃而解。当然"转会费"的用途是培养教师,为了防止学校移作他用,区教育局明令规定:该费用专款专用,用于该校师资培训,由教育局统一管理,实行报批调拨,不得用于发放福利。

【思考题】

　　1.案例中这位老师的调动遭遇具有普遍意义吗？造成这种两败俱伤的真正根源是什么？

　　2.你是如何看待教师转会这一制度的？它能有效地促进教师流动，保障薄弱学校利益，实现教育均衡吗？

　　3.你所在的地区教师流动现状是怎样的？你们采取了什么措施？在兼顾教师个人需求和学校利益方面，你们有何建议？

【案例讨论与分析】

　　教师是最重要的教育资源，是学校教育能否取得成效的核心因素，因此，教师流动问题是每一校长不能不正视的重要问题。教师转会是针对教师流动中的矛盾冲突，借助市场经济的契约原则和经济杠杆作用而实施的教师有偿流动方法。这一方法由上海市松江区、杭州市上城区提出并予以实施，在全国范围内引起广泛关注。教师转会的具体做法是：教师流动按有偿方式进行，学校想要引进或调走哪位教师，可以到区教育局人事科挂牌，由双方学校协商，由调入学校给予调出学校一定的"转会费"。松江区的"转会费"金额为高级教师3万元，中级教师2万元，其他教师1万元。教师"转会"的具体手续由区教育人才服务中心统一办理，流动补偿金也由中心统一收转，收到补偿金的学校大多将这笔费用再用于教师的培训和培养。前些日子，笔者在校长提高培训六城市协作班上以上述案例为载体进行了题为"教师流动与教师转会"的案例讨论，以期获得对这一问题的深入认识。由于各地学校情况不同，校长们的观点很不一样，双方各执己见，辩论异常激烈。

　　1.正方观点

　　(1)教师流动是必然趋势，应"导"而非"堵"。社会转型期，教师的社会角色越来越趋向职业化，教师不应是学校固有资产，教师也是有生命的社会人，应具有追求个人发展权利的空间，学校面对这种必然趋势时应因势利导，从问题的根本体制上下大力气。通过教师转会，既满足了个人需求，又为一方学校引进人才，同时使另一方学校得到合理经济补偿，继续培养新生资源，使矛盾得到了有效的改善。

　　(2)教师跳槽的影响因素很多。对大多数教师来说，如果他在一所学校工作得很舒心，人际关系处理得好的话，他是不会轻易考虑调离的。如果说一所学校想离开的人多了，校长一定要反思在学校管理中是否存在不妥之处，应尽力改进。然而任何事情都不可能做到完美无缺，难免会有人觉得没有得到重用，如果他找到了更能发挥自己的学校，校长们为什么要强留呢？不痛快地留下来，工作效率低不说，可能还会造成一些负面影响。有了教师转会制，对教师和学校都是一件有利的事。既满足了教师的心愿，学校也得到了实惠(经济回报)，就整个教育而言是有积极的推动作用的。

(3)教师流动本身就是教师在教育过程中实现自身价值的过程。教师转会制不仅能够为教师提供相对稀缺的机遇、条件,而且有利于调动其他学校培养教师的积极性和主动性。教师转会兼顾了教师个人需求和学校利益,同时使得教师真正成为职业人。现代教育观念认为一个人终身只从事一种职业或终身只待在一个单位,对学校、个人不一定是好事。多从事几项工作或多走几个单位对人的发展有好处。

(4)教师流动是无可厚非。首先,学校对每一位教师都尽了培养的义务,在市场经济的今天,转会当然应该收费;其次,若收费,好学校也就不一定全要好教师,它要考虑经济效益,这样薄弱学校中也会有好教师,对学校之间的均衡发展有好处。采用阻止教师流动的任何政策和办法都是有其局限性的。在已进入市场经济时代的今天,完全限制教师的流动是不可能的事,但可以利用市场经济的契约原则和经济杠杆作用进行适当的调节,也不失为目前暂时有效可行的办法。

(5)教师转会,两全其美。转会是解决"教师要走人、学校要留人"这对矛盾的好办法。得到的就要付出,失去的得到补偿,两全其美,何乐不为?但是转出方对"转会费"的使用不应规定过死。这笔钱学校愿意怎么用都可以,哪怕用于教师福利,也是为了调动教师的积极性。不然怎么留人,谁还愿意留下呢?造成两败俱伤的原因是体制问题,我们的体制还应创新。

2.反方观点

(1)目前国情下教师转会的时机还不够成熟。人往高处走,水往低处流。教师流动是人之常情,是十分自然的现象。但目前国情下教师转会的时机还不够成熟。实施这一制度的后果是强者更强,弱者更弱。边远地区、乡镇中小学就留不住好教师,教育的公平性将会成为一句空话。学校差异往往是由于地域、经济、历史和社会诸方面原因形成的,并不是学校自身力量就可改变的。政府应加大对薄弱学校的投入,缩小差距。教师应对自己的教学行为负责,而不应该为学校的差距承担责任,同样优秀的教师应该同劳同酬,而不应因为学校差异有所区别。如能做到这一点,真正意义上的教育公平时代就来临了。

(2)"转会费"是一种万不得已的补偿。教师转会不可能带来优质教育资源的共享和均衡,反而会造成学校之间教育资源更大的"贫富差异"。毕竟,薄弱学校不是某些人成材的"跳板"和"流动旅店"。其实转会的内涵应该有个质的变化。不是"人往高处走",而是"水往低处流"。对每位勇于向薄弱学校"转会"的教师原单位是否给予大力支持,相关部门是否给予"转会费",让这些教师能有充实自己、发展自我的空间,真正实现更公平、均衡、充裕的教育。

(3)转会制不利于实现教育的均衡化。从农村学校或薄弱学校的角度去看转会制度,说到底它只是城区和重点学校的专利。老师们谁愿意到农村学校或薄弱学校去任教呢？如实行转会制，用经济补偿的话，实际上也不能解决师资问题。虽然补偿金规定用于"培养教师、专款专用"，但培养教师不是一年两年的事。再者用补偿金再花几年时间好不容易培养出来的"好"教师还是被挖走，这样势必造成优质学校越优、薄弱学校越薄弱，人为地造成教育的不均衡现象。要真正实现教育的均衡化、公平化，教育行政部门就必须对薄弱学校加大经费投入，推行优质师资为薄弱学校服务制等，从政策上予以师资的保证。教师跳槽无非是学校的待遇、价值得不到很好体现等原因造成的。深层次是学校发展的不均衡性。从政府这个层面来说，应加大对薄弱学校的投入，包括资金、人力资源等，使学校之间相对平衡、均衡，从而有利于教育的均衡发展。

（4）教师流动不同于运动员转会，不能照搬球员转会的机制。要冷静对待教师转会。教师转会是学校市场化的又一体现。它具有合理解决人才流动中的矛盾冲突、调动农村学校培养教师的积极性和主动性、适当平衡教育不均衡等积极意义。但教师转会不同于运动员转会，不能照搬球员转会的机制。教师作为重要的教育资源，现在还没有达到"富余"的程度。足球转会的结果不是球队实力平衡了，而是强的更强、弱的更弱了。教育尽管不能完全平衡，但也不能人为造成不平衡。

3.结语：教师流动呼唤科学合理的机制

随着市场经济的蓬勃发展和教育改革的逐步深入，与其他人才群体一样，中小学教师也呈现出频繁流动的趋势。教师流动并非自今日始，但今天的教师流动其范围之广泛、规模之庞大、速度之迅捷、流向之集中、矛盾之尖锐却呈现出前所未有的态势。概而言之，当前中小学教师流动的问题主要体现在三个层面上：首先，从宏观的教育层面看，不同地区或学校之间"马太效应"明显，教育失衡问题严重。中小学教师流动具有明显的单向性特征，即一般都是农村流向城镇，市县流向省会，边远落后地区流向经济文化发达地区，薄弱学校流向名牌或重点学校。城市或重点学校凭借其优越的地理位置、物质待遇、社会声望轻而易举地吸引甚至攫取农村学校、薄弱学校的优秀师资，造成"贫者愈贫、富者愈富"的马太效应，加剧了教育的不公平。其次，从学校层面看，教师流动失去规范，正常的教师流动难以开展，教师"留不住、出不去、挡不了"，严重影响着学校的教学和管理工作。最后，从教师个人层面看，出于对本地区或本校利益的考虑，各地、各校都对教师调动设置了重重障碍，其中有相当多的措施是毫无道理的"霸王条款"，教师的正常调动难度系数很大。在讨论中很多校长认为，通过"请、托、送"等非常规手段避免产生纠纷、实现调动愿望已成为中小学教师普遍认可的"游戏潜规则"。以上问题严重滞碍了我国基础教育的进一步发展。

教师流动离不开科学合理的机制。针对教师流动的上述问题，全国各地都在结合本地实际的基础上，进行着一系列有益的探索和实践，如"定期交流制""服务期制""轮换制"等。上海和杭州提出并初步实施的"教师转会制"就是其中之一。这一制度因其鲜明的市场特征而引起了广泛的社会关注。对于"教师转会制",笔者有以下两点看法:

第一,"教师转会制"顺应时代发展,尊重教师个人价值,致力于实现学校与学校、学校与教师之间的双赢,是一种颇具想象力和原创性的方法。这一制度默认的前提是,教师流动是时代发展的必然趋势,不可阻挡;教师具有追求个人发展的权利,教师流动有利于教师个人自身价值的实现,必须因势利导。"教师转会制"利用市场经济的契约原则和经济杠杆作用对教师流动进行适当的调节,可谓一石三鸟。一方面,它将教师的流动制度化、经常化、规范化,尊重和满足了教师的流动需求,体现了人文主义的管理原则;另一方面,"教师转会制"又充分考虑到农村学校或薄弱学校的利益,通过"转会费"这一手段既制约了优势学校的盲目进人,又使弱势学校得到合理的经济补偿,对农村及薄弱学校起到了一定的保护作用。

第二,"教师转会制"其实质是对当前教育实际的妥协,是企图缓解教育不均衡的无奈之举,其实施环境、操作环节具有天然的局限性。"教师转会制"的提出可能受到了 NBA 球员转会制度的启发。NBA 球员转会采用的"倒摘牌"举措即让前一届联赛成绩最差的球队第一个挑选新秀,有效地平衡了所有球队的实力,增加了联赛的公平性与对抗性。而"教师转会制"则相反。严重的地区与校际差异使薄弱学校事实上已沦为优秀教师的"输出基地","转会费"的付出更使优势学校的引进更加理直气壮和不可阻挡,从而加剧了地区和学校之间的不平等,极大地妨碍了教育的均衡发展。从这个意义上说,"教师转会制"还亟待改进,局部尝试未尝不可,但不宜强行推广。

第十章 班主任工作案例讨论与分析

一、班主任的角色之惑

【案例 10-1】

上课的困境

下课时,初二(5)班班主任徐老师看到教同班自然课的王老师出现在办公室门口,正朝着他走来,徐老师看看桌面玻璃垫下的班级课表,刚刚那一节班上正好是自然课,不等王老师开口,徐老师心中已经明白了大半。

"徐老师,你们班级的秩序让人无法领教,我实在上不下去了!"

"对不起,我们班的秩序我也很头痛,说也说过他们了,结果还是老样子!"

"下次上课,我打算上实验,希望你能在旁边管管秩序。"

"可是,下次自然课,我自己也有别班的课啊!"

"随便你,要不然,你们班就不用做实验好了。"王老师说完转身就走。

"王老师——"徐老师气得跌坐在椅子上,望着王老师的背影低声嘀咕着:"哼!真是莫名其妙!帮你管秩序,谁来帮我上课。"

该班上课秩序不好已经是公认的事实,不少任课老师也对他反映过。根据学生的说法,以自然课最为严重,讲话,吃东西,传字条,看漫画,有时还有突发的笑声,有些同学摆出一副肆无忌惮的样子。有几次,自然老师叫班长到办公室去请徐老师到班上看看,徐老师出现时,学生果真给面子,马上收敛!最后学生已算得出来,什么时候,徐老师绝对请不来,即他正在上别的班级的课时。

好几次,他想建议自然老师,改变一下上课的方式,设法让自然课有趣味性。可是,他开不了口。想想自己,算什么?又不是教务主任,也不是什么明星级的资深老师,只不过是刚刚调入的一名新老师罢了。

徐老师对学生的管教原则是不喜欢打骂,学生也已经学会他的口头禅:"拜托拜托!给给面子吧!"上他的课学生倒也真给面子,可是对其他任课老师就未必了!难道,是因为班主任与学生关系不同,还是其他原因?

想以前在另一所初中任教时,学生素质不高,上课秩序不曾好过,学校除规定教务处加强巡视外,还要他们这些班主任在没有课的时候一律在班上"坐镇",甚至把班主任的办公桌搬到各班教室。徐老师本来觉得有些尴尬,后来,看到全校皆如此,不管他是在别的班级讲台上上课,还是坐在自己班上督阵,日子久了,也就习以为常。徐老师想着,要根治班上的上课秩序,是不是也该使出这一招呢?

第二天,徐老师在教室后面多摆上一套课桌椅,只要他没课,他就携带着作业本坐在教室后面,心想:"我就陪着你们这些公子哥儿们上课,看你们还敢不敢闹?"

三天后,教务主任转达了任课老师对他的抗议。徐老师喟叹:"这样也不行!那我还要不要管呢?"

【思考题】

1.班主任上课时间坐在教室内督阵,你觉得妥当吗?

2.其他任课老师的上课时间,班主任要扮演什么角色才适宜?

3.对于徐老师的困境,你有何建议?

【案例讨论与分析】

1."班主任进教室办公"的实践背景及其成效

这是一个较为典型的关于班主任职责与角色漫漶不清的学校管理案例,非常具有代表性。某市金沙实验学校早在2003年就进行了班主任进教室办公的教育改革。之所以进行这项引人注目的改革,是因为以下原因:由于学校规模的急剧扩大,大批年青教师的引入,使学校在教育教学质量进一步提高方面步履维艰。①因为班级总量的增加,给学校管理带来了一定的难度,同时班级个体人数的膨胀,也给班级教育管理造成压力;②因为大量缺乏实践经验的年轻教师充实到教育教学第一线,影响着课堂教学效益的总体提高;③因为部分任课老师不能有效地控制住课堂纪律,直接影响课堂教育教学质量;④农村学生纪律意识差,行为习惯比较自由散漫,自我约束能力弱。这些问题严重阻碍和制约着学校的发展。为了克服教师个体能力存在差异的状况,发挥班主任的权威优势,让他们将办公桌搬进教室办公,加强师资队伍的整体建设,让课堂发生一场静悄悄的变革,从而较好地解决上述问题。据悉,经过一个学期的实践,该校"班主任进教室办公"的举措获得了良好的效果。其成效主要表现在以下几个方面:

(1)"班主任进教室办公"让班主任能全方位地关心学生,拉近了和学生的距离,能及时规范学生的不良行为。为此学生的精神面貌大有改观,学风浓厚了,自觉性增强了。

(2)增进了师生之间的情感交流。因为与学生接触的机会多了,能及时掌握学生的各种动态,班主任可以随时了解学生的思想和学习情况,可以更加亲近学生,与他们进行沟通交流,有利于师生之间情感的和谐发展,及时消除学生焦虑、浮躁等情绪。

(3)解决了学生思想深处的一些问题。由于和学生朝夕相处,所以班主任可随时发现并解决学生遇到的各种问题,甚至有些是平时很难发现也不可能发现的问题;能及时体察学生的思想、情感、需求,捕捉学生的思想信息,把握他们真实的态度,这样班主任工作显得有的放矢。

(4)能及时协调教师间的关系,平衡各学科的作业量,从而有效地减轻学生的课业负担。

(5)能随堂听课,既有利于班主任扩充自己教育教学方面的知识储量、拓展自身的知识领域,又有利于任课老师的课前准备、教育指导、教法研究,增进教师的工作责任心。

(6)协助任课老师维护正常的教学秩序。班主任的现场存在,无形中缓解了一部分教师在课堂纪律管理上的压力。当课堂上出现部分学生厌学、放任自流、纪律松弛、行为散漫时,班主任能通过自己的权威,积极有效地抑制部分学生不良习气在课堂上的蔓延,为任课老师贯彻教育教学任务保驾护航。

(7)有利于班主任树立工作责任心,研究科学的管理方法。

(8)加强了班主任的自律行为。作为班主任,坐在教室里,一定要给学生做出榜样,上课期间不能看杂志、报纸,不打盹,不随意走动,一门心思备课、改作业、研究教案等。这种敬业精神,改变着整个教师队伍的面貌。

(9)有利于师资队伍的建设。大家经常有机会在一起,业务上能取他人之长,补己之短;思想上能取别人之精华,补自己之不足,形成共同提高的良性发展。

(10)有利于课堂教育教学质量的提高。原先部分行为偏差生,不敢再肆意扰乱课堂纪律;想认真听课的学生,有了良好的学习环境。不少学生感慨地说,以前我们在课堂上,由于受纪律的影响,无法很好地接受教师的知识传授,现在能安心学习了。课堂纪律明显好转,班级的各科学习成绩也有较大的提高。

……

2."全能管家":班主任角色扮演之误

那么,"班主任进课堂办公"这一举措究竟会对教育教学产生何种影响,它能否作为一种成功的管理策略而被推广和效仿?针对以上问题,笔者组织杭州市第49期中学校长培训班全体学员展开了热烈的讨论。总的来说,我们普遍认为让班主任进教室的实质并非"办公"而是"督阵"。对班主任来说,是典型的"在错误的场合进行着错误的角色扮演",其成效不容乐观。

在讨论中,大家对这一做法的质疑主要有以下几方面:(1)班主任进教室固然可以利用自己的威信和权力帮助教师控制课堂,但也暴露了对任课老师课堂管理能力事实上的轻视和否定,很有可能使任课老师产生顾虑和心理上的压力,对班主任有抵触情绪,甚至会和班主任产生较为严重的冲突,恶化同事关系。(2)班主任坐在教室中,容易使任课老师和学生双方感到拘谨,课堂气氛可能会比较沉闷、压抑,学生积极参与性得不到最大限度的表现,影响课堂教学效果。(3)加剧班主任工作负担。由于长时间在班级工作,班主任身心比较疲惫,给教师的工作和休息带来一定的影响。(4)班主任自身工作受到严重影响。目前中小学里的专任班主任教师是很少见的,班主任一般都由重要学科(如语文、数学等)教师兼任,这些班主任自身的教学和备课任务就非常繁重,再让这些本已疲于应付的班主任"进教室督阵",进一步加剧了工作之间的矛盾冲突。(5)班主任的监督,体现了对学生纪律的外在控制,不利于培养学生的自觉性和课堂行为规范意识。(6)即便有效,见效恐怕也不能持久。

"班主任进教室办公"之所以容易出现上述问题,跟人们对班主任角色及其职责的认识模糊有关。从班主任岗位的设置目的看,班主任应扮演好以下角色:一是学生班级的领导者角色。班主任是班级的组织者和领导者,班主任应负责管理整个班级,选择和培养班干部,建立和谐、健康的班集体。二是学校教育和教学的助手和中坚角色。如果把学校工作比作水库,班主任就是水库的闸门,学校的计划,职能部门的部署,都要通过这道闸门源源不断地流向每个班级和学生。三是协调者角色。班主任要协调好班级各任课老师之间、班级学生和任课老师之间、班级和班级之间、班级内部同学之间的多种关系,化解种种矛盾冲突,发挥教育合力。四是学校、家庭、社会的联络员和指导员角色。班主任要做好宣传、协调和指导工作,使三者的教育影响趋于一致。

笔者认为,"班主任进教室督阵"这一尴尬现象的出现,其根源主要在于学校对班主任错误的角色定位。在讨论中,大家一致认为,在我国的中小学,学校要求班主任一直扮演着"全能管家"的角色,即学校凡是跟学生和班级管理的一切事务,都由班主任一人贯彻执行,并加以落实,真正是"上面万条线,下面线一根"。与班主任这种"全能管家"的角色相应而生的是当前中小学班主任职责混乱和不堪重负。在错误的角色扮演下,班主任成了"夹心饼",他(她)们要满足来自学校方方面面的要求,承担来自四面八方的压力甚至指责。在这种情形下,出现案例中教师上课不能控制课堂反而理直气壮地责怪班主任,班主任委曲求全把办公桌搬进教室坐在班上"督阵"的教学"奇景"似乎也就顺理成章了。

3. 课堂管理:任课老师不可推卸的应尽职责

诚然,班主任作为学校教育教学的助手和班级管理的领导者,对本班的各科教学有协助和配合之责,但这并不意味着任课老师就可以让班主任包揽班级特别是课堂的一切问题。仅从教学的角度看,笔者认为,课堂管理就是任课老师不可推卸的分内事,与班主任相比,任课老师对于课堂管理应发挥更大的作用,担负更多的职责。有过中小学教学经验的老师都知道,一个轻视课堂管理、课堂管理意识淡薄、课堂管理能力低下的教师是很难上好一堂课的。大量的实践表明,课堂管理是构成教学活动的不可忽视的重要动力因素,是课堂系统的一个生长器官。在课堂教学活动中,课堂管理不仅是影响课堂活动顺利进行的重要因素,而且是一种能够塑造和强化学生行为的重要力量,对于教学活动的顺利进行,对于学生的健康成长和全面发展具有极其重要的影响。赫尔巴特甚至这样说:"如果不坚强而温和地抓住管理的缰绳,任何教学都是不可能的。"从这个意义上说,案例中的王老师把自己课堂上的秩序混乱归罪于班主任,而没有从自身方面找原因,没能对自己的课堂教学问题从以下方面进行有效的反思,比如:为什么别的老师课堂上没有这种情况呢？是不是自己的教学上存在问题呢？同时这位老师也缺乏解决课堂问题的勇气,而一味打算借外在力量维持自己的课堂教学,这些现象非常清楚地表明这位老师在课堂管理认识上的错误和课堂运筹控制能力上的严重欠缺。严格地说,这样的老师都不能算得上是合格的教师。在现实中,这样的老师绝非个别,实在让人忧虑。

4.加强自治、通力协作:课堂管理之惑的化解之道

从前面的分析不难看出,班主任和任课老师都有教学管理的职责和义务。班主任与任课老师之间应加强沟通、通力协作,共同解决学生学习和课堂教学的难题。就案例中"班主任进教室督阵"所引发的矛盾而言,双方都应明确各自的角色和应担负的职责,退让一步,站在对方立场,设身处地为对方着想。这样,问题就有可能会得到较好的解决。作为班主任的徐老师,应努力给任课老师和学生创设一个良好的教学环境,而不是把办公桌往教室里一搬了之。班主任应认识到,进教室督阵不是一剂良方,这一举动表明自己缺乏对班级有效的内部管理与监控,班级缺乏自律和自治能力,单纯依赖外在的监督和高压来维持班级的教学秩序。

就班主任而言,要做好两方面工作:第一,扮演"隐身人"的角色,加强班级的自治自律。一方面,要通过平时与学生的交流,注重德育的内化,发挥道德舆论的力量,形成积极上进的良好班风,力争让学生在课堂上都能认真听课,自觉遵守课堂纪律;另一方面,要运用集体智慧,群策群力,构建人性、科学的班级管理和课堂管理制度,并努力加以贯彻落实,让制度管人,杜绝人治。第二,班主任应该与任课老师多沟通交流,对于任课老师反映的班级情况应该深入了解原因,加以分析。属于任课老师方面的问题,如果自己不便说,可以委托第三者(如同事、教务处老师等)婉转地对他建议,这样有利于教师及时发现自己的不足,更好地改进教育教学工作。同时,班主任应真诚地帮助任课老师在学生中树立威信。如在班级里介绍每位任课老师的特长、教学经验和成果等,这样不仅可以使学生更加喜欢和尊重任课

老师,而且也为学生树立了身边的榜样。这样做对形成良好的学风和班风具有很大的促进作用。班主任要充分认识任课老师对班级工作的知情权和参与权。班主任要经常主动地向任课老师介绍班级和学生的情况,如学生的变动、班干部的任免、学生的奖惩等。要经常向任课老师了解学生在课堂上的表现,了解他们的思想品德和学习情况;要及时反映学生对课堂教学的意见和要求。要定期与任课老师共同商讨教育学生的方法和措施;同时还要积极争取任课老师参与班级活动,如主题班会、家长会和各项课外活动,以密切师生联系,增强师生感情。要积极与任课老师统一思想认识,统一教学要求,争取任课老师为班级工作。

就任课老师来说,要做好两方面工作:第一,加强与班主任的交流,主动地向班主任了解班级情况,完善自己的课堂教学设计;要认真分析学生在教学过程中出现的问题,与班主任及时沟通,并主动提出自己的想法和建议。第二,要端正课堂管理的认识,努力提高自身的教学能力,改善教学效果;要加强反思意识,对自己在教学中的病症进行深入的反思,并努力加以改进。

二、今天该如何家访

【案例 10-2】

"电子家访"与"上门家访"孰优孰劣

某市教育局下发了红头文件《中小学教育工作者家访暂行规定》,把家访活动重新推到教育工作的前沿,在社会上引起强烈反响,上海闸北区 123 所学校联合举办"万名教师进万家"活动,号召班主任和任课老师到学生家里实地考察学生的生活环境。几乎同时,上海、南京、广州、合肥等市的一些学校流行起"电子家访"来,老师向家长公布老师的电子邮箱或是 QQ 号码,方便家长与老师在网上沟通,南京更是开通教育网络"线通",全力打造家校互动平台。据说,这种颇富现代特色的沟通方式很受年轻家长的欢迎,大有取代上门家访的趋势。那么,上门家访这一传统的方式是否该退出历史舞台了呢?21 世纪的家访对教师和家长提出了什么新的要求?在推进素质教育改革的今天,家访又起到什么样的作用呢?我们特地约请了部分人员对这一问题发表了自己的看法。

◆某中学老师:现在,老师上门家访是件出力不讨好的事。中考前,为了缓解学生压力,也为了联合家长共同给考生创造一个和谐的备考环境,学校要求各班班主任到每个学生家里家访一次,也算是对三年中学生活的总结。那一段时间真的很辛苦,下班后要跑三四家,在每家待上一小时左右,每天都半夜才回来。表面上,家长们都热情接待,但我看得出他们内心并不十分欢迎。周云蕾家刚刚装修过,父母都是很讲究的知识分子:木地板,进门要先换鞋;新沙发,扶手上铺着洁白的垫布……让我很不自在。刘晓蕾是班里的学习尖子,看得出她父母对家庭教育很自信,认为女儿考高中是自己的事,学校只是竞争的场所。而且,我还看得出,主人平时工作压力很大,又特别强调个人隐私,业余时间不大喜欢被打扰。我觉得自己成了不速之客。这样的家访让人感觉很不好。遇到这种情形,老师对家访也就望而却步了。我还遇到过更令人尴尬的事:个别老师没有师德,收受家长礼物,搞得老师去家访都有了嫌疑,好像是变相收礼似的。从家长方面讲,送礼也不好,不送礼又怕落于人后,左右为难。其实,老师也怕家长误以为家访是上门索礼,被人看扁的感觉并不舒服。所以,现在老师对家访普遍感觉进退两难。我以为,上门家访的方式已经过时了,有什么急事需要联系,打个电话也能解决问题,再说还有每学期一次的家长会,老师和家长一样可以当面交流。

◆某小学老师:家访的目的是得到家长的配合,是学校教育的延伸和补充,也是老师、家长感情沟通的一个重要途径。但是,我不明白为什么很多家长都把家访等同于告状。我到很多学生家里家访过,一半以上的家长第一句话就是:"孩子最近没给您添麻烦吧?"或者干脆说:"我的孩子调皮,犯了错您该打就打,该骂就骂。"弄得我啼笑皆非。遇到这样的事多了,我就想:家长是不是不欢迎老师家访啊?学生对老师家访的态度也泾渭分明:成绩好的学生热情欢迎,期待老师到家中去表扬自己,好得到父母的表扬和奖励,成绩差一些的学生则忧心忡忡,神情紧张,生怕老师到家里告状,甚至担心遭受皮肉之苦。我曾遇到这样一件事:潘泽康是我班上的学生,平时调皮捣蛋,上课不专心听讲,挨的批评就多一些。有一回例行家访,我表扬了潘泽康最近一段时间取得的进步,感谢家长的配合。潘泽康的父母专注地听着,一脸迷惑,摆出准备好等着听下文的架势。告辞时,潘泽康的父亲问:"没了?"我问什么没了。他问:"这孩子最近没惹祸?"我严肃地反问:"这孩子为什么一定要惹祸?"从他疑惑的眼神里,我看出了这样的潜台词:孩子没惹祸,您来干什么呢?后来我从潘泽康嘴里了解到,那天我走后,父母审他审到了夜里10点多,问他是不是犯了很大的错,让老师都不便开口。最让我伤心的是,潘泽康可怜巴巴地对我说:"老师,以后您别去我家了,就是表扬我也别去。"

◆某中学老师:用网络、手机或电话与学生家长联系,在我们这里根本行不通,因为学生家里没有这些现代化设备。上门家访,在我们这样的贫困地区不是可有可无的,而是被赋予了很重要的意义,因为如果没有家访,整个教学活动都要受到很大影响。我差不多每周都要去家访。首要任务是保证生源,说服家长让孩子继续上学。第二项任务是收缴学费,这让我和家长都很尴尬,好像我们是来"收租子"的。学生家里都很穷,孩子常常为交不起学费而辍学,因此,收学费是相当敏感的工作。每当这个时候,我都明显感到自己很受尊重,但不受欢迎,而我能做的,是尽量不当着学生的面收学费,贫困人家的孩子,自尊心都特别强。第三项任务是给学生补课,不按时到校上课的学生太多了。

◆学生家长朱女士:电子家访跟上门家访比,效果差远了。当面沟通交流,老师和家长更容易达成共识。老师来家访,家长首先感觉到的是老师的敬业精神,因为他们耽误了自己的休息时间,还要自己贴车费。就凭这一点,绝大部分家长对老师是充满感激的。这也是家庭、学校联系的温情纽带。教育方法的细节,孩子在校在家的表现,不是电话里能说得清的。当面能谈得更充分,还能互相启发,取长补短。毕竟有些事情,尤其是女孩子青春期的情绪异常、生理变化,电话里更不好谈。因此,我赞成上门式家访。电话联系当然也欢迎,但那是应急方式。

◆学生家长张先生:我的工作很忙,平时在家的时间不多,即使回到家,也想一个人静一静,不想再被打扰。我儿子的成绩不是很好,老师如果找上门,多半没什么好事。我感谢老师的敬业精神,同时也在内心祈祷:老师千万不要来我家!不是反感老师来做客,而是老师不来,说明我儿子这一段时间没有出现"情况",我也就放心了。不是我不关心孩子,我经常主动与班主任电话沟通,打探孩子的在校表现,汇报孩子的在家情况。时代进步了,传统的家访方式也要与时俱进嘛,要是现在还使用烽火台传递紧急军情,岂不是让人笑掉大牙。

◆学生家长吴女士:我家是租赁的房子,在市场附近的偏僻小巷。如果老师来家访,会很不好找,就算找到了,家里连个坐的地方都没有,不知老师会不会笑话我们。大人失了脸面也就算了,我怕家里的寒酸给孩子造成更深的自卑感。还好,老师还从来没有家访过。

【资料链接1】

南宁:市教育局出台《中小学教育工作者家访暂行规定》

这份红头文件对教师家访活动做出了12条具体规定,其中包括:班主任每学年要对三分之一以上的学生进行家访,三年内对全班学生普访一遍,对有经济困难学生的家庭要常访、多访;任课老师每学年要对所教的15名以上的学生进行家访、教育工作者可以运用现代化的通信工具,加强与家长的沟通与联络,但不能随意采用电话通知、带字条或口信等形式,请家长到校或到自己家里反映学生的情况和指责学生或家长。

【资料链接2】

武汉:兴起网上家访热

湖北武汉市的一些中小学近期启动了"网上家访行动"计划,规定老师必须每天收看邮件,每周给每个家长发邮件,对家长的每一封邮件都要及时回复。此外,学校还针对青春期学生疑惑多、心理压力大等特点,要求老师将自己的 QQ 号告诉学生,允许学生在网上隐藏身份与老师聊天,老师则以一个朋友的身份了解学生的思想,倾听他们的心里话,帮他们解决问题。

【资料链接3】

柳州:市二十六中家访制度

(1)一学年内班主任必须遍访学生家一次,一学期内至少家访一半以上学生(初一新生入学一学期必须遍访)。

(2)学生因病、事假或有突出成绩,或发生问题,应及时家访。

(3)家访由班主任和任课教师进行,学校领导密切配合。

(4)家访前,要做好充分准备,明确谈话中心,考虑恰当的谈话内容,并做好家访记录。

(5)家访时,谈话的态度要诚恳、耐心,形成和谐融洽的气氛,要使家长感到教师对学生的爱护和关怀。

(6)家访时要注意其家庭环境、家长心情、学生在场与否,酌情采取恰当的谈话方式。

(7)每班学生都应配备家校联系本,班主任每周五填写学生在校情况反馈给家长,周一查阅家长意见。

(8)班主任和家长应互相留下联系电话,及时通报双方情况,班主任应主动电话家访。

(9)班主任每月底前将当月家访次数上报政教处,以便考核。

【思考题】

1.你是如何看待南宁、柳州关于家访制度的相关规定的? 为什么?

2.家访的真正功能是什么? 上门家访与电子家访孰优孰劣? 你如何看待上门家访的实际效果?

3.从学校管理的角度看,家访的功能是什么? 家访制度的制定及其实施应充分考虑到哪些因素的制约? 应如何提高家访的质量,发挥家访的作用?

【案例讨论与分析】

家访,特别是上门家访,一直是中小学进行家校沟通的最重要渠道,是联系老师和家长的温情纽带,更是教育工作者的优良传统。然而,最近某教育杂志的调查统计显示:欢迎老师上门家访的家长占 46.8%,不太欢迎的占 41.5%,不受欢迎的占 11.7%；赞同上门家访的教师占 43.4%，不大赞同的占 20.7%，反对的占 35.9%；希望老师上门家访的学生占 27.9%，反对的占 72.1%（其中初中生占 81.2%）；在 1319 份有效问卷中，赞同电子家访取代上门家访的占 39.6%，赞同两者同时存在的占 31.3%，反对电子家访的占 29.1%。这一数据表明，上门家访这一传统的方式在今天明显遭遇尴尬，我们应重新打量和反思家访的实效性。

传统的家访方式——上门家访遭遇尴尬的原因有很多，比如：城市中家长平时的工作压力很大，不希望在休息时间被打扰；隐私权意识增强，不愿意被老师了解到家庭中负面的信息；农村家庭家长普遍外出打工，家里常唱"空城计"；家访功能异化，家访是为了完成任务或提高学校满意率；家访目的错误，把家访变为告状；等等。笔者认为，上述众多原因并不意味着上门家访这一传统家校沟通方式已失去存在的意义，它必然会被电子家访完全替代。与 QQ、BBS、手机短信这些高科技信息交流手段相比，上门家访有着独特的优势，比如，通过面对面的沟通交流，教师和家长能够在随和、宽松的气氛中进行感情的交流，深入地讨论教育方法的细节、孩子的表现，获得巨大的信息量；上门家访既体现了老师对学生以及家长的尊重和关怀，从而促进学生的成长，又可以使老师了解不同家庭，增长人生阅历，锻炼交际能力和沟通能力。从这个意义上说，上门家访具有不可替代性。

今天我们应如何家访？笔者认为，家访应拒绝形式，注重实效。教育行政部门和学校不宜硬性对教师家访的次数和形式进行规定，更不宜以上门家访的次数来作为教师考核的条例，否则就会出现"走过场"式的家访。家访要因人因事制宜。不是所有的事情都需要面谈，像简单的信息交流就可以通过其他形式进行沟通，如采用告家长书、家校联系手册、电话等。有条件的地区或学校也可采用电子邮件或 BBS 等方式。如杭州公益中学的潘志平校长就经常采取给家长写亲笔书信的方式来进行家校沟通，取得了很好的效果。

电子家访并不能完全替代教师与家长面对面的交流，北京市教委德育处王蕊副处长认为，电子家访只是跟家长联络方式又增加的一种途径，不能取代登门的方式，尽管现在老师和家长联系的方式比较多样化，但只有教师到学生家里做客、聊天，这样才能更好地拉近老师和学生以及家长之间的距离，增强沟通效果。尤其是有些"特殊学生"，老师不通过家访了解学生的基本情况，打开学生的"心结"，就不能很好地与学生实现交流和沟通。北京市西城区教委仍要求各校班主任每年至少要对每一位同学家访一次。要求凡是在一年级新生班级任教的老师必须100%进行上门家访，另外要求班主任新接的班，也必须在一个学期内进行上门家访。

可以预计，上门家访将仍然是中小学家访的主要形式。为避免遭遇尴尬，提高家访实效，学校和教师要注意采用良好的家访策略：家访之前，应先就是否接受家访、愿接受何种形式家访征求学生家长的意见或需求；应先设计好问题，带着问题家访,明确谈话中心;注意谈话技巧,多鼓励、多赞赏、多倾听;不要告状;到成绩较差,平时表现不太好的学生家里时,坚持学生本人在场,实行家长、老师、学生"多边会谈"式家访,大家开诚布公,有喜绝不漏报,有忧诚恳指出,当场研究改进办法;精心选择家访时机,不在吃饭时间家访,不在学生刚犯错的时候上门家访。首先,家访前要明确家访的目的,做好充分的准备工作,对被家访的学生要有很深的了解,不至于在家访的过程中手足无措,使家长产生教师对自己的孩子关心太少,家访只是形式而已的想法。另外还要有充分的思想准备,谈什么,怎样谈,如何针对心态层次不同的家长进行交谈。其次,要尊重学生。特别是那些有多种缺点且学习成绩差的学生,要从爱心出发,不要以偏概全,一好百好,一差皆差。应该从表扬其优点开始,打开家访局面,使家长体会到严是爱、松是害,不管不教要变坏;向家长汇报时要挖掘他们在学校的点滴的进步,不要当面告状,不能把家访当作告状的机会,特别是不能当着学生的面向家长数落学生,要告诉学生犯了错误并不可怕,可怕的是不改正,改正了就是好学生,使学生和家长都能增强信心。再次,家访中的语气要亲切,不要语调生硬。家访中偶尔会遇到极个别素质较低的家长,他们娇惯子女,放任自流,甚至对老师蛮不讲理。教师去家访,首先是客人的身份,不可针尖对锋芒,发生口角,使自己陷入进退两难的境地。谈话要言简意赅,话不投机就适时告辞。最后,教师是人类灵魂的工程师,处处为人师表,家访过程中,老师的衣着、言谈举止都要体现一个老师的身份。有的家长出于感激之情,送些礼物给去家访的教师,对此要婉言谢绝,不要接受家长馈赠的任何礼物;家访时选择恰当的时间,切不可在吃饭时间上门,并且不要在学生家中用餐。

家访,不仅仅是走进家庭,更重要的是走进心灵。

第十一章 教科研管理案例讨论与分析

一、别让教科研成为"塑料花"

【案例 11-1】

这笔奖金该不该发

C 中学是一所农村中学,教师工作勤奋、踏实,教学成绩在同类学校中一直名列前茅。但教师的教科研意识不强,学校的教科研气氛不浓,为了促进学校的教科研工作,进一步提高教育质量,学校制定了《教育教学及科研成果奖励条例》,对发表、获奖的论文进行奖励。

奖励条例制定后不久,C 中学数学组的郑老师在一本中学数学教学杂志上发表了一篇论文,题目是《高二数学分层教学的实验报告》,不久,这篇论文又在省教育学会数学教学分会的教学论文评比中获得了二等奖。根据学校制定的《教育教学及科研成果奖励条例》,郑老师可得奖金 800 元。有教师向学校反映:郑老师的论文名为实验报告,其实根本没有进行过实验;另外,论文中用以表示成绩的数据与事实不符;对这种弄虚作假的论文,不应该发给奖金。

为此学校召开了行政人员和教研组长联席会议,讨论这个问题。会议上出现了两种不同的意见:第一种意见认为,教学是实实在在的,来不得半点虚假,教科研是为促进教学服务的,教学论文应该是自己教学经验的总结,是自己对教学中出现的问题进行独立思考的结果,郑老师的论文弄虚作假,不仅不能发给奖金,还应该给予批评。第二种意见认为,弄虚作假是不对,但郑老师的论文能够发表并且还得了比较高层次的奖励,有利于提高学校的知名度,在当前学校教科研刚刚起步的阶段,起到了带头作用;学校的奖励条例并没有对论文的内容做出规定,应该根据奖励条例给予奖励。面对两种截然不同的意见,会议决定在全体教师中开展一次"教科研目的究竟何在"的讨论。

【思考题】

1. 你认为这笔奖金该不该发？为什么？
2. 中小学教科研的真正目的是什么？

【案例讨论与分析】

1. 在中小学大力开展教育科研的意义

一所学校要实现较高的办学目标，创出学校品牌，形成鲜明而富有成效的学校特色，最根本的出路就是实施"科研兴校"战略。国内外许多名校的实践表明，中小学大力倡导教师从事教育科研，可以有效促进学校教育教学改革，提高教育质量；依靠教育科研可以培养品牌教师、名教师，造就一支风格鲜明的优秀教师群体；依靠教育科研能够丰富、完善和发展先进的教育思想和教育理论，提升学校品位，促进学校发展。具体地看，教育科研在中小学教育、教学和管理活动中具有以下作用：

(1) 教育科研具有凝聚力。学校的教育科研课题基本上是学校改革和发展的重要问题，或是学校发展的目标和规划，或是学校管理的机制和手段，或是教育教学改革实践中的热点和难点。这些问题往往关系到学校的发展，牵动着每一个教师的心，影响着每一个教师的教育教学实践。教育科研成为每一个教师的责任，而不再是学校中少数人的专利。教育科研好比是磁石和黏合剂，把学校领导和教师凝聚起来，把各学科各部门的教师团结起来，把学校和家庭、社会力量结合起来，表现出强大的凝聚力。

(2) 教育科研具有开发力。每个教师都有潜在的创造力和智慧。在科研的过程中唤醒和开发教师的创造潜能。通过科研，教师对现象分析会更深刻，对规律把握会更自觉，实践会更理性。

(3) 教育科研具有提升力。在现实中我们常常会发现，虽然学校的教师和生源并没有发生太大的变化，但在教育科研的带动下，学校的教育教学质量以及教师的教育、教学水平却有了很大的提高。这是因为教育科研有一种提升的力量，它能帮助教师确立正确的先进的教育观、教师观、学生观，使教师的认识和实践产生质的飞跃，上升到一个新的境界。

2. 中小学教育科研的目的

与教育理论工作者的验证理论假设或构建教育理论体系研究目的不同，中小学教育科研的立足点在于解决教育实践中出现的各种问题，这类研究直接指向教育实际，具有很强的"实用"旨趣，即为了学校教育，也就是说为了改进学校的教育实践、提高学校的教育质量。对于中小学的教育科研目的的正确认识，关键是看其是否体现了"教育科研"的内在追求，即是否把研究作为一种发现问题、分析问题、解决问题的过程，这里的科学精神在于尊重事实，实事求是，而不是追求多发表几篇文章或出版著作。英国学者唐尼和凯利合著的《教育的理论与实践——引论》一书中明确提到,教育理论必须以教育实践提出的问题为出发点,并以其作为理论的最终目标。"它必须牢牢地植根于学校和课堂,必须和教师的各个方面有直接的、切实的联系。""如做不到这点,作为一种实践活动的教育研究从总体上说就不可能是名副其实的教育研究。"实践证明,在科学的理论和方法的指导下进行教学研究与改革,是帮助广大教师积极投身于教育教学改革第一线、主动参与教育科学研究、不断提高教学水平的一个重要途径,是全面提高教育质量的强大推动力。例如,上海青浦区"大面积提高数学教学质量的改革实验"、中央教科所的"小学自然课程改革实验"和黑龙江教育学院的"注音识字,提前读写"实验等,对于提高中小学的学科教学质量和水平起到了重要的促进作用。

3.常见的中小学教育科研若干误区

(1)功能异化。过分追求教育科研的外在价值和即时的、显性的、表面的功效,忽视教育科研的内在本质价值和长期功效,使教育科研功能走向异化。他们把教育科研作为学校集体或教师个人获取某方面实际利益的手段和途径,学校为了扬名、评估、验收、追求某项"桂冠"而开展课题研究;教师为了评职称而写论文。当某种目的一达到,教育科研的劲头也随之消失。

(2)形式化。只注重和追求中小学教育科研的表面形式,不注重中小学教育科研的过程管理,不在中小学教育科研的内涵建设上下功夫,一味追求课题立项的级别和数量,不注重课题设计的质量,课题研究无实施计划,无操作过程,无检查评估,无阶段小结,最后拼凑一个研究报告,无实质性的研究成果。

(3)运动化。中小学教育科研是引导中小学教师长期探索中小学教育规律的过程,但是有的学校教师不注重平时的研究,而只是把教育科研作为一种突击性的运动,他们对教育科研说起来重要,做起来次要,忙起来不要,平时还是围绕升学指挥棒转,把教育科研究全抛在脑后;根据需要,也会突击搞一两个有声势的教科活动,但"一阵风"过去,又恢复平静。他们对教育科研采用这种运动式的工作方法。

(4)标签化。为了引导广大中小学教师参与教育科研,我们必须采用低坡度的教育科研策略,引导教师从学习开始,借鉴模仿他人的先进经验,然后进入课题研究的角色。有的学校在教育科研中不从教师实际水平出发,引进高规格课题,为学校教育科研贴上高级标签。

(5)统一化。分层要求,分类指导也是引导中小学教师参与教育科研的重要策略。中小学校开展教育科研不能搞统一化,各校必须根据教师的实际水平和研究能力,提出各类要求,使其有针对性地开展研究,促进各层次教师向自己的"最近发展区"发展。一所学校既要有有组织、有计划的集体性研究课题,而且还要有自发的、多层次、全方位的个体性研究课题,形成学校课题研究网络。而搞教育科研统一化的学校,不分青红皂白,对教师统一要求,搞一刀切,不分层次,进行一种考核评估。

(6)空泛化。中小学教育科研是以研究中小学教育现象和规律为对象的。空泛化倾向是指教育科研严重脱离了中小学教育改革的实践。对学校来说,课堂教学实践是最主要的实践,课堂教学既是教育教学诸多热点与难点的汇集场所,又是教育教学诸多思想、观点、经验与成果的相互碰撞、相互促进而萌生、孕育、展现先进教育理念和教改实验方案及实施的研究基地,我们只有引导教师开展课堂教学研究,坚持科研兴课,才能克服中小学教育科研的空泛化倾向,使中小学教育科研展现新的活力。

(7)泡沫化。坚持实事求是是中小学教育科研的重要原则,而虚假化倾向严重违背了中小学教育科研这一原则,在教育科研过程和成果中弄虚作假,使教育科研成了一种泡沫,也有人称之为"塑料花"。主要表现有:不注重实际操作,不深入调查研究和经验总结,在低层次上,不断重复研究,在成果上不断充加水分;有的甚至编造数据,美其名曰为"统计分";研究仅是在"概念"中打阵地战,从头到尾将"概念"分割,完成引入、注释、复述的"三部曲",在书斋里玩某些名词,或专门套用古今中外先哲的话语"指点江山",骗人骗己。针对中小学教育科研的上述误区,必须引起高度重视,认真加以克服。只有这样,才能推进中小学教育科研的深入发展。

4.中小学教科研必须加强过程管理

为提高中小学教育科研的质量,切实发挥科研兴校之功用,中小学开展教育科研活动必须加强制度建设和过程管理。在过程管理中要着重抓好以下环节:

(1)精心选择研究课题。这一环节要坚持:①实事求是,一切从实际出发,要从学校的工作实践中寻找课题,要从本校教职工的实际水平出发,进行多层次的研究。②理论与实际结合。应以教育实际问题的研究为主,注重实践和应用,使科学研究真正解决教育、教学中的实际问题。③科研与工作结合。以教育、教学工作带动科研工作,以科研工作促教育、促教学,为提高教育质量服务。

(2)课题申报要规范。坚持申报程序的规范,听取多方意见,臻之完善。

(3)实行课题中期检查和小结制度。实践证明,中期检查有利于研究按计划进行,并有利于及时调整,保证任务的完成。

(4)严把课题结题鉴定关。结题不是走过场,鉴定也不是一味地说好话,结题鉴定的规范在于追求实事求是的评价和明确今后的努力方向。重视形成性检查和阶段性成果提炼。

(5)加强科研规范制度建设,为教科研提供条件。学校应开设专项科研经费,并切实保障资金的到位,使各课题研究得以顺利实施。同时对于课题研究必需的硬件设备,尽可能地提供保障。学校引入竞争激励机制,制定科研成果的奖励办法,根据各课题组的工作情况,给予适量的奖励。同时在学校的《科研课题管理办法》中规定对成功结题和获得各级科研成果奖的课题组给予一定的物质奖励,并在评优晋级中给以政策倾斜,以调动教师参与科研的积极性。

5.结论

对于如何处理案例中这一奖金发放问题,在笔者主持的案例讨论中,一度形成了和案例中相仿的两种极端对立的看法。

一种观点是这笔奖金绝对不能发,甚至还应该给予一定的警戒或惩罚。他们提到了两个主要的理由:一种看法是中小学教育科研应立足于教育教学实际,其根本目的是总结经验,把握规律,解决问题,提升教育教学实效;二是中小学教育科研是一项脚踏实地、实实在在的严肃工作,容不得半点虚假和水分。由案例可以得知,该校郑老师在根本没有进行过实验的情况下,虚构和杜撰了所谓的实验报告,另外还对论文中的数据进行了美化和加工。这是严重的违规行为。因此,如果对郑老师的论文进行奖励,实际上是对虚假科研的默许和纵容,可能会对其他的教师对于教育科研的目的和功用产生"榜样"和示范作用,从而使全校的教育科研工作走上歧途。

另外一种看法是对郑老师的论文不仅应该奖励,而且还要大力表彰。持这一观点的学员提出了这样三个理由:一是该论文可能会有这样或那样的一些问题,但既然已在重要期刊上发表,又在省教育学会数学教学分会的论文评比中获奖,说明该研究的确达到了一定的水平,反映了教育教学的规律性认识;二是从"科研兴校"的角度看,该论文所取得的荣誉,有利于扩大学校的影响,提高学校的知名度;三是对这所教育科研意识不强、科研氛围淡薄的学校来讲,兑现郑老师的奖励可以极大地触动和激励全体教职工,为浓厚学校科研气氛开了好头。

随着讨论的深入,学员们对案例问题的看法逐渐趋于一致。对于中小学来讲,教育科研工作不能是面子工程,仅仅是为了应付上级要求,得几个奖,发表几篇论文,出一两本专著。这种把教科研用作装点门面的装饰品的做法不可能引导教师真正花力气去学习、去研究,只能东抄西凑,写篇论文来交差。这样做完全违背了开展教科研的初衷,不可能真正发挥教科研的作用,只会把学校教科研推上绝路。

搞教科研也不能只是"把我们的教师培养成教育家"。在教科研的过程中,肯定会涌现出不少优秀者,其中的出类拔萃者会逐步成为教育家,但最终成为教育家的教师毕竟是少数。培养教育家是教科研的较高目标,但只能是次要目标。我们不能把较高目标推而广之,用于所有教师,否则,就会拔苗助长,事与愿违。教科研应该是为了把"教书匠"培养成为合格教师,进而培养成优秀教师。换句话说,也就是使教师的教育教学工作由"经验型"转向"科研型",教师角色由"教书型"转向"学者型"。当然,对特别突出的也应该采取特殊措施,使之早日成为教育家。但这只能是个别现象,不应该成为一种普遍要求,不应该成为教科研的主要目标。

学校教科研的主要目标是通过提高教师素质来提高学校的教育质量,重点是培养教师、提高教师的素质业务水平,尤其是要把占教师人数很大比例的青年教师培养成为能不断获取新知识、具有创新能力、能主动适应和服务于知识经济时代的教育者。学校教科研应该坚持全员化原则,人人参与;坚持发展性原则,着眼于学校的发展、教师队伍的发展;要处理好普及与提高的关系,评价与导向的关系,对广大教师来说,重在参与,重在过程,重在自身素质的提高,重在教学水平的提高。

至于该不该给郑老师进行奖励,除了在前面提到的各种理由以外,还涉及如何看待和执行学校规章制度的问题。在讨论的最后大部分学员都认为,既然学校的奖励条例有明确规定,那就应该根据奖励条例兑现郑老师的奖励。郑老师的奖金必须发,以确保学校规章制度的严肃性,但应立即对执行中发现的问题及时加以修改。大家一致认为,该校决定在全体教师中开展一次"教科研目的究竟何在"的讨论,是民主和明智的表现。

二、由强制走向引领:教科研管理

【案例 11-2】

论文收得上来吗?

一年一度的论文上交的时间到了,教科室负责人赵老师对今年的年度论文上交情况很重视,开学初在校行事历中安排进去,开学初也做了动员,要求教师在教学过程中关注教学问题,注意资料的累积,并重申了上交论文与教学考核挂钩,与教研组考核挂钩。赵老师平时也经常与老师们交流他们的研究方向,但总有些教师说近段时间很忙,等空一些时一定会写。在原计划的上交时间的前一周,考虑到老师们可能会忘记这份开学初安排的任务,特别在校园网上出了个通知,强调了上交论文的格式及要求,并用电话通知了每个教研组组长,要求教研组组长督促组员完成任务。到预定的时间快到时,越来越多的文章交了上来,赵老师心里还是很轻松的。赵老师对今年的论文上交情况很满意,每位教师都及时交了论文。学校对年度论文的评审有专门的机构,称为教学研究成果评审小组,对校内的成果及论文进行评审。在评审前,赵老师一般要进行初选,主要去除掉一些没有内容、应付性的文章。赵老师对所有的文章进行了浏览,在上交的论文中看到李老师的文章有些眼熟,想起来了,这篇文章与刚看到的孙老师的文章很类似,怎么回事?是不是抄袭?赵老师就将题目在网上搜索引擎中一搜索,发现在某教学网站中有一模一样的文章,除了名字外其他没有任何区别。赵老师陷入了思考,学校一年一度的论文制度从教科室成立以来就实施了,每年教师都能按时上交文章,但每年的论文质量并没有什么大的提高,并且每年总有些文章很眼熟。虽然明白有些教师认为"天下文章一大抄"的现实现状,但完全整篇复制的文章倒是第一次出现,赵老师感到有些意外。

赵老师找来了李老师,了解情况。李老师表现得很尴尬,但他马上申明了他的理由。工作很忙,上课学生又不好管,晚上很多时间都在备课,班主任工作又很杂,白天时间总是为学生管理的事花费很多的空余时间,实在是没有时间去写文章,所以在网上搜索了这篇文章,完成学校交给的任务。如果文章不交,既关系到自己的考核,又关系到教研组的考核,特别是组里其他的同事会有微词,那很不好受。并且说这种形式的东西加重了教师的工作量,并没有实效。并对赵老师说随便他如何处理,扣钱也罢,取消评优资格也行,以后也只能这样来充数。

赵老师陷入了思考,学校对教师的教学研究能力的评价重要的依据之一就是一年一篇的论文。并且教师对这种要求已成为习惯,每年都能按时上交。早些年,很多教师每年多以教学总结、教学随笔来交差。近几年,教科室提出文章要与自己工作过程中的教学问题、教学困惑、教学情景相结合,教师交上来的文章中有不少出彩之作,但部分抄袭现象也慢慢出现了,这次干脆整体抄袭。他思考着或许这种对教师的教学研究能力的评价不够合理。或者说这种方法有问题,他一直有一个想法,想取消这种一年每位教师一定要交一篇文章的制度,但又担心从此教师们不会再重视教科研,更加不关注教学研究,在教师心中教科研本来就不重视的情况下,教学研究工作的开展会变得弱化,赵老师对比很是苦恼。

经过这次事件,赵老师对全校教师做了个无记名调查,调查结果表明大部分老师不赞同每位教师一年一定要交一篇论文的政策。赵老师与主管领导谈了想法,提议是否取消每年强制性的论文上交。主管领导很支持,认为可以试试看,但要求教科室平时关注教师们的教学研究,并处理好积极进行研究并出成果老师的激励工作。于是,赵老师决定下一年度不再采用原来的交论文形式,不再统一要求,而是改为自愿上交的原则。修改了考核的办法,对每年能出研究成果的人加强了奖励与激励措施。但赵老师也不确定自己这样的做法对否,很是担心:明年论文收得上来吗?

【思考题】

1. 你认为该校明年的论文收得上来吗?为什么?
2. 案例中的这种现象说明了什么?应如何处理?

【案例讨论与分析】

在笔者组织的杭州市教育管理干部培训班的相关讨论中,几乎所有的学员一致认为这则案例非常具有代表性,它集中体现了当前许多中小学教科研管理的尴尬处境。大家认为,明年的论文肯定会有人主动上交。之所以会有部分老师上交论文,这是因为教师论文写作有以下三方面的驱动力:首先,学校里确实有一些教师对教学研究是有能力、有兴趣的。这类教师的比例多少,取决于该校的科研氛围和教师水平;其次,现行的职称评定对论文有硬杠子,这使得青年教师想借助学校"交论文"这一机制,为评职称做好准备;再次,学校的奖励制度可能会让部分"善写"的教师增加一定写论文的积极性。

虽然大家都认为可能会有部分教师上交论文,但超过八成的学员认为明年该校自愿上交论文的教师不会太多。总体而言,该校明年论文上交情况存在着较为严重的危机,不容乐观。从教师方面看"论文危机"的产生主要有以下几个原因。

1."三不一无"——"论文危机"的教师视角

第一,不屑写——在不少教科研氛围淡漠的学校里,从领导到教师普遍重教学、轻科研,对教科研存在着轻视和抵制心理,认为教科研是花架子,对自己的教育教学没有实质性的帮助,有写论文的时间还不如布置学生多做几道题,多背几遍课文或英语单词来得实在。有老师认为,会写论文的不一定能上好课,能上好课就未必一定要写论文;还有老师说,写论文就是搞"面子工程",是做给别人看的,真的要提高教学实绩,还是要看教师的教学功力。在有些学校里,少数教师即便有撰写论文的热情,也可能被多数人的冷嘲热讽所打击,从而失去写作兴趣。

第二,不愿写——教师没有教科研的主观愿望,教育研究的动机严重匮乏。对于大多数老师来说,写论文费时费力,是很艰苦的脑力劳动;再加上我国的中小学普遍缺乏相关的精神激励和物质奖励制度,或虽有奖励却极其微薄,与写论文所付出的艰辛不成比例,严重缺乏吸引力,教师写论文的意愿当然也就大打折扣了。过去老师们慑于学校硬性的规定,不得不应付论文写作的任务。一旦学校不再对论文做统一的强制性要求,他们当然也就没有必要再去做无用功。

第三,不会写——论文写作需要经过专门的训练,才能掌握其研究规范和操作程序。大多数教师平常忙于日常教学工作,没有或者很少接受过专门的研究训练,教科研能力不强,对写论文有天然的疏远或畏惧心理。很多学校却无视教师教科研能力低下的现状,只是一味地向老师下达论文写作的命令,对教师的教科研缺乏过程性指导,导致教师无从下笔。如果学校"逼得紧",有些教师只能东拼西凑、切块拼接或干脆全盘拷贝来应付差事。

第四,没时间写——当前无论是城市还是农村,中小学教师教学工作任务都是非常繁重:中学教师每周约12～16节正课,再加每周4～6节辅导课,最少的每人16节课,多的20节课;小学教师一般在20节课,多的达25节。每天还要按照规定做好备、教、改、辅、考、研等各项工作,班主任老师还要处理班级事务、管理同学和与家长沟通⋯⋯。在如此繁重的教学任务之下,教师想抽出时间搞科研、写论文实在是勉为其难。

2."论文危机"凸显学校对教科研的认识偏差

教师不愿、不会写论文,而采用抄袭、拼凑等手段敷衍了事导致"论文危机"的出现,是当前中小学普遍存在的现象,绝非案例中该校所仅有。笔者认为,"论文危机"凸显了中小学对教科研认识上的偏差。在这很多学校的教科研管理者眼里,教师搞教育科学研究的唯一表现形式就是写论文。在这种观念的指导下,学校对教师的教科研的要求就简单化为向老师们下达论文写作和上交的命令。在对教师的教育科研进行考核时,论文也就成为最为重要甚至唯一的标准。教学研究等同于写论文,这种"唯论文"的观念其实是对教科研的一知半解。从教科研的表现形式看,除了论文写作之外,还有一些与中小学一线教师实践性工作更为吻合的方式,如叙事报告、课例分析、教学反思等。一般而言,论文写作更多地偏向发现与揭示教育规律,构建和完善教育理论,促进教育科学发展;论文理论性较强,强调严格的规范、体例要求,要求运用科学严谨的概念、术语;从某种意义上说,论文的上述功能和特点和中小学一线教师有着天然的隔膜和疏离。

而中小学教师进行教育研究,其功能并非或者说主要不是发现规律和构建教育理论体系,他们更关注通过教科研完善工作和提升自我,促进教育教学的实效和自身的专业发展。强行要求中小学一线教师写论文,其实质是用教育理论专家的科研范式去要求中小学教师,结果既没有真正尊重教师的优势和现实可能性,同时也没有尊重教育实践研究的特点,使大多数教师对教育科研产生不应有的敬畏感,不敢或不愿进行教科研。在论文写作的过程中,中小学教师常常会产生"失语"的痛苦。他们发现,"唯论文"的教科研需要的是科学、严谨、规范的学术性语言,自己所熟悉的思维和表达方式在写论文时已经变得不再适用。

案例分析、教学反思札记、教育叙事等研究方式和中小学一线教师日常工作、经验背景紧密联系,教师在研究中能够很容易进入角色、找到感觉,能够自然地运用自己所熟悉的思维和表达方式自如地表达和交流。这些研究方式扎根于教师的教学实践,其研究结果又能直接、迅速地改进自身的教学,因而比单纯的论文写作更受到广大教师的欢迎和热爱。从这个意义上说,写论文并非是中小学教师唯一的,甚至也可能不是最为恰当的教科研方式,"唯论文"的教科研观念必须改变。

3.引领与服务:"论文危机"的化解之道

现代管理强调,管理从本质上说是一种服务。与传统管理相比,现代管理要实现以下几个方面的转变:在管理重点上,从重视生产任务的完成转移到为职工创造适宜的工作环境,使之能充分发挥自己的潜能;在管理职能上,要改指挥者为引导者、服务者,创造适宜的条件,减少和消除职工自我实现过程中所遇到的障碍;在管理制度上,要变强制性、惩罚性制度为奖励性和参与性制度。教科研管理也应符合现代管理的上述发展趋势。笔者认为,教科研管理者要在现代管理理念的指导下,认真总结教科研管理的经验教训,制定或调整相应的政策条例,变居高临下的发号施令为切实给教师的教科研提供引领与服务,这是当前中小学"论文危机"的化解之道。

(1)制定相关的激励政策,对有科研热情和科研成果显著的教师进行奖励,使教师"想写"。

必须看到,教科研要耗费教师大量的时间和心血,也不可避免地会遇到困难和挫折。这就要求学校要高度重视激励的作用,以保持教师旺盛的科研热情和主动探索的积极性。学校应出台相应的激励政策,对于教师完成的优秀科研项目、成果或总结报告、论文,按规章表彰和奖励,并在评先、评优时予以优先考虑,从而更好地激发教师参与教育科研的积极性。

(2)加强"科研促教学"的宣传,提升科研意识在教师心目中的地位,增强教科研实效,让教师尝到甜头,使教师"乐"写。

苏霍姆林斯基说,"如果校长想让教师的劳动能够给老师一种快乐,那就应当引导每一位教师走上从事一些研究这条幸福大道上来"。学校可以采用让有一定教科研成果、品尝过教科研甜头的教师现身说法,向教师传达这样的观念:教科研是广大教师专业化发展的核心,参加教育科研不仅让教师有更多的发表、获奖、肯定和晋级的机会,更能有效更新自身教育观念,提升教学能力,获得成功体验,从而从"成事"中"成人",使自己获得巨大的发展。

(3)因人而异、分层要求,使教师"敢写"。

学校可以按照教师的岗位和职称序列确定教师教科研成果的形式与层级。比如:高级教师每年必须完成一篇在区级以上发表、获奖或交流的论文,并指导相关学科初级教师的教学研究活动,体现出高级教师的带头示范作用;中级以上教师完成校级以上论文或案例研究一篇;初级教师完成教学反思札记或课堂片段分析若干。因人而异、分层要求体现了教科研管理的公平性,使学校中初级、中级教师感觉到信心,从而敢于尝试教学研究;对高级教师则表现为适度的压力,在一定程度上可以消除高级教师固有的职称倦怠。

(4)加强对教师教科研过程中的帮助和服务,使教师"会写"。

由于理论素养的欠缺、视野的局限和研究资源的匮乏,很多中小学教师在从事教科研时常有不知如何下手的困难。调查表明,除高中外,中小学教师都将"缺乏指导"排在第一位,不少教师明确表示"希望在专家的引领下,搞有针对性的研究"。在一些农村学校和薄弱学校,教研条件很差,没有可供教师参考学习提高的教研理论书籍,学校教育类报刊很少,学校也很少组织教研活动。由此可见,中小学教科研管理不能只是简单发号施令,而应切实加强对教师的服务观念,为教师的教学研究提供实质性的支持与帮助,发挥教科研管理对教科研的引领作用。比如:鼓励教师参加各种培训进修,拓宽视野;安排教师考察学习,参加、观摩各级教学技能及优质课、大赛课等活动;邀请专家开设教科研的专题讲座;增加图书资料经费投入,为教师提供相对充裕的报纸、杂志和专业书籍等。学校的教科室主任要多深入教师中进行具体细致的指导,让教师掌握教育科研的方法,特别是教育课题研究,在选题、论证、立项、研究过程、研究阶段成果、结题等一系列环节上给予指导,实实在在提升教师教科研能力。

第十二章 学校人际沟通案例讨论与分析

一、副校长的角色定位与沟通艺术

【案例 12-1】

尴尬的副校长

H 站在校长办公室门口,犹豫着要不要进去。

他是 Z 中学副校长,主管学校德育工作已经有十来年了。校长 A 新调来不到一个学期,两个月前,为了调动班主任的工作积极性,提议在校内试行"首席班主任制度"。经校行政会研究,一致同意校长的设想。H 打心眼里支持这个提议,很愿意和校长好好商讨,使设想进一步完善起来。没想到,校长没有找他,而是通知政教主任,要他提供一份参加筹备会议的人员名单,并起草制度草案。政教主任拟出名单和草案以后,前去征求主管副校长的意见。他对 H 说:"这是校长要求我提供的,您看行不行?"H 听后心想:校长为什么不先找我商量一下思路呢?同时,H 接过了名单和草案,认真提了些修改意见。第二天,主任将修改稿直接交给了校长。

可是以后类似的事常有发生。一次,校长想了解学校环保教育的情况,请政教主任向他汇报。政教主任先写了一份情况汇报,依然去找 H 提意见,照样说是校长要求做的。H 照样做了些修改、补充,由政教主任定稿后再交给校长。

这一回,H 心里的疑问有增无减。这天他鼓足勇气,终于推开了校长办公室的门,直接与校长交换了意见。下面是他们的对话。

副校长:"咱们学校领导之间的关系,我认为应该是直线关系,目前形成的三角关系不利于工作。"

校长:"从领导层次上说,应该是直线关系,但从工作联系上说,不是直线联系,也不是单线联系。我认为三角关系是有利于工作的正常联系方式。"

副校长:"现在我感到有些工作您直接找主任,他又拿不定主意,反过来找我,我事先又不了解情况,难以知道您的意图,跟他讲的难免和您的想法不一致,让主任也为难。"

校长:"学校管理决策在校长,这要求校长必须各项工作都到位。主管副校长主要责任是组织实施校长的决策。在这过程中,校长能否过问? 下一步我还要越过政教主任去找年级组长、班主任,这些是否都要单线进行?"

面对校长的"高论",副校长一时也说不出别的道理,他心里的别扭一下子被捏在了一块。他冲口而出:"我不想夺权。既然你根本不打算听听副校长的意见,那我们何必参加行政会? 我干脆做班主任去!"说完,H 转身就离开了办公室。

【思考题】

1.副校长的尴尬说明了什么? 为什么?

2.双方应该如何正确面对这场冲突? 请提出相应的解决方法。

【案例讨论与分析】

1.管理中的"副职现象"及其危害

这是一个非常典型的案例。案例中 H 副校长所面临的尴尬正普遍地困扰着许多副校长。从涉及的广度和深度来看,案例中体现出来的困扰已成为学校管理中难以回避的"副校长现象"。从学校岗位设置来看,副校长是介于中层(部门主任)和校长之间的岗位。上起到与校长商量制订工作计划和学校发展方向的作用,是校长的智囊和得力助手;下应该与部门主任根据学校的计划和方针,商定如何有计划、有步骤和创造性地具体落实。副校长在学校管理中起到重要的承上启下作用,相当于足球场上的中场队员,是有着重要价值和分量的。然而在现实中,很多时候副校长有职无权,成为事实上的摆设。他们既没有与其职位相应的权力,也不承担具体工作的实施,有时候想用力干一番,但又怕越权得罪校长,或者被部门主任说多管闲事。副校长这一本应发挥"立交桥"作用的重要岗位,在很多时候却无奈地变成了"夹心饼"。这种置副校长于不顾的做法至少对学校的教育管理造成以下危害:(1)浪费时间,降低工作效率;(2)忽视副校长的人力资源;(3)伤害副校长的自尊;(4)多头管理,造成中层工作上的无所适从。

副校长的尴尬并不是学校管理系统中所特有的,它其实是社会上各单位广泛存在的"副职现象"在学校管理中的具体表现。在中国这个"官本位"的社会中,副职这个角色从来都是不好当的。在很多单位里,副职的活动权限仅限于跟在正职的后面举手表决,副职成了可有可无的摆设和软弱无为的配角,这就是社会上广泛存在的"副职现象"。有论者指出,"一把手"一手遮天,搞"家长制"和"一言堂",是副职成为摆设乃至替罪羊的直接原因,而根本的原因还在于体制与机制的不完备。比如:其一,目前一些上级组织和领导往往只听取下级正职而非领导集体的工作汇报,这就使下级副职不但丧失了表达权,而且对正职的依附性日益强化。其二,民主集中制未能在可操作性和规范性建设上得到有效深入(比如班子议事规则、程序流于粗疏,上级对班子内部分工及其执行情况缺乏检查监督和刚性约束等),使得这一制度往往没有真正的民主,而只有异化了的集中。民主集中制不立,则正职就能获得对副职绝对的支配性力量。"副职现象"使得副职成为尸位素餐、无所作为的岗位,极大地伤害了副职的情绪和自尊,不仅造成了人才的浪费,更导致了管理系统的无序、混乱和低效。

2.副校长尴尬的原因分析

就案例中的情况来看,该副校长的处境的确非常尴尬。导致这种尴尬处境的原因可能主要有以下几方面:

首先,校长的工作作风较为专断,缺乏团队意识,不能正确发挥集体领导的作用。实行校长负责制的一个十分重要的问题是要保证集体领导和管理,不能搞一言堂。集体领导和管理的实质就是要加强领导班子的合作,班子的每个成员都应自觉摆正自己的位置。校长不独裁、不霸权,相互依靠,默契配合,整个班子才会有凝聚力、战斗力。而案例中的这个校长却一直无视分管校长的存在,肆意越过管理的边界。

其次,新的管理方式与原有习惯的矛盾。由于管理决策者的更换导致管理方式的不同。新校长的工作方式,使副校长感到不适应,也减少了工作上的联系。管理是彼此协调、相互适应的过程。该案例的特殊性在于校长 A 是新调来的,工作场所和环境都是全新的。一方面他还不太清楚该校原来的工作模式;另一方面这位校长又有着很强的职位分工观念,有一套自己的工作模式;同时,校长与副校长之间缺乏沟通与交流,既不了解彼此的管理理念和工作意图,也不了解双方的性格、脾气、禀性,有较为深重的隔阂,因而很容易产生矛盾和冲突。

再次,副校长定位不够准确,主动适应能力不足。作为副校长,要清晰地认识到分管副校长的主要责任是组织实施校长的决策,自己是校长的助手。要从职位的角度去参与学校管理,把工作做在前面,积极适应校长的管理风格,主动地与校长联系,再将探讨过后的意见反馈给主任,这样的做法既符合校长的管理方式,也用实际行动表明了对校长工作的支持。这样,下次校长也就不会再越过分管的副校长而直接找政教主任了。

最后,双方尤其是副校长处理问题的方式不灵活,在沟通过程中过于冲动,缺乏沟通艺术。沟通是解决问题的关键,也是管理艺术中人与人交往的良好途径。沟通时要平心静气,对事不对人,讲道理,摆事实,以诚恳的态度和信服的道理让校长了解如何才能更有效地开展工作,如何避免同事或下级的尴尬处境。案例中这位副校长也进行了沟通,但是讲话时缺少事实分析,没有讲清楚利害关系,没有得到校长认可。

3.副校长:不可不慎的几个角色误区

(1)不会定位。"志明则清,位清则正。"要当好副校长,一定要明白自己处在配角的位置,做到位而不越位。"到位"是指充分行使自己的职权,有效发挥自己的作用;"越位"是指超越自己的职权行事。副校长在思想认识上定位要准确,在学校班子中,校长总揽全局,居于核心地位,副校长虽各自独当一面,但处于从属和配角的位置上。因此,副校长要自觉强化配角意识,做到不喧宾夺主,不越位,不拖拉,甘当配角,做好配角。然而,在现实生活中,有些副校长不明确自己的配角身份,站不好位置,超越权限,行使职能时自觉或不自觉地"抢镜头、争彩头"或擅自做主;在权力的运用上,有些副校长将分管工作视为自己的"势力范围",不容他人置喙,独断专权。

(2)不听指挥。虽然校长和副校长都是学校的领导,但他们所处的地位不同,承担的责任也不一样。在行政关系上,校长与副校长是上下级关系,副校长接受校长领导,在重大问题的处理上,校长有最后的决定权,而副校长却没有。因此,副校长必须具有服从意识,懂得按组织原则办事。当决议形成后,无论自己在讨论中所持意见如何,副校长都要毫不迟疑地在自己分管工作中全面准确地实现校长和领导集团的意图,而绝不可因自己的好、恶、喜、怒影响决议的贯彻执行。然而,有些副校长因为对校长的决策有不同看法,对校长产生较为强烈的抵触情绪,在落实工作时打折扣,撂挑子。

(3)只敲边鼓。副校长作为助手,本应有强烈的干实事意识,主动请缨,为校长减负,替校长分忧。然而,有些副校长认为,校长是扛大旗、抓大事者,而自己只不过是敲敲边鼓的跑龙套者。因此,他们在自己的职责范围内,当说不说,当断不断,不主动挑担子,缩手缩脚,满足于当校长的"传声筒"和学校决策的"二传手";对于琐碎和繁难的工作,副校长不能当好"后卫",将问题解决在自己这一级,而是简单地上交矛盾,踢皮球。有些副校长认为这种只敲边鼓、事事汇报的做法才是不越权越位,才是尊重校长,这是一种错误的认识。要知道副校长虽是副职,但在分管工作中是当仁不让的主角,在自己的职责范围内,副校长应积极参政,主动谋事,大胆负责。

(4)丧失分寸。"差之毫厘,谬以千里",是否"适度"是衡量一个管理者是否成熟的重要标志,身为配角的副校长更要进退"适度",把握分寸。副校长要做到:尊重而不奉承;服从而不盲从;揽事而不揽权;谋事而不独断;谦虚而不怯弱;纠偏而不过当;有才而不显才。要做到这样的要求是非常不容易的。在工作实际中,有一些副校长处处瞻前顾后、谨小慎微,唯恐得罪了校长,甚至唯唯诺诺、言听计从,百依百顺,阿谀奉迎。这些副校长可能是受到了社会大环境的消极影响,也可能是考虑到自己的利益和前途,或是慑于校长的专断和权威,但无论出于什么原因,副校长都应不卑不亢,既灵活应对,又不失分寸。

4.解铃还须系铃人:正职校长应注意合理授权,扶持副职

法国著名的管理学家亨利·法约尔说:"管理所处的时代背景已经发生了很大

的变化,没有一个领导者有足够的知识、精力、时间来解决一个大企业、大公司中面临的所有问题,授权式的管理成为必需。"企业的管理如此,学校的管理也是这样。解铃还须系铃人,要解决副校长的尴尬,校长必须要学会授权与分权。合理授权,校长要注意:首先,校长不要成为凡事包揽的老妈子。举重若轻才是管理者正确的工作方式;举轻若重只会让自己越陷越深,把自己的时间和精力浪费于琐碎的事情上,抓了芝麻,而丢了西瓜。校长要善于处理好轻重缓急、主要与次要关系,善于抓主要矛盾。其次,授权前要做好有关准备工作,如组织的革新、任务的标准化、授权气氛的培育、任务的选取以及准备承担的责任等;授权要考虑多方面的相关问题以及要注意的问题;要定期与集体成员分享领导权,听取他们对重大决策的见解;向集体成员公开奋斗目标,充分发挥他们的创造力,共同找出方案。最后,校长应做到三"不"——不越级下指令,不越级听汇报,不越级干涉事务。要鼓励副校长放心干事,大胆做事,在工作中敢于创新,做到尽职与尽责相结合。校长对副校长所做的工作应当做到"放手"而不"撒手",属于他们职责范围内的事,一定让他们独立自主地行使职权。

5.管理"大象":副校长需要锤炼工作艺术

不可否认,副校长在学校管理体系中是一个相当微妙的角色,对此副校长要有充分认识。要解除自身所面临的困窘,完全寄希望于校长的开明和授权是不明智的。副校长要努力提升自己的沟通能力,锤炼自身的工作艺术。管理理论与实践表明,拥有良好的沟通意识和能力的下属也可以极大地影响上级,西谚"老鼠也能管理大象"的意思就是指下级也能管理上级。

作为助手和配角的副校长,为管理和影响校长这头"大象"需要从以下几方面来锤炼自身的工作艺术:首先,要拥有主动的向上沟通意识。要时刻保持主动与校长沟通的意识,校长工作往往比较繁忙,而无法面面俱到,保持主动与校长沟通的意识十分重要,不要仅仅埋头于工作而忽视与上级的主动沟通,还要有效展示自我,让你的能力和努力得到上级的高度肯定,只有与校长保持有效的沟通,方能获得校长器重而得到更多的机会和空间。其次,要寻找对路的向上沟通方法与渠道。被管理者要善于研究校长的个性与做事风格,根据校长的个性寻找到一种有效且简洁的沟通方式是沟通成功的关键。再次,要掌握良好的沟通时机,善于抓住沟通契机,不一定非要在正式场合与上班时间,也不要仅仅限于工作方面的沟通,偶尔沟通其他方面的事情也能有效增进被管理者与校长的默契。最后,改变工作策略,思考在前,汇报在前,积极争取主动。思考在前,时常向校长请示有何工作要开展,听取校长的工作思路。汇报在前,是指建立部门例会制度,及时了解部门工作情况,及时向校长汇报,做到上通下达。这样就会预防不必要的隔阂与冲突,避免带来难堪的尴尬。

二、学校人际冲突管理策略——"邮件门"事件的启示

【案例 12-2】

"邮件门"事件

2006 年 4 月 7 日晚,EMC(全球最大的网络信息存储商,总部在美国)大中华区总裁陆纯初(Loke Soon Choo)回办公室取东西,到门口才发现自己没带钥匙。此时他的私人秘书瑞贝卡已经下班。陆试图联系后者未果。数小时后,陆纯初还是难抑怒火,于是在凌晨 1 时 13 分通过内部电子邮件系统给瑞贝卡发了一封措辞严厉且语气生硬的"谴责信"。

陆纯初在用英文写就的邮件中说(以下为中文翻译):瑞贝卡,我曾告诉过你,想东西、做事情不要想当然!结果今天晚上你就把我锁在门外,我要取的东西都还在办公室里。问题在于你自以为是地认为我随身带了钥匙。从现在起,无论是午餐时段还是晚上下班后,你要跟你服务的每一名经理都确认无事后才能离开办公室,明白了吗?(英文的语气措辞非常非常激烈——笔者注)。陆在发送这封邮件的时候,同时传给了公司几位高管。

但是瑞贝卡的做法大相径庭,并最终为她在网络上赢得了"史上最牛女秘书"的称号。两天后,她在邮件中回复说:"第一,我做这件事是完全正确的,我锁门是从安全角度上考虑的,如果一旦丢了东西,我无法承担这个责任。第二,你有钥匙,你自己忘了带,还要说别人不对。造成这件事的主要原因是你自己,不要把自己的错误转移到别人的身上。第三,你无权干涉和控制我的私人时间,我一天就 8 小时工作时间,请你记住中午和晚上下班的时间都是我的私人时间。第四,从到 EMC 的第一天到现在为止,我工作尽职尽责,也加过很多次的班,我也没有任何怨言,但是如果你们要求我加班是为了工作以外的事情,我无法做到。第五,虽然咱们是上下级的关系,也请你注重一下你说话的语气,这是做人最基本的礼貌问题。第六,我要在这强调一下,我并没有猜想或者假定什么,因为我没有这个时间也没有这个必要。"

本来,这封咄咄逼人的回信已经够令人吃惊了,但是瑞贝卡选择了更加过火的做法。她回信的对象选择了"EMC(北京)、EMC(成都)、EMC(广州)、EMC(上海)"。这样一来,EMC 中国公司的所有人都收到了这封邮件。

邮件的发送开始在 EMC→Microsoft→MIC→HP→SAMSUNG→Honeywell→Thomson→Motorola→Nokia→GE……这些大名鼎鼎的外企 IT 或电子类相关企业之间循环,并且很快成为社会热门。事情发生的一周内,该邮件被数千名外企白

领接收和转发,几乎每个人都不止一次收到过邮件,很多人还在邮件上留下了诸如"真牛""解气""骂得好"之类的点评。其中流传最广的版本居然署名达1000多个,而这只是无数转发邮件中的一个而已。

"邮件门"事件发生以后,瑞贝卡辞职,陆纯初更换女秘书;近日,陆纯初离开EMC公司,官方解释是业绩原因;这一事件甚至惊动美国总部发表声明。EMC、陆纯初、瑞贝卡三方尽输的"邮件门"事件所产生的影响到今天都没有告一段落的迹象……

【案例讨论与分析】

"邮件门"事件是现代企业管理中一个典型的失败的人际冲突管理案例。无论陆纯初还是瑞贝卡恐怕都没有预料到,他们之间因为一个小小的钥匙问题而引发的争执,居然演变成了全球闻名的"邮件门"事件,大有和布什的"情报门"一争风头的劲儿。其实,在包括教育管理在内的现代社会各类组织的管理活动中,虽然在冲突的激烈程度上有轻重之别,但类似的矛盾、冲突却普遍存在,造成的危害也不可低估。从这一角度看,"邮件门"事件并非只对企业管理存在着警示意义。

与企业组织一样,冲突广泛存在于现代的校园中。由于学校组织和成员的日趋多元化和复杂性,运作方式也日趋民主化和专业化,所以成员和团体比以往更勇于表达自己的价值和观念,更努力追求自己的目标和利益,因此在表达和追求的过程中,不同的成员或团体间,难免因观念、利益的不同,碰撞出冲突的火花。在身边的中小学中,我们几乎每天都可以看到许多人际冲突,如行政人员和教师的冲突、教师与教师的冲突、家长与教师的冲突、学生与教师的冲突、学生与学生的冲突等。在很多时候我们觉得学校里的这些纷争和摩擦太过常见和琐碎而熟视无睹、充耳不闻。然而,"邮件门"事件警示我们,必须对这些人际冲突予以高度的重视,加以有效地管理,方可化干戈为玉帛,走向双赢之道。

1.提升沟通的有效性

冲突理论认为,沟通不良是造成冲突的主要因素之一。与案例中的EMC公司一样,当前的学校是一个高度复杂的系统,人际关系层次多,学校组织中人和人彼此之间在目标、情感、利益、需求、期望等方面存在巨大差异,如果不能有效地沟通,这些差异就很容易导致隔阂和分歧,进而产生敌对或斗争的恶性人际冲突。实践表明,大量的信息失真、走样、超载、歪曲等沟通"噪声"或沟通"障碍"导致学校中的许多沟通处于低效甚至无效的状况。专家建议,以下做法将会极大地提升沟通的有效性:沟通要选择和谐、安宁的气氛;沟通要形成制度,定期举行;要尽量制造反馈的渠道,给信息接受者充分的表达意见的机会;应表现出尊重和平等的态度;要注意沟通时的姿态和措辞;要耐心和虚心;要换位思考、彼此谅解……

2.厘清各岗位人员的职责范围

在"邮件门"事件里,冲突双方相互指责的一个重要内容就是秘书瑞贝卡是否尽责的问题。从案例中可以看出,该公司没能对总裁秘书的职责范围事先做清晰界定是导致彼此纠缠不清的一个伏笔。这和学校管理中发生的大量人际冲突非常相似。在学校中,各处室间很容易因工作职权的不明确而产生人际冲突,例如教务处与政教处之间、年级组与教研组之间等都很容易因工作职权的不明确而使处室与处室、成员与成员之间产生冲突。因此,学校必须尽可能地对学校每一部门、部门中的每一成员的职责范围、工作内容明确化、具体化和条例化,厘清各岗位人员的职责范围,防范由此而产生的不必要的扯皮和纷争。

3.将人性化管理落到实处

人性化管理强调在管理的全过程中突出人的地位和作用,把人的因素提升到主动性的位置,高度发挥人的因素,强调将"利用人"的工具理性与"为了人"的价值理性相结合,把人作为管理活动的核心,尊重人的本性,满足人的合理需求,激发人的热情,调动人的积极性,发挥人的创造性。可以毫不夸张地说,"以人为本"、人性化管理是当今最为时尚的管理思想,受到了各级各类组织的推崇和青睐。但可惜的是,这一思想在很多时候仅仅停留在组织的口号和手册中,没能在管理者的头脑深处扎根,更没能在组织管理中得到真正的贯彻和落实。

在"邮件门"事件中,贵为 EMC 大中华区董事总经理、在新加坡大学接受了系统 MBA 教育并有 IBM、西门子等著名跨国公司管理工作经历的陆纯初总裁,想必也深知人性化管理在现代管理中的意义和作用。但令人遗憾的是,他的言行没能体现出丝毫"以人为本"的影子,相反,我们看到的是把人视为经营的手段、人仅仅是机械的延伸的"工具人"理念。

学校领导者应吸取这一事件的教训,真正重视人的突出地位和作用,把人提到企业和社会主体、主人翁的位置,最大限度地发挥人的自觉性、主导性和创造性的作用。切实将尊重人、信任人、关心人、激励人落实在学校工作的方方面面。学校的领导者应建立人性化的组织气氛以降低冲突的发生。具体做法有:经常与各处室来个午餐约谈、到各处室及教室走动、多参与教师们非正式组织的活动等。

4.减轻教师的工作压力

正如前文所分析的那样,"邮件门"事件产生的一个潜在因素是现代职业人过大的工作压力。过度的压力使得人心浮气躁,应激不当,容易爆发剧烈的人际冲突。

众所周知,作为一种可能是受到最严格监督的职业,中小学教师在今天感受到的压力之大前所未有。有调查表明,约有 58% 的教师表示自己感到压力过大,经常出现焦虑情绪、强迫症状等心理健康问题。调查发现,30% 的教师会因焦虑或情绪低落而上课没精神,18%的教师承认会因为自己心中烦恼而迁怒于他人,还有14%的教师会因为上课气氛达不到自己的要求而情绪失控、朝别人发火,给教学工作和学生的健康成长带来了不小的负面影响。因此,学校应采取各种措施,减轻教师的工作负担,创造良好的学校心理环境。比如:学校可以于课间或用餐时间播放轻音乐,开展一些联谊活动;合理运用评价和惩处机制,给教师更多的工作灵活度和教学自主权,减少学校内部名目繁多的检查和评比活动;等等。

5.灵活运用不同的冲突处理方式

"邮件门"事件表明,一味运用强硬方式来处理人际冲突,结果可能会适得其反。学校管理者要视不同情境及时机,灵活运用不同的冲突处理方式,才有可能达到不错的效果。常见的冲突管理方法包括回避、平滑、强迫、妥协与合作。比如,在面对突发性冲突时,学校领导可以采用平滑方式来进行冲突管理。所谓平滑是指在冲突的情况下尽量弱化冲突双方的差异,更强调双方的共同利益。这一方式能有效降低当前冲突的紧张程度,具有控制局面临时性的效果。在冲突双方都有解决问题的意愿时,学校领导者可以采用合作的冲突管理方式,共同了解冲突的内在原因,分享双方的信息,共同寻求对双方都有利的方案。合作式的冲突管理方式有助于促使相关人员公开面对冲突,通过讨论和协商,寻求各种解决冲突的有效途径,彻底化解人际冲突。

第十三章　学校公共关系建设
案例讨论与分析

一、把好学校公共关系战略的度

【案例 13-1】

"特别"任务

初春四月的一早,政教处 H 主任刚踏进办公室,"铃——"电话铃响起,清脆、紧促而催人。"请你马上到校长室来一下。"主任搁下电话,一边将桌上的资料整理好,一边心想:这一大早又出什么事啦? 当然,心里也不免一阵紧张。

在校长室就座后,W 校长便开门见山地说:

"上周五下午我接到区里电话通知,希望我们学校能派学生参加他们组织的一个重要庆典活动。"

"又要派学生参加? 不太妥吧,开学不到一个月,已经好几次了。"

"不去能行吗? 你就不要多说了。"

"这……"H 主任疑惑着问,"那具体派哪些班级去呢?"

"这个嘛,活动是明天下午一时整,在 L 广场举行。我想明天刚好是星期二,有班会课,停课也会少一些,也就是停一、二节课,"校长胸有成竹地说着,"如果活动结束早的话,也可以让学生先行回家。不过要求带队教师做好纪律工作,保证不出问题。"说这些话时,校长语气变得较为严肃和认真。

H 主任呷了一口水,接着校长的话说,"那么就派初一学生去吧,他们……"不等他说完,校长插话说:"派初二班级去。我想过了,初一学生太小难管理,初三学生现在是正紧张的时候。"

"这样老师们会不会有意见和想法?"H 主任终于忍不住要借老师们的口表达自己的真实想法。

"老师们会有什么意见啊? 即使有的话,也告诉老师,这是校长室的决定。搞素质教育,就是要让学生多接触社会,多参加一些活动嘛!"尽管 W 校长说得头头是道,但脸上也不免流露出一瞬不易察觉的愠色。

"嗯。"H 主任若有所思地应道,"那我马上去安排。"

走出校长室,H 主任马上跑到初二年级组办公室跟组长商讨这次活动的一些具体事宜。组长与 H 主任因较长时间的工作接触,一向配合默契。可是不出所料,在场的一些教师耳闻这事后,当即就议论开了:"又要搞活动啦,这样的活动太多了。""这种活动对学生有什么意义呢?""老是停课,我的课也不均衡了,真麻烦。""学生出去,我们班主任的负担最重,就怕有事情。""这下不上课出去,两个调皮鬼最高兴。"……老实说,H 主任对此也颇有同感,但在这种场合下,他能附和吗? 他知道在工作中上下应保持一致,学会忍耐和服从,有什么事领导会担当的。

"大家不要再说了,已经定了的,有什么想法和意见请保留吧。"于是,H 主任对着老师们说,"组长,请你按照刚才我们商定的要求做好准备工作,明天下午按计划参加活动。"他用命令的口气说。

星期二下午,初二年级四个班级的学生及随班老师按照活动计划要求分别以步行、骑自行车、乘公交车等方式在 12:50 前到达 L 广场。

说实在的,在到达 L 广场前,H 主任都还不清楚今天下午的这个活动究竟是一个什么性质的活动。当时在校长面前他想问清楚,但最终也不想更不敢问下去。当他和这些学生及随班教师到达 L 广场时,在广场中心已有很多人围了很大一圈,不知在看什么。他与一些学生好不容易挤进去一瞧:嗬! 原来里面是一些正跨在特制的越野摩托车上待出发的人,在他们头顶上方,悬空挂着"××万里行出发庆典仪式"的横幅,在他们的前后四周围着一些诸如"××制药公司预祝成功""××产品全国第一""××摩托车,性能卓越"等字样的广告带。兴许是看见有着校服的学生挤进来,一个胡子啦喳、脑袋后扎着一支小辫子的中年模样的男人走上来淡淡地说:"你们来了。""我们学生如何参加这个活动?"见此情形,H 主任也面有愠色地问道。

那人应付着答道:"这样好了,你看现在这里看热闹的人比较多,也显得杂乱,你是否能让你们学生手拉着手围成一大圈,把这些看热闹的人挡在圈外? 这样我们的活动看起来会比较有序一些。"那人边说边去招呼自己手下的人忙乎着。

H 主任实在没有想到会是这样的情形。那些跟着来的老师们的那种懊恼的情绪就更不必说了。H 主任似乎也明白了一些,但出于各种因素的考虑,他还是勉强地按着那人的意思去做了。

直到整个活动叽里喳啦地"秀"完,我们的学生和随班教师们一脸惘然。H 主任也显得无可奈何。

不知不觉中,活动结束了。这时候人群散乱,再也没有人出来招呼这些学生。H 主任一看表,才下午三点整。他赶紧通知年级组长——先请班主任以班级为单位集中,明确有关纪律后才能让学生解散回家。

第二天一早,H 主任一到校就将昨天参加活动的整个实情向 W 校长做了详细的汇报。

"原来是这样的。"校长淡淡地一笑,接着说,"你辛苦了。"

【思考题】

1. 校长该不该以学校名义接受这项"特别"的任务?

2. 学校应如何处理好与当地社区的关系?

3. 在今天我们应如何看待公共关系在学校发展中的作用?

【案例讨论与分析】

1. 公共关系:内促团结、外求发展的管理艺术

这是一个与学校公共关系有关的典型案例。在今天对于一所学校来讲,"没有开放就没有发展",因而积极参加各项社会活动,加强与社会各界的联系是十分必要的。众所周知,在计划经济体制下,学校与社会彼此分离,各部门之间是"自扫门前雪",而校内一般都能实行严格管理,使学校秩序、质量都在有序、稳定、平衡中发展。因而基本上是"闭合"大于"开放"。而市场经济体制下,学校关起门来,仅靠自身力量办学是行不通的,必须加强与社会各界的横向联系,增进彼此理解、信任与沟通,扩大学校对社会的服务范围,提高服务质量。从系统的观点看,成功的学校管理离不开良好的内部环境和外部社会环境,它们为实现学校目标及发挥整个组织的作用提供了物质和道义的条件,开拓了学校生存和发展的空间。学校公共关系是创造良好社会环境的得力手段。

"公共关系"(或称"公众关系")是英文 Public Relations 的直译,意思是与公众的联系,英文简称为 PR,中文意思简称为"公关"。现代公共关系的兴起,是以商品经济发展为先导的社会发展的结果。一方面商品经济条件下的激烈竞争逐渐使掌管企业的人们认识到,经营上的成功不仅取决于资本的多少,还取决于企业的声誉和公众的人心向背;另一方面社会民主的进步也使各级政府部门和领导者认识到,各个阶层公众和各个社会团体的理解和支持,是实施有效管理的必要条件。于是,在经济活动和政治活动中,做好与公众的联系和宣传工作日益受到重视,并形成了一种专门的公共关系职业。在美国企业中,美国电话电报公司率先于 1908 年设置了公共关系部,由一位副经理主持这项工作。20 世纪 30 年代以后,公共关系作为一种职业迅速发展起来。据统计,到 20 世纪 80 年代,美国公共关系从业人员已达15 万人以上,公共关系公司有 2000 多家,美国联邦政府也雇用了 12000 人处理公共关系。在发达资本主义国家公共关系也越来越受到重视,如日本于 1964 年成立了全国性的公共关系协会。在这些国家里,公共关系在缓和劳资矛盾、沟通与社会

各方面联系方面发挥了很大作用。学校公共关系是公共关系的一种,它是学校为实现教育目标,有计划、有组织地运用传播手段,在学校与公众之间建立和发展相互理解和支持,以塑造学校良好形象,创设最佳教育环境的社会实践活动。学校公共关系的发展动因,不仅是教育界以外的各种公共关系活动为它树立了榜样,更在于它所处的环境对它提出了客观的要求。在开放和变革的社会条件下,学校与越来越多的社会力量发生联系,面临着各种利益集团所提出的复杂要求,它自身也在执行着越来越多的职能与任务。比如:由于经费短缺,它需要广筹资金,多方开源;为了创造一个良好的局部环境,它需要与所在地区的社会管理机构和社会团体、工厂、机关有更多的联系,以便携手抓好整顿和管理。这些工作都需要与各个方面协调关系,因而公共关系工作实际成了领导者和相应部门的重要职能。

学校公共关系是一门"内促团结、外求发展"的管理艺术。学校公共关系在全部教育管理活动中,扮演着无所不在、无所不包的角色,以树立学校组织的良好形象和信誉,取得社会公众的理解、信任和支持,促进学校目标的实现。

2. 学校公共关系的作用

(1)调整学校与公众的多边关系,获得社会支持,优化育人环境。

在办学的过程中,学校会面临很多自身难以克服的棘手问题,需要得到社会各方面的理解和支持。例如:为了适应社会需要,学校需开展社会实践活动,建立校外教育基地;办学经费短缺,需要向社会筹集;为优化学校周围环境,要和居委会(村委会)、环卫局、工商局、城建局、派出所、工厂等各种社会组织发生联系,调解各种矛盾,共同抓好整顿和管理。有些问题,光靠上级领导或死搬空文是难以彻底解决的,只有靠学校自身建立良好的公共关系,才能迅速有效地解决。良好的公共关系,对于学校管理运行来说,犹如润滑剂一样,起着"减少阻力,加快发展"的作用。

(2)树立学校的良好形象,提高学校的声誉。

学校在公众心目中的形象和声誉,对学校能否获得社会广泛的支持与合作,以求更快更好的发展至关重要。学校的形象和声誉首先是建立在全面贯彻教育方针、提高办学实绩、办出学校特色的基础上的。但是,办学实绩和特色需要通过大众传播媒介,如利用报纸、广播、电视、杂志等发布消息,介绍经验,扩大影响。如有的学校以大面积提高教育质量和升学率而闻名,有的学校以严格管理、学生训练有素而著称,有的学校以发展学生个性、培训特长学生而出名,从而在社会公众心目中树立了自己的良好形象。这样,社会各方面以及学生家长就会根据各自的意愿,对与己有关的学校给予支持与合作。

(3)促进学校内部形成良好的群体关系,提高学校管理的整体效能。

学校内部的群体关系是影响学校管理效能和办学效益的关键因素。建立和谐的学校内部关系,才能充分调动学校全体成员的积极性,有效地实现管理目标和教育目标。学校内部群体,包括领导群体、教师群体、职工群体、学生群体以及各部门、各班、各组等群体,由群体而产生各种关系,包括领导与教职工的关系、师生关系、教师与职工的关系、教研组与教研组的关系、年级组(班级)与年级组(班级)的关系等。培养师生员工的群体意识和合作精神,同心协力实现群体目标,减少相互摩擦与"能量内耗",提高工作和学习效率,这是学校内部公共关系的重要内容。为此,有的学校领导提出"凝聚力工程",提倡群体意识和整体观念。领导核心充分发扬民主,广泛听取师生员工的意见,关心大家的生活、工作和学习,帮助排忧解难,协调沟通各种关系,使学校各类群体及其成员都有明确的共同目标,团结一致为集体争光,为学校增彩,人人都有归属感、责任感,产生一种无形的向心力。从这一点延伸,"凝聚力工程"实际上是学校内部的一种公共关系。

(4)引导和组织学生家长参与学校教育和管理活动,增强教育的合力。

学生家长是学校公共关系的扩散性公众。家庭教育,尤其是中小学生的家庭教育对学生一生的成长发展影响重大。由于中国的人口问题,现代家庭的独生子女越来越多,家庭教育问题也越来越严重。如何使家庭教育与学校教育密切配合,协调一致,变"分力"为"合力",变"阻力"为"动力",这是学校外部公共关系的一个重要任务。

3.学校公共关系建设应遵循"以我为主"、民主决策的实施原则

从案例中的情况来看,该校校长已认识到了初步的开放办学对于学校生存与发展的重要性,意识到学校必须克服自身的困难,积极参加社会各界的活动,以扩大学校的影响,增进与社会各界的联系。在讨论中,我们认为,撇开该校长的做法是否妥当不说,单就决策动机来看,应该说类似决定也似乎不应完全否定。从系统论的角度看,在现代社会中,任何组织要求得生存和发展,都必须注意协调好与所属的母系统及构成自身要素的子系统之间的关系。学校组织也是如此。公共关系理论认为,学校公共关系是一种客观存在,它不以人的意志为转移。不管人们认识不认识、承认不承认、喜欢不喜欢,学校公共关系作为一种社会现象是客观存在的,它极大地制约着学校的生存与发展。任何学校都不能漠视它。良好的公共关系有助于学校的生存和发展;恶劣的公共关系状态则有害于学校的生存和发展。因此,学校必须通过各种渠道和手段,在内求团结的基础上,外求理解和支持,着力加大和学校发展息息相关的外部公众的协调与沟通,以促进学校和社会的各项资源交换,创设内外相互适应的人和环境。这是学校发展在市场经济条件下的应有之义。学校外部的关系很多,一般情况下,学校公共关系的外部协调工作要以与学校目标直接相关的公众作为沟通的重点。学校要获得生存与发展,首先要妥善处理好与各种权力部门特别是上级主管部门的关系,如教育局、物价局、财政局、公安局等;其次要妥善处理好与教育、教学业务部门的来往关系,如生源学校、毕业生接受单

位、教育科研机构等；最后要主动处理和发展各种非专业性的社会关系，如与家长的关系、与校友的关系、与社区的关系、与新闻界的关系等。由案例可知，该校在不长的时间里已参与了好几次社会组织的活动。我们认为，无论校长是基于什么考虑，主动或被动地做出这样的决定，类似活动在客观上可以看作是学校的公共关系行为，其初衷可能是呼应重要部门（比如案例中的"区里"）的吁请，扩大学校影响，促进学校与社会相互了解。

但是应该指出的是，该校长对于学校公共关系的认识和理解处于较为低级的水平上，同时他过于独断的决策方式也严重违背了学校公共关系活动的实施原则，使活动达不到预期的效果。

首先，学校公关活动不是对外界要求的消极应对，而是基于学校发展战略和学校根本利益的积极行为。学校公关的开展应是学校主动策划的结果。学校对公关活动的主动策划首先表现为必须做好两方面的调查研究工作：一是学校现状与公众认识之间的"形象差距"，以确立学校公关目标；二是掌握公关资料，如公关活动的主要内容、活动所面向的对象情况、公众对类似活动的预期态度等。然后在调查研究的基础上确定学校公关目标，选择较为合理的学校公关策略。从案例中可以看出，该校长对于学校公共关系的了解仅仅停留在按外部的要求被动地去做，被校外的因素牵着鼻子走，对本校究竟应确立怎样的公众形象，如何积极主动地去引导并赢得外部的理解和支持无动于衷。此外，该校长在对活动内容及活动对象一无所知的情况下，就断然决定让学生参加活动，表现出对公共关系实施原则的高度无知。

其次，从公共关系的实施原则来讲，它是一项"群策群力，全员参与"的活动。学校的形象，不仅涉及学校校长，而且还涉及全校的全体师生员工。塑造学校形象，开展公关活动，需要全体成员的协调配合、群策群力。校长应就自己对学校开展公关活动的意图和动机向全体成员做好解释和说明，并积极采纳他们的建设性建议，以营造全体参与的学校公关文化。然而在此案例中，W校长在决定组织学生参与社会各项活动时，丝毫不向师生员工做好宣传、解释工作，不考虑学校职能部门及相关教师的建设性意见或想法，甚至也不经过校务会议的确认，"仅凭一个电话"就一锤定音了。在这种情况下，教师和学生对学校的相关决定必然会产生厌烦和抵触心理。

最后，学校公关活动还必须符合学生的根本利益和合法权益。停课参加这类并非真正意义上的公益活动，这本身就是影响了正常的教学秩序，同时，学生也无意中被剥夺了受教育的权利，再则学生在校时间内提前返家也有可能存在安全事故隐患，在这案例中，如果因停课活动而在提前返家过程中有学生出现意外，学校是推卸不了应负的法律责任的。

二、功利至上的学校办学水平评估

【案例 13-2】

"申报"活动

四月的一个阳光明媚的早晨,安助理应招匆匆赶到校长室,只见欧阳校长兴奋地指着桌子上的一份文件说:

"这是一个机会,我们西子学校一定要争取!"

安助理一看,原来这是一份有关申报省级示范性实验小学的文件。粗粗翻阅了一下,从学校规模、师资队伍水平、层次,学生获奖档次到教育教学改革实验成果等项目指标,其申报要求相当高。

"可能有点难度,有好几项指标没有达到呢……"

"有条件要上,没有条件创造条件也要上! 这不仅仅是一个荣誉称号的问题,这关系到我们西子学校今后的生存、发展,关系到今后学校的生源状况,上级对我校的经费投入等。而且这也是县里给我们的任务。马上起草一个申报活动方案,明天开行政会议讨论这件事。"

安助理拿着文件准备离去。

"申报活动由你具体负责。"校长最后又加了一句。

经过一个晚上的对照、思考,安助理拿出了一份申报活动方案,第二天一早,经校长过目后准备实施。

行政会议上,校长、书记分别做了动员讲话,强调这次申报省级示范性实验小学的活动对学校发展的重要意义,要求各部门齐心合力,挖掘材料,做好工作,确保申报活动成功。然后,安助理根据事先起草的申报活动方案,给各部门分配任务,要求大家在一周内按申报指标准备齐各种材料,并按要求打印好,下周行政会议时汇总。

走出会议室,主任们三三两两地议论着。教导处主任发愁地说:

"按照申报要求课表都需要调整,学科的社会实践活动时间还大大不够,还有图书馆的藏书量和学生获奖层次都与申报指标有一定距离。"

"教师职称档次也可能相差一两个。"办公室主任也有同感。

"教育教学改革的实验性课题研究普及率也不够高,怎么办?"教科室主任也有问题。

疑问归疑问,行动归行动。接下来的这一周,全校教工大会、各处室会议一个接一个,然后是具体准备。在校长室的领导下,全校教职员工空前地忙碌起来,各处室、各部门也高效运转,安助理则上下协调,出主意,筹集经费,说服教师理解、配合等,忙得不可开交。

一周后,课表已进行了调整,增加了实践课比例,相关科目教师也对教学计划和教案做了相应的调整、补充;在县教育局经费的支持下和全校师生的捐赠图书活动后,校图书馆的藏书量也已达标,图书管理员加班加点使这批图书编号上架;学生处开展的特长生评选活动,发现、汇总了学生课外的各种兴趣特长及获奖情况,大大提高了学生的获奖层次,使得学生奖励情况汇总表格充分显示出学校的教育教学成绩;学校临时聘任了两个退休教师也补足了本校教师的职称档次上的差距;特别值得一提的是,申报活动促使学校的所有教师以教研组为单位组成了若干个教改课题组,在学校原有的两个课题组的带领下,学校的教科研活动呈现出以点带面、星罗棋布的大发展势头,教科室主任既高兴,又担心。

一周后的行政会议上,主任们虽然疲惫不堪,却都精神亢奋,并把按规定要求准备好的申报材料带来了,安助理终于松了一口气,一切都进展顺利。校长、书记们都踌躇满志。一方面,组织大家进一步对准备好的材料进行包装;另一方面,对照申报、检查要求,查漏补缺。同时,布置学生处在近期特别要抓好学生行为规范和校园卫生等工作,总务处则从各方面搞好校园环境布置,以便评审组来校时有一个好的第一印象。

又是一个阳光明媚的早晨,西子学校的校园内摆满了一盆盆的鲜花,路边彩旗飘扬,一片喜气洋洋,这是学校在迎接省级示范性实验小学评审组来校检查、考评。安助理看着神采飞扬的校长和书记,心里暗暗祈祷,但愿我们这一段时间准备的申报材料能与实际相符,千万不要出差错。

【思考题】

1. 教育行政部门对学校办学水平进行评估的作用是什么?

2. 从这个案例中,你认为学校的申报活动有哪些可取之处? 又存在哪些问题?

3. 透过这个案例,你认为目前的学校管理效益评价活动该如何发展?

【案例讨论与分析】

1. 适当开展学校检查和评估活动是高明、有效的教育管理手段

教育行政部门对学校的办学水平进行评估,能加强对学校办学的宏观控制,规范学校的办学行为。在学校办学自主权日益增加的形势下,如何既能有效地监控学校,又不至于干扰和影响学校正常的办学秩序,这是摆在教育行政部门面前的一道相当棘手的问题。

首先,采用一定的形式与标准,对学校进行整体的或单项的办学水平评估,有

利于以科学标准和严格的质量要求去引导、推动基层学校进行规范办学,使学校严格贯彻教育方针,不陷入片面追求高升学率的应试教育怪圈。就全局而言,教育行政部门按同一标准对该地区所有学校进行评估,实际上是在按同一方向引导该地区所有学校有序竞争,对规范所有学校的办学行为是一种很好的正面引导,是教育行政行为科学性的体现,是向管理要质量、要效益的生动实践。

其次,对于参加评估的中小学来说,这种评估往往是学校发展的重要契机,它能够促进学校在相对集中的时间和空间范围内,最大限度地利用信息,调动各方面的资源,快速高效地推动某项工作或学校的整体工作的规范化,使学校的各项工作更上一个台阶。正像案例中的这所学校一样,如果在努力之后,申报省级示范性实验小学获得成功,那么学校就赢得了更多的政策资源,因而也就获得了更大的发展空间和更多的发展机会;即使申报未获通过,也能够对全校所有成员产生极大的震动,促使他们认识到差距,从而有利于工作上的反思与提高。据此,我们认为,在检查和评估的标准科学、合理的前提下,教育行政部门适当开展学校检查和评估活动是一项高明、有效的管理手段,值得肯定。

2.该校在积极申报省级示范实验学校过程中的可取之处

(1)在申报活动中该校表现出紧抓机遇,推动学校发展的积极进取意识和精神。学校领导非常敏锐地意识到申报活动对学校发展的重要意义,全面动员,积极行动,表现了可贵的系统思维品质和着眼于学校整体进步和长远的、可持续发展的战略管理思想。

(2)全校所有部门和成员齐心协力,迅速凝聚,知难而上,表现了强烈的团队精神、机构的协调运作能力、较高的非程序决策能力以及快速反应能力。这一活动也是对全校成员进行的一次较好的凝聚力教育,它有利于建立良好的人际氛围和沟通习惯,树立共同的学校发展愿景,从而整合学校资源,形成工作合力。

(3)申报活动可以清晰地查明平时工作中的疏漏和不足,因而也是一次极好的校情教育活动。通过申报活动,可以增强学校全体教工的危机感,促进他们的工作热情和质量意识的提高。

3.案例中暴露的目前学校检查评估中的共性问题

(1)决策的民主性问题。从案例中可以看出,在该校申报省实验示范学校的整个决策过程中,根本没有征求广大教职员工甚至学校中层干部的意见,也没有经过充分全面的权衡,是典型的"拍拍脑袋就决策"。这样做的后果必然导致教工和中层干部对行动方案的可接受度不高,得不到他们的充分理解与支持。然而这一高规格的申报目标必须在全校所有部门和成员齐心协力的情况下方可实现。因此,这种不民主的决策将会导致群众对申报活动的消极应付心理,大大降低了通过评审的概率。

（2）申报活动中的诚信缺失问题。从案例中不难看到，该校的实际水平与评估标准有一定差距。在"有条件要上，没有条件创造条件也要上"这一功利原则的指导下，该校在课表、实践课比例、教师职称、教育科研、馆藏图书等方面均做了一系列"必要"的小动作。无论这些行为是否奏效，学校领导的这种"求实"精神会使师生员工对他们产生严重的不信任感。就算申报获得通过，获得了种种优厚的条件和待遇，也难以抵消这些消极的感受对学校今后工作的负面影响。所以，学校管理者应全面评估学校的实际情况，充分考虑决策带来的各种影响，包括积极的和消极的、显性的和隐性的，以免得不偿失。不顾学校"最近发展区"的决策行为毫无实效，那种"没有条件创造条件也要上"的盲目做法实在幼稚得可以。

4. 学校评估问题的原因分析

事实上在对该案例的讨论中，该校的不规范做法却为多数人所理解和认同。这种暧昧的态度比错误的做法本身更意味深长。笔者认为，就这一现象我们可以从以下几个方面进行讨论：

首先，这种现象的产生是否与当前教育系统内大量存在的功利主义有关。教育行政领导手中没有几个典型就没有政绩，学校领导手上没有几个荣誉称号就意味着没有办学能力。因此，为所谓的"评估"而兴师动众的大有人在。更有甚者，还有人不把精力放在改善学校的软硬件上，而是在接待、送礼等方面做好做足文章。

其次，评估的科学性不强，经常化、制度化不够。每次评估都要求上交大量的材料和表格。先不说这些评估量表是如何制定的，就是这些要求上交的材料和表格，有很多是学校日常管理中常见的报表，为什么平时不收集整理，非要来一个大整合。为什么所有的评估形式都要采取突击检查的方式，而不采用经常、形成性的检查方式呢？

再次，解决问题是否就靠评估。目前，在许多学校里有些问题平时难以解决，评估就成为解决这类问题的绝佳时机。由此我们也可以认识到，减少不必要的办事程序，提高平时解决问题的效率，杜绝扯皮和踢皮球，这些方面的改善将有助于还评估以本来的目的。

最后，检查评估的功能不是找茬。要端正检查评估态度，宣传评估的积极意图，使之能与指导工作相结合，从而减少被检查者不必要的忧虑和违规行为。要真正使检查评估具有促进学校工作的作用，而不仅仅是起到评判、鉴定的作用。

5. 从监管到服务：教育行政部门要实现评估主体和职能的转型

基于上述思考，笔者认为，为适应市场经济体制对学校发展的新需要，今后的检查与评估主体应逐渐从教育行政部门转向市场（即由学生、家长、用人单位、学校投资方等共同组成的受教育主体群）。让学校接受教育市场的考察与评估，从长远上看，这种做法有利于提高学校的自主管理、自主发展、自我生存的能力，使教育行政部门的行政管理行为由评估转向政策支持、业务指导、后勤保障,从监管的行政职能转向服务职能,站在与学校相统一的立场上共同发展教育大市场,而不是现行的与学校相"对立"的立场(即教育行政部门:检查、评估——学校:应付、对付),从而忽视或丧失了激活与开发教育市场的意识和能力。

第十四章　师生关系案例讨论与分析

一、学生伤害教师事件及防范思路

【案例 14-1】

益阳沅江三中一位 16 岁学生刺死班主任

据华西都市报报道,2017 年 11 月 12 日下午 4 时许,湖南益阳市沅江市三中学生罗某与其班主任鲍方发生争执,随后罗某掏出随身携带的弹簧刀刺伤鲍方,鲍方在被送往医院后经抢救无效死亡。警方通报称,目前嫌疑人已经被警方控制,事发原因正在调查中。据封面新闻记者从嫌犯同学处了解,该生在校时成绩很好,"是他们班的第一名"。

受害老师鲍方,曾被评为优秀教师(据沅江三中官网记载,受害老师鲍方,曾被评为优秀教师)。据在校老师描述,该起案件发生原因是鲍方将本班学生留在学校写东西,而罗某不愿,随后发生争执,罗某用弹簧刀对着鲍方身体的要害部位连捅数刀。但警方对此尚未证实。据网友"@民生网郝国中"微博留言,死者妻子在前几年被查出癌症,女儿也是高三,并与凶手同班。

事后,封面新闻记者联系到了一个微博名为"此方程无解"的网友,该网友自称是该校学生,他表示,受害者鲍方曾被评为益阳市优秀教师,平时在班上对学生也是一视同仁,"老师不是特别严厉,也不是特别温和那种,就和普通的老师一样"。同时,封面新闻记者在沅江三中的官方网站上,找到了 2011 年学校所公布的优秀教师,受害者在列,并且简介里也写着"益阳市优秀教师"。

对于行凶者罗某,这名同学表示不熟,但他很肯定地表示,罗某的成绩很好,"年级前十,本班第一,平时所有老师都对他很好,毕竟他是第一名,老师们都挺喜欢他"。这名同学表示,罗某在平时看起来是一个非常老实的学生。而另一个学生也表示,他在高一时曾与行凶者一起住在一个老师家里,"他当时很有礼貌,一看就是好学生"。而澎湃新闻报道,据当地官方知情人士透露,罗某系高三学生,成绩名列年级前茅,因此平日班主任鲍方对其很关心。

据学校官网介绍,湖南省沅江市第三中学位于沅江市黄茅洲镇,是一所有 50 余年办学历史的农村普通高级中学。1981 年被认定为益阳市重点中学,2003 年成为益阳市示范性高中。2010 年被评为湖南省省示范中学。学校现有 46 个教学班,学生 2500 余人,在校职工 184 人。学校占地 143.3 亩,建筑面积约 50152.3 平方米。

【思考题】

1. 为什么会发生学生伤害教师的极端恶性事件?
2. 其背后的深层推手是什么?
3. 如何有效防范此类事件的再度发生?

【案例讨论与分析】

1. 当前我国教师被伤害事件频发

湖南益阳市沅江市三中这一令人震惊的恶性事件,引发了人们对当前教育领域中师生关系现状、师生恶性冲突、教师工作及生存环境等问题的强烈关注。事实上,这绝非学生伤害教师的第一起事件。据《法制晚报》不完全统计,仅 2016 年一年内全国就至少有 13 起教师被袭击事件,分别发生在湖南、广东、四川、福建、云南、吉林、重庆、湖北、上海等地,其中云南、湖南、上海三地均有两起教师被伤害事件发生。伤害教师事件量大面广,影响极为恶劣,已成为教育行业乃至全社会无法忽视的重大舆情。

2. 教育生态恶化:教师被伤害事件的教育生态学视角

笔者认为,从教育生态学的视角对这些问题进行观照和分析,对获得对于上述问题的深度认识及化解当前频发的伤害教师极端恶性事件不无裨益。

教育生态学是运用生态学的一般原理和方法来观察和研究教育现象的一门学科。其相关概念和理论最早于 20 世纪 70 年代由美国著名教育学家劳伦斯·克雷明提出,之后迅速得到教育学界的广泛认同。所谓生态,是指一定地域或空间内生存的所有动植物之间、动植物与其所处环境之间的相互关系,强调系统中各因子之间的相互联系、相互作用以及功能上的统一。教育生态学认为,教育的发展离不开教育的生态环境,彼此之间存在着协同进化的关系。教育的生态环境是以教育为中心,对教育的存在和发展起着制约和调控作用的 N 维空间和多元的环境系统。在这一系统中存在着多种性质各异的生态因子,以多维镶嵌的方式相互交叉,交织重叠,相互影响、相互联系、相互制约,共同推动教育的竞争、协同、进化和发展,达到教育生态平衡和生态和谐。从这一意义上说,教育生态学其实是借助生态学强调生态平衡和生态和谐的理念,强调建立教育生态观念,主张从系统、整体、联系、和谐、共生和动态平衡的视角去观照、理解、分析和解释纷繁复杂的教育现象和教育问题,探究隐藏在教育表象背后的深层次原因,寻求实现最佳教育生态结构的途径和方法。教育生态学启发我们,从系统、整体、联系、共生的视角出发,对学生伤害教师事件进行观照和分析,可以获得更为深刻和全面的认识。

(1)师生冲突与情感失谐:伤害教师事件的表层因子。

从表面上看,学生伤害教师事件的直接动因是师生冲突。所谓师生冲突,即师生之间直接和公开的,旨在遏止对方,并实现自己目的的互动。师生冲突是中小学中经常发生的普遍现象,并非自今日始。早在2004年的一项调查显示,15.1%的学生表示经常与老师发生冲突。其中,男生与老师经常发生冲突的比例高达19.7%,女生经常与老师发生冲突的比例也达到了12.0%。从一方面看,在中小学教育教学及管理过程中,教师和学生是其中两个占比最大的活动主体,共处时间长,交互活动频繁,这是师生发生冲突的概率论基础;从另一方面看,在学校和教室里,教师承担着对学生教育的职责,必然会向学生提出各种教育的要求。而学生作为具有独立个性的个体,也会对教师有着不尽相同的期望。当教师的要求和学生的期望不一致时,如果教师不了解特定年龄阶段学生的心理特点和内心真实诉求,缺乏相关的沟通知识和技能,不能有效地与学生进行沟通和交流,就极易引发师生冲突,这是师生冲突的发生机制。从这两个方面看,师生冲突是自有了学校教育之后中小学校园里几乎无法避免的"正常"现象,实在太普遍不过了。对于认为师生冲突是导致学生伤害教师事件主因的观点来说,一个难以解释的现象是,在过去相当长的时期里,中小学里尽管师生冲突频仍,但从冲突的性质和程度上看,绝大部分都属于一般性冲突、偶发性冲突和良性冲突。冲突的激烈程度较低,师生之间虽有矛盾,但没有根本性、原则性的对立,冲突的行为在教师可以控制的范围之内,绝大多数情况下并没有演化为对抗性、持续性甚至是恶性冲突,从而导致极端恶性事件。师生冲突并不必然导致恶性事件,除非有其他因素使得师生冲突发生激化和恶化。从这一角度看,即便师生冲突是引发学生伤害教师事件的因子,也只能是表层因子之一,而非唯一、深层的因子。

近年来,中小学的教育实践和相关研究表明,与当前中小学师生冲突的激化和恶化趋势相伴的是中小学师生关系的失谐。师生关系是学校教育中最基本、最关键的一对关系。"亲其师,信其道",良好的师生关系可以让师生相互信任、相互关心、相互尊重。良好的师生关系是促进有效教学、提升教育质量、改善师生生存状态、提升师生生命质量的重要条件。在良好师生关系的作用下,即便师生之间产生了冲突,双方也倾向于积极沟通和协商,寻求化解之道。但近年来,"在社会转型和教育深入变革的背景下,师生关系在多方面的冲击下,进入一个问题频发的危机阶段",师生之间缺乏心灵的沟通与交流;教师威权主义严重,凌驾于学生之上;师生情感疏离、隔阂、淡漠;教师惩戒学生现象严重等。昆明的一项针对小学师生关系的调查显示,25％的学生与教师处于高冲突状态,高达35％的学生与教师处于高度回避状态。这些现象表明,当前师生关系失谐已成为不争的事实。由于失去了良好师生关系的"滋润"和"调节",师生之间原本一般的、偶发的、良性的冲突,就很有可能向特殊的、经常的、恶性的冲突演变,从而助推了教师严重体罚学生、师生肢体冲突、学生对抗教师、扰乱教育秩序甚至伺机报复等现象的发生,最终导致学生乃至家长暴力袭击、伤害教师的极端恶性事件发生。

(2)教育生态畸变:伤害教师事件的深层肌理剖析。

从上述分析看,当前中小学校园里师生冲突的加剧与情感的失谐确实对于学生伤害教师事件的产生有着一定的影响。但在教育生态学视域下,师生冲突和情感失谐只是这类恶性事件产生的表层因子,底层的教育生态系统畸变与失衡才是更深层次的根本原因。教育生态学主张,任何一种教育现象,归根结底都是教育生态环境的产物。教育生态环境包括社会、家庭、学校、文化、心理、时代特征以及时尚趋向等。这一系统潜移默化地对教育发挥着影响。当教育生态系统处于平衡与和谐状态的时候,我们的教育活动就表现为正向的效果与较高的质量;一旦这一系统遭到破坏或发生畸变,就会造成教育理性功能的消解和变异、教育德行的弱化或丧失,导致教育的负效应。鉴于这样的认识,笔者认为,当前我国多地高频度地发生学生伤害教师的恶性事件,表明我们的教育生态系统出现了较为严重的畸变与失衡,这种深层的生态畸变已经对教育的活动与过程产生了较为严重的负面影响。必须直面、正视、诊断当前教育生态系统的问题,并加以合理有效的矫治,才能真正防范甚至杜绝此类恶性事件的再度发生。整体而言,当前教育生态系统的畸变主要表现在以下几方面:

①社会和家庭层面。当前的教育指导思想与价值观出现了严重畸变。教育生态是当下社会与家庭主流教育观念的外在显现,是教育思想和社会关系相互作用而形成的教育磁场和氛围。在教育生态系统的交织重叠、多维镶嵌、性质各异的诸多因子中,教育指导思想和教育价值观念是最为底层和核心的因素,对教育活动和行为产生根本影响。在当下的社会与家庭中,以世俗意义上的"成功"为导向的功利教育指导思想和教育价值观盛行,教育的升学功能和就业功能日益凸显,育人功能遭到严重漠视和鄙视,教育正逐步沦为单纯获取物质利益的工具和手段。在功利主义和物质至上的教育指导思想和价值观的驱动下,教育生态出现了明显的"合规律性与合目的性"的偏离,导致教育在一定程度上沦为一种滑稽而沉重的非理性存在:教育目标狭窄单一,应试教育大行其道;教育内容偏难繁旧,机械操练和题海战术盛行;教育过程和教育方法简单粗暴,无视儿童的成长规律和教育规律……。有论者以"被剧场效应绑架的教育"生动描绘了在物质功利至上的教育价值观主导下我国当前教育生态的畸变状态:愈演愈烈的补课;疯狂的作业;肆无忌惮的超级

中学;等等。在功利教育思想的驱动下,"剧场"里的观众——越来越多的学校和家庭——一个个把本应用来坐的椅子踩在脚下,无视教育的秩序和规则,对学生的教育负荷层层加码,最后教育的秩序必然失控,所有教育相关者特别是孩子都会丧失正常理性,最终酿成包括学生伤害教师在内的诸多无法预估的可怕后果。

②学校层面。以学生成绩为导向的教师考评范式成为主流管理和评价制度,学校教育中管理主义倾向突出。在应试教育当道、升学率成为办学唯一追求的功利教育观的指引下,学校出现越来越明显的管理主义倾向,即学校的一切制度、内容和方法都以学生的考试成绩为核心指标,以学生的分数作为评价、衡量和考核教师的核心乃至唯一指标。这种做法强化了教师的非人格化倾向,诱导甚至迫使教师无视教育的规律和学生的个体差异和精神需要,将教育简化和窄化为知识灌输、题海战术和机械操练,疏离和恶化师生关系,加剧了学生学习负担和厌学心理。单一、机械、管理主义倾向突出的教师评价制度,使得教师无暇顾及教育艺术和人性关怀,放弃跟学生心平气和、春风化雨的沟通和交流,直接采用简单、粗暴、高压的知识灌输方式,进而导致教育过程和方法的严重畸变,教育生态恶化加剧。

③学生层面。学生心理健康问题突出,人格发展障碍、行为怪癖冲动等心理畸变现象严重。中小学阶段是人一生中身心发展最为迅猛也最为关键的时期。这一时期的学生,面临着这样几对矛盾:心理上的成人感与半成熟现状之间的矛盾;心理闭锁性与需要理解、交流的矛盾;要求独立自主与依赖之间的矛盾;自以为是与自卑感之间的矛盾。这些矛盾能否得到顺利解决,需要得到社会、学校、家庭等多方面的关怀与支持。其中,最重要的支持是父母的理解、关爱与交流。但近年来,我国城市化进程中大量进城务工子女、留守儿童由于缺少了必要的家庭支持与社会支持,极易形成自卑、孤僻、逆反、怨恨的心理,进而导致行为偏差、人格与交往障碍,甚至报复心理等反社会人格与行为。而城市儿童的现状也不容乐观。由于父母工作压力普遍过重,无暇、无力与孩子进行必要的交流与沟通;与此同时,网络、电视、游戏、娱乐节目等多元化渠道裹挟而来的光怪陆离的多元化思潮使得中小学生难以分辨、难以自控,从而加剧了他们心理上的不确定性和不稳定性。"当代中小学生的主流是积极向上的,但心理问题有增加的趋势。受复杂的社会环境影响,加之巨大的学业压力,很多中小学生出现了抑郁、自私、脆弱、狭隘等心理问题,甚至一些学生产生自杀行为。仅2010年1月1日—11月27日不到一年的时间里,全国中小学生成功自杀的数量达到73起。"这一触目惊心的数据表明,中小学生心理健康现状已成为我国当前教育工作中刻不容缓的问题。

3.教育生态修复:防范伤害教师事件的基本思路

综上所述,当前频繁出现的伤害教师极端恶性事件的背后,既有师生冲突、情感失谐这类表层因素的影响,更是我国当前教育生态系统失衡和畸变的综合体现。

因此,防范这类极端恶性事件的再度发生,不可头痛医头脚痛医脚,而必须立足于教育生态的高度,从系统、整体、联系、共生的视角出发,对教育生态进行整体修复,才是解决这一问题的万全之策。从教育生态学的立场出发,根治伤害教师难题的基本思路主要应包括以下两个方面。

(1)失谐师生关系的微观治理

由前述可知,师生关系紧张、情感失谐是导致师生冲突恶化和激化的重要原因。因此,对失谐的师生关系必须首先进行"微观治理"。第一,教师要消除传统的权威意识,树立平等、对话和合作的良性师生关系。当下社会已进入到"后喻文化时代",教师的知识权威地位已不复存在。传统教育教学过程中的那种"操纵—依附"式师生关系必然会导致师生交往的阻隔甚至对立,教育活动难以高效顺利地开展,学生的主体意识和主动精神也难以得到尊重、培育和发展。必须建立起教师与学生之间平等、合作和对话的关系,使学生在学校生活中体验到平等、自由、民主、尊重、信任、同情、理解和宽容。保障学生作为独立主体的人,积极地参加各项活动,在学习的过程中能够主动自由地表达,在与教师的相互尊重、相互信任中全面发展自己,获得成就感和生命的价值感。第三,学校要引导教师了解社会转型给学生心理带来的冲击,了解当下学生主体自我意识觉醒的时代特征,掌握青少年心理发展的基本规律和特征,能够宽容、合理地看待学生在成长过程中特有的矛盾与冲动,并给以情感支持、专业支持和社会支持。

(2)教育生态修复的宏观统筹

与师生关系的微观治理相比,教育生态的宏观统筹则更为基础、更为重要。有人形象地做了一个类比:在浑水中洗衣服,衣服会越洗越脏。只是一味增加洗衣服的时间,加大搓洗衣服的力度,是没有用的,必须首先致力于改善整个水系的水质,最后才能让衣服焕然一新。教育生态的修复,涉及多维镶嵌、交织重叠、错综复杂、相互影响的多维空间和多元因子,极为复杂,其成效绝不可能立竿见影,但却是化解和防范伤害教师这类恶性事件的根本出路,除了迎难而上,别无他途。概而言之,至少应从以下两方面对教育生态进行宏观整治。

第一,矫正社会心理,重塑教育价值观,回归教育本真。当前"中国的教育本身需要教育",要引导全社会关注物质至上和功利主义教育价值观带来的非人性化现象:学校教育本来的育人功能彻底丧失,逐步沦为逐利的工具,全社会陷入疯狂的教育"军备竞赛"和空前的教育恐慌之中,教育教学过程日益成为师生、亲子之间相互折磨的过程。矫正社会心理,就是矫正社会对教育功能的片面认识,要让全社会认识到教育不仅具有经济功能,更具备文化功能;教育不仅有物质的功利,还有精神的功利。教育绝不仅仅是短视的直接功利,还应有长远的博雅、趣味和幸福。让教育回归本真,就是树立教育的根本目标:学校教育应以育人为最高鹄的,培养全面发展的人,为人的终身幸福奠定基础。

第二,要坚决纠正学校的管理主义倾向,改变以学习成绩为导向的教师和学生评价制度。当前功利主义教育价值观在我国中小学学校管理中的主要体现是:越来越多的学校片面追求升学率,片面注重学生学习成绩,并以此作为判定学生优劣和考核教师教育教学能力与工作业绩的重要指标。与此同时,在教师管理和学生管理中,强调规章制度的绝对价值和权威,强调等级层次、标准化程序、自上而下的控制;倡导"精细化管理"和"留痕管理",把师生的一切教育教学行为都纳入管理范畴,构建一个自上而下的精致的管理体系。这种管理至上的学校文化和教育、管理制度导致了教师严重的非人格化倾向:"分分分,老师的命根;考考考,老师的法宝。"教师的眼中只有分数,不见学生。在教育及管理方式上就会简单粗暴,"白猫黑猫抓住老鼠就是好猫",无视教育规律和儿童心理,导致孩子在学校学习和生活过程中严重缺乏幸福和快乐的心理体验,从而产生严重的厌学心理和焦虑情绪,造成严重的身心问题,恶化师生关系,引发对抗行为。因此,学校要端正办学指导思想,坚决遏制片面追求升学率这种扭曲、畸形的政绩观和评价观,真正树立"培养全面发展的人,为人的终身发展奠基"的教育目标。同时,确立"管理就是服务"的理念,改变管理至上的学校管理政策和教师考评制度,真正践行人本化管理,消除教师的焦虑和急躁的心理,还教师一个从容、淡定、温馨的工作氛围和教育教学的自主权,让他们能够以积极良好的心态面对学生。唯有如此,师生之间良好的亲情关系、朋友关系和教育关系才有望得以重建,失谐的师生关系才有可能重新走向和谐,教师被伤害事件才能从根本上得到防范和化解。

二、我到底该不该给学生让座

【案例 14-2】

一个私立学校老教师的忧虑

我从一所公办中学退休以后,不久就被附近一所私立中学聘用。工作了几年,在那里的所见所闻及切身感受,真是终生难忘。

我们那所私立学校里,师生生活待遇截然不同。因为是私立,所以一切都以生源和学生为绝对中心。如学生寝室每间四至六人,内有衣柜、电扇、空调、洗手间,每天还有生活老师打扫卫生、清洗衣服。而男女教师一律住集体宿舍,七八个、十来个人一间,里面什么设施也没有,只有一张床,没有空调,更没人来打扫卫生。

这些生活待遇倒还在其次,最主要的还是老师的心理感受。有一次双休日,校车接送学生回家,有的老师顺路搭车,因人多车挤,有的中学生没有座位,学校领导就公开说"老师站起来,给学生坐"。我当时一下子就愣住了,在我的印象中,只有中学生给老师让座,还从来没听说过老师要给学生让座的。我想我可能真是老了。

在私立学校任教的老师,几乎天天都在提心吊胆地工作着,除了怕工作上有什么差错,更怕什么地方得罪了学生家长,他们向老板告教师的状而炒教师的鱿鱼,让你走就走,根本不需要什么理由。

在私立学校任教,因为学生绝大部分都是富家子弟,从小娇生惯养,这给教育教学工作带来了更大的困难。有的学生上课吵闹,有的公然打瞌睡。更有甚者在课堂上泡咖啡喝(每个教室配有净水器),一边喝着咖啡,一边欣赏你在台上的表演,有时候让老师到了忍无可忍的地步。

记得有一次,一位年轻女教师在上语文课,实在看不下去,就把学生的杯子拿走了,这个学生就抓住她的手,再抓住她的头发,闹得整个课堂乱哄哄的。后来将此事反映给学校领导,领导也只是批评教育,不敢处分。那位女教师受到如此人格侮辱,学校却无动于衷,她一气之下就离开了学校。此事在我们教师中反响很大,暗暗为她鸣不平。

在私立学校里,学生是学校的"上帝",是学校的"衣食父母"。学校的一切设施、教学设备仪器,直至教职员的工资支付都要出在他们的身上。因此,每逢寒暑假、节假日,学校都会派出大批的教师到各地广招生源。这样招回来的学生,自然就与原先公办学校的学生大不一样,他们在心理上就有一种优越感,似乎我们这些老师就是他们爹妈出钱雇来的。

我们当老师的,在这种私立学校里就成了一个打工者,学生就是我们的服务对象。这对于那些刚刚从大学毕业的年轻教师来说,似乎也没什么特别的感受,但对于我们这些从公办学校过来的老教师来说,心里真有一种说不出来的滋味,以前在公办学校里的那种师生情谊再也没有了。其实,这种师生情谊对我们一辈子当老师的人,是一种莫大的慰藉,最大的回报。

我也不知道,到底是我的这种想法落伍了,还是这个学校出了什么问题。我更不知道,在这种环境下培养出来的学生,他们今后的发展会怎样。

【思考题】

1. 你认为这是私立学校或民办学校特有的情况吗? 在你的学校里,有类似这位老师这样的忧虑吗?

2. 今天谁是校园的主角? 是作为知识代言人的教师,还是市场这只"看不见的手"?

3. 你是如何看待"争取生源就是获得市场""得罪家长就是得罪衣食父母"这些观点的?

4. 在市场经济条件下,理想的新型师生关系应该是怎样的? 在倡导以生为本的同时,还要不要提倡以师为本?

【理论与实践背景】

(一)关于师生关系的不同理论观点①

师生关系是教学过程中最重要、最基本,同时也是最经常、最活跃的人际关系。良好的师生关系对于学生思想品德的养成、学业的提高、智能的培养,以及促进其身心和个性的全面发展都将具有极大的裨益。因此,古今中外的教育家们对师生关系一直都给予了极大的关注。

1. 实用主义教育哲学流派对师生关系的看法

实用主义教育哲学流派的代表人物是美国教育家杜威。在师生关系的看法上,杜威反对以赫尔巴特教育思想为标志的所谓"传统教育",反对以教师为中心,主张发展学生的个性。他提出了"儿童中心论",要求把一切措施围绕儿童转动,力图削弱传统教育中教师所具有的那种专断性的主导作用,主张把教育的中心由教师转到儿童。他主张在教育和教学过程中,教师要站在儿童的立场上,依照儿童的兴趣组织各种活动。坚持"儿童是起点,是中心,而且是目的"。

2. 新传统教育派对师生关系的看法

新传统教育派重申教育过程中的主动权在教师而不在学生。反对实用主义者倡导的"儿童中心主义",认为必须恢复教师的"权威"地位,使教师把握教育的主动权。他们认为,只有教师才能把人类的历史遗产、民族文化的共同要素以及成年人的世界介绍给儿童,而单纯依靠儿童自身是不能理解他必须学习的一切的。另一方面,儿童的智慧、能力的发展也要靠教师的引发、教导才行。儿童的兴趣与能力则必须由教师给以发展。在使儿童掌握知识、发展能力以及情感、道德人格的成长方面,教师都要直接负责对儿童的教育、指导和管理。

3. 存在主义教育哲学流派对师生关系的看法

存在主义教育哲学流派认为,师生之间的关系应当是一种完全不同于传统的师生关系。它是一种个人之间的密切关系,是相互人格的尊重,是两个自由的个性之间的相互信任。教师与学生间的关系应该是"我"和"你",而不能是"我"和"物",即教师要把自己的学生完全当成一个独立自主、自由发展的人,要尊重他的独特而完整的个性,而不能把他当成物,把自己的意志强加给他。存在主义者十分重视教师的作用,但是不同意把教师看作一个知识的传授者,一个解决问题的顾问,或者是一个人格的表率。在他们看来,教师是一个帮助学生走向自我实现的人。他促使学生进步,帮助未成熟的学生寻求获取知识的方法,督促学生对所谈、所听到的

---

① 自齐放.20世纪西方主要教育哲学流派关于师生关系的论述及其启示[J].外国教育研究,1999(6):14—18.

每一种知识提出问题并加以思考,再从中找到影响个人发展的有意义的答案。总之,教师是促进学生获得自由、自我完成的人。他的任务是:在学生向着发挥个人才能前进的旅程中帮助每一个作为一个人的学生。

4.人本主义教育流派对师生关系的论述

在经过了长期的"以人为中心"心理治疗方法的探索和研究基础上,卡尔·罗杰斯提出了"非指导性教育"的思想。他认为,愉快活泼、充满理解、信任和友好的气氛能导致学生思维能力的改观。因此,作为教育者必须要珍视个人的价值,对己对人都必须忠诚,做到与学生之间能双方交流感情,这正是罗杰斯教育思想的基础和核心。为了能够在教学中真正实现"以学生为中心",罗杰斯干脆用"促进者"(Facilitator)这个专门术语来称教师,借以区别同传统教学中的教师(Teacher)的不同。同时,罗杰斯还提出了建立良好的师生关系的三个要素,这就是真诚(Realness)、接受(Acceptance)和理解(Understanding)。

5."合作教育学"流派对师生关系的论述

以雷先科娃、沙塔洛夫和阿莫纳什维利等人倡导的、被视为苏联教育新思维突破口的合作教育思潮自1986年10月起开始逐步形成。合作教育学的倡导者们在师生关系方面认为教师和学生之间在教学过程中应当是一种合作关系。这种关系应当突出表现在使学生得到彻底的解放,从而改变以往师生不平等的关系,代之以一种合作、信任的关系。教师要充分发挥学生的学习主体作用,调动他们内在的学习动力,努力使他们乐意参加到学习活动中来。他们主张师生之间要真诚地合作。学生在相互平等和尊重他们人格的基础上努力地与教师进行合作,成为与教师合作的"志同道合者",教师认真地对待学生并且真诚地与他们合作,成为他们的"合作者"。

(二)师生关系与学生行为[①]

师生关系与学生行为详见表14-1。

(三)新课程背景下的新型师生关系

传统教育教学过程中的那种"操纵—依附式"的师生关系,必然会导致教师的教与学生的学的阻隔甚至对立,教学活动难以高效顺利地进行,学生的主体意识、主动精神更难以得到培育和发展。必须建立起教师和学生之间的平等的朋友式的关系,使学生体验平等、自由、民主、尊重、信任、同情、理解和宽容,形成自主自觉的意识,探索求知的欲望,开拓创新的激情和积极进取的人生态度。教师必须改变以往的教学活动方式,教师的活动不再是依据固有模式"灌输"现成知识,而要应对学生活跃的思维和变化的情绪,不断推出有创意、有针对性的教育策略。这就需要师

① 邵瑞珍.教育心理学——学与教的原理[M].上海:上海教育出版社,1983:269.

生之间互相沟通、交流,教师要以平等的心态看待学生。而且,课程标准重视对某一学段学生所应达到的基本标准,同时对实施过程提出了建设性的意见,而对实现目标的手段与过程,特别是知识的前后顺序,不做硬性规定。这就为教材的多样性和教师教学的创造性提供了广阔的空间,为体现并满足学生发展的差异性创造了比较好的环境,更体现了课程是由教师和学生共同建构的新理念。

表 14-1　师生关系与学生行为

类型	特征	学生的典型反应
强硬专断型	1. 对学生时时严加监视; 2. 要求即刻无条件地接受一切命令——严厉的纪律; 3. 他认为表扬可能会宠坏儿童,所以很少给予表扬; 4. 认为没有教师监督,学生就不可能自觉学习。	1. 屈服,但一开始就不喜欢和厌恶这种领导; 2. 推卸责任是常见的事情; 3. 学生易激怒,不愿合作,而且可能会在背后伤人; 4. 教师一离开课堂,学习就明显松垮。
仁慈专断型	1. 不认为自己是一个专断独行的人; 2. 表扬学生并关心学生; 3. 他的专断的症结在于他的自信; 4. 以我为班级一切工作的标准。	1. 大部分学生喜欢他,但看穿他这套方法的学生可能会恨他; 2. 在各方面都依赖教师——在学生身上没有多大的创造性; 3. 屈从,并缺乏个人的发展; 4. 班级工作的量可能是多的,而且质也可能是好的。
放任自流型	1. 在和学生打交道中几乎没有什么信心,或认为学生爱怎样就怎样; 2. 很难做出决定; 3. 没有明确的目标; 4. 既不鼓励学生,也不反对学生;既不参加学生的活动,也不提供帮助或方法。	1. 不仅道德差,而且学习也差; 2. 学生总有许多"推卸责任""寻找替罪羊""容易激怒"的行为; 3. 没有合作; 4. 谁也不知道应该做些什么。
民主型	1. 和集体共同制订计划和做出决定; 2. 在不损害集体的情况下,很乐意给个别学生以帮助、指导; 3. 尽可能鼓励集体的活动; 4. 给予客观的表扬与批评。	1. 学生喜欢学习,喜欢同别人尤其喜欢同教师一道学习; 2. 学生工作的质和量都很高; 3. 学生互相鼓励,而且独自承担某些责任; 4. 不论教师在不在课堂,需要引起重视的问题很少。

新课程要求确立新的学习方式,如自主学习、探究学习和合作学习等,以促进学生和谐均衡、个性化发展。这就需要教师把学生作为学习的主体而赋予学生学

习的自主性和主动性。改革学生在学习中的被动、接受式的学习方式及去记忆教师讲授的固定知识,而不能去自主探究、讨论和发现新知识,自己主动寻求问题的答案的现状。新课程要求教师重新思考学生,把学生作为学习的主体来看待。他们有探求新知的好奇心,有主动探究知识的愿望,有积极的学习态度,这些在学习上的积极性和主动性都是作为学习主体的学生所具有的,教师要认识到学生的主体地位,积极引导学生自主学习、探究发现、合作交流,从而拓展学生学习知识的渠道,拓展学生发展的空间。

(四)教师威信——教师促进学生发展的重要前提

古今中外,从来没有人否认过教师对于促进学生成长和发展的巨大作用。古罗马的西塞罗说过:"教育者,所以使儿童道德新发达,而不流于罪恶之放肆,以高尚其思想也。"①英国教育家沛西·能认为,教师是塑造学生性格、沟通学生心灵的"思想搬运夫"。苏联教育家苏霍姆林斯基这样高度赞扬教师的作用:"你不仅是活的知识库,并在他们的心灵中点燃求知愿望和热爱知识的火花。你是创造未来的雕塑家,是不同于其他人的特殊雕塑家。教育创造真正的人,就是你的职业。社会把你看成能工巧匠,我们国家的未来在很大程度上取决于这种能工巧匠。"但同时我们还应注意到,教师要在教育教学中发挥作用,塑造学生的美好心灵,帮助学生获得知识技能是有一定前提条件限制的,教师威信就是这些条件中的重要部分。这是因为:

第一,教师的威信是开展和做好教学工作的必要前提。有威信的教师教学时,会呈现出秩序井然、气氛和蔼的学习局面。学生会发自内心地尊敬和热爱这位教师,因而会高度自觉、积极主动地投入学习,学生不但不会为高强度的智力投入感到困乏和疲倦,甚至还会伴随着教学的进程,发出暗暗的赞叹和会心的笑声,这种良好的心理情绪,是教学工作顺利进行的前提。

第二,教师的威信还是教育和感召学生的精神力量。教师根本的职责是教书育人。要完成教学的任务凭借的是教师的威信,要做好育人工作更要依靠教师的威信。只有那些德才兼备、品学兼优的有威信的教师,才能在青少年成长的道路上真正地起到激励的作用。学生们不但敬佩这些教师的知识和才学,仰慕他们的品行和为人,甚至对这些教师的提示言听计从。即使是切中教育要害的尖锐的批评,学生们也能充分地理解和接受。

【案例讨论与分析】

或许正如案例中老教师自己所说的那样,她可能是真的"落伍"了,或者起码可

---

① 郑金洲.教育通论[M].上海:华东师范大学出版社,2000:314.

以认为是"孤陋寡闻"。因为类似的情况在眼下的公办学校中都不鲜见,私立学校就更不要说了。笔者有位在某市有些影响的学校任教的教师朋友,在看到这则新闻时就不以为然地说,这算什么,在他们那里,学校明确规定教师必须和学生签订协议,一旦教师和学生发生冲突,无论是非曲直,教师要做的第一件事情就是向学生道歉。校长认为,非如此,不能凸显"以人为本"的现代教育和管理理念。

由于直面市场经济的冲击和压力,私立学校对于市场的危机意识远较公办学校敏感。在很多私立学校那里,"争取生源就是获得市场""得罪学生就是得罪衣食父母"等说法已成为学校上下所有人员的共识。同时,由于教育改革的逐步深入,办学体制的日趋多元化,各级各类公办学校的生存压力也日益加大。另外,基础教育领域的改革也越来越多地强调要变"教师中心"为"还学生以真正的主体地位",培养学生的主体性。因此在当下越来越多的学校在"一切为了学生,为了一切学生,为了学生的一切"的口号下,纷纷倡导或默许"以人为本"(其实是以学生为本)、"学生是上帝"的办学理念。

客观地说,这一做法有助于改善片面强调师道尊严、无视学生的情感和人格的传统师生关系,建立以学生发展为核心的新型人际关系。但笔者认为,就目前各校中所表现的实际情况而言,这一做法在理论认识上有偏颇,在实践中有误区。其理由主要有以下两点:

第一,这一做法将分属于教育与教学两个不同层面的问题混为一谈。正在各地全面推行的新课程改革中,的确提出了以学生为主体的问题。但是那主要是针对课堂教学过程中长期存在的传统三中心(教师中心、教材中心和课堂中心)而言的。在传统课堂教学中对学生主体的过分漠视导致将学生视为高度被动的客体和等待教师填充的"鸭子",学生彻底丧失了学习的主动性和求知的欲望。因此必须要加以改变。但从教育层面看,任何时候恐怕都不能否认,教师作为教育者必须保有必要的尊严。这份尊严使教师在教书育人的过程中充满自信和神圣感。绝对难以想象,一个被剥夺尊严、面对学生及家长只能小心翼翼、唯唯诺诺甚至阿谀逢迎的教师能够很好地履行人类灵魂工程师的神圣职责。

第二,从现代管理思想的角度看,"学生是上帝"这一做法其初衷与效果相违背,不能实现服务社会、树立学校形象的良好愿望。全球三大旅游公司之一的罗森帕斯公司,以重视员工的人性化管理著称,它出版了一本名为《顾客第二》的畅销书。该书对半个世纪以来一直被捧为金科玉律的"顾客是上帝"的经营理念进行了大胆修正,提出"员工第一,顾客第二"的新原则。该公司认为,对员工生活影响最大的莫过于公司,因为公司既给员工带来快乐也可以带来沮丧甚至恐惧。当员工把糟糕的情绪带回家时,就会造成家庭不和,这种家庭矛盾又会进一步恶化他的情绪。第二天员工又把这种恶劣情绪带回公司,最后不可避免地要发泄到顾客身上,因而导致公司效益急剧滑坡。因此,与其把顾客当作上帝,不如把员工当作上帝,即员工第一。只有公司把员工当作上帝,员工才能把顾客当作上帝。企业管理尚能如此,作为专门从事精神生产的学校教育,又怎能肆意剥夺教师的尊严呢?

学校,不能失落教师的尊严!

第十五章　教师专业成长案例讨论与分析

一、准教师教育实习难题怎么破

【案例 15-1】

中学对实习生说"不"

新城中学是一所地区重点学校,教师敬业,学生刻苦,纪律严明,学风谨严,教育质量远近闻名,也是省内一所师范院校的教育实习基地。开学不久,来了 20 个英语实习生,清一色是女生。参照以前的做法,教务处安排这些实习生在高一 10 个班跟班实习,每班两个,指导老师是所在班级的英语教师和班主任。一开始,一切似乎都很顺利:一是因为刚进入新学校,一切都是陌生的,所以对这些实习生的到来,学生也没有太多的震动;二是学校的大多数老师对这种现象司空见惯,除了对这些实习生的穿着打扮点评一番,也没有给予太大的关注。

但不久,问题就来了。对实习生埋怨的声音慢慢多了起来,来校长室、教务处诉苦、告状的人也越来越多。

最早来告状的是值周老师。因为新城中学是一所寄宿制学校,学生全部住校,学校有严格的就寝纪律、卫生规定。这些实习老师也被安排住在学生宿舍里,教务主任在安排这些实习生工作的时候,特别强调要遵守宿舍管理规定,但这些实习生在大学里松散惯了,难免在熄灯后讲讲话,听听歌,寝室外面的垃圾也总是忘记倒掉,值周老师认为这样给学生留下了很不好的影响,增加了学生寝室管理的难度。

班主任的意见最大。大致有三点意见:一是这些实习生参与班级管理的工作积极性非常高,一有空就往教室跑,特别是晚自习期间,有事没事总待在教室里,还经常在教室里做学生的工作(与个别学生交谈),搞得教室里总不安静。二是这些实习生总在班主任不在的时候组织学生在教室里进行交流活动,但又驾驭不了课堂,教室秩序很乱。用班主任的话说就是:"有哗众取宠之意,无脚踏实地之风,讲话没有分寸,毫无教育效果,看似热闹得很,其实乱七八糟,整个一添乱。"三是这些实习生不管教育管理的原则,没有管理责任感,只一味地与学生拉关系、套近乎,学生认为实习班主任比自己的班主任有人情味得多,对班主任的严格管理抵触情绪越来越大,特别是一些经常被班主任批评的学生。师生关系恶化,班主任的威信下降,管理难度加大。几个班主任几乎是异口同声地说:"这些实习生实习一结束,就拍拍屁股走了,留下一大串的后遗症给我们,真是麻烦。"年级组长也乘机给教务主任出难题:"为什么把实习生都安排在高一年级? 新的学生,新的班级,一切都还在磨合阶段,一下子来了这么多实习生,这不是大大增加我们年级组的管理难度吗?!"

任课老师也来了,"他们每天在教室后面听听课倒也没什么,但安排他们上讲台就麻烦了,他们上的课一点都不到位,过后我都要重新来过,哪有这么多课时禁得起这样折腾,教学进度又跟不上了。以后可千万不要安排我带实习生"。

一位学生的母亲也给校长打电话:"校长,您好,我是×××的家长,想了半天,还是想向您反映一个情况,我孩子的班里是不是有一个姓王的实习班主任? 入学以来,一开始,我的孩子进步很大,我们也很高兴,但自从来了这个实习班主任后,我就感觉不太对头了。这孩子一回家就是王老师长、王老师短,似乎关系好得不得了。本来这也没什么,如果王老师借机对我们的孩子多做一些正面引导,我也很欢迎,但这个实习老师好像不会做工作,我感觉到孩子的精神状态越来越差,明显退步。上个礼拜天,这个实习老师还请了包括我孩子在内的几个学生吃肯德基,我说了孩子几句,他还跟我闹意见,我都担心死了,请您跟那位王老师说一说。打扰您了,谢谢,再见!"

实习生问题终于成为年级组全体教师会议议论的焦点,七嘴八舌之后,一位班主任做了"总结性"发言:"我们学校以后最好不要安排实习生进来,他们真是成事不足、败事有余呀!"

【案例讨论与分析】

1.教育实习是对"准教师"的岗前培训和"实战"演习,是任何一所中小学,特别是重点中学分内的义务和责任

众所周知,教育实习是师范教育的重要组成部分,也是整个师范教育过程不可缺少的重要环节。成功的教育实习不仅能够锻炼学生各方面的能力,更能够使学生在毕业后快速进入教师角色,迅速胜任教育教学工作。早在晓庄师范创办之际,陶行知先生就对教育实习给予了高度重视,对旧师范教育忽视实习的缺点进行了尖锐的批评。1927年,他在《师范教育的彻底改革》一信中明确指出:"好些师范学校只是在那儿教洋八股,制造书呆子。这些大书呆子分布到小学里去,又以几何的加速率制造小书呆子。""现行师范教育将学理与实习分为二事,简直是以大书呆子教小书呆子,所出的人才和普通中学不相上下。……为今之计,①愿师范学校从今后再不制造书呆子;②愿师范生从今以后再不受书呆子的训练;③愿社会从今以后

再不把活泼的儿女受书呆子的同化;④愿凡是已经成了书呆子的,从今以后要把自己放在生活的炉里重新锻炼出一新生命来。"主张加强教育实习,以"学用一致"。

从国际上看,世界主要教育发达国家也普遍高度重视教育实习。美国著名科学家、教育家科南特把教学实习看作是师资专业训练中最基本的因素。他说:"教育实习既是培训教师的一个步骤,又是鉴定教师的一种办法。"美国师资培训课程中大约有一个学期的时间集中用于教学实践上。美国各州都规定教育实习活动,通常在教育课程结束的最后阶段,具体时间因州而异,教育实践活动平均为 11 学分,占总学分的 11％。有些州要求,"师范生在从事教学之前,在某一学科完成 20个学时的教学工作",50 个州中有 24 个州对未来教师在执教之前必须完成特定的教学工作做出了规定。美国教师教育专家汤勒博士指出:"我坚信,给学生更多的机会,让他们接触孩子和中小学生,将来更能适应教师职业。"德州教师证书委员会介绍:"美国所有师范教育院校,都与有关的中小学、教育机构合作,重视新设置的课程。这些措施,使教师教育发生了革命性的改变,从大学走向中小学,强化实践特色。"

从上述分析可知,教育实习是"准教师"的岗前培训和"实战"演习,具有极其重要的意义。协助师范院校搞好教育实习,是任何一所中小学,特别是重点中小学分内的义务,是义不容辞的责任。如果处理得好,对师范院校、实习生和实习学校都有利。这是因为:(1)师范类学生的实习经历非常重要。学校培养一个合格乃至优秀的年轻教师很不容易,有时要付出许多代价,那些刚刚走上讲台的新老师,由于教育教学经验不足,暴露出许多问题,总是会带来家长、学生的不满,学生的学业也确实会受到或多或少的影响,所以,让这些未来的教师多一些实习的机会,就是多一些工作经验,就是降低工作成本,减少成长的代价。(2)师范类毕业生同其他专业的大学毕业生相比具有特殊性,让这些学生自己去找某一所学校实习的难度比较大,所以师范院校有责任安排他们实习,中小学自然有义务配合师范院校,主动接受、热情接待、妥善安排实习生来学校实习。(3)这些实习学生最终都是要成为中小学的教师,是学校发展的未来和希望,如果抛开狭隘的学校个体本位意识就不难发现,实习从本质上说其实是在为包括实习学校在内的中小学培养自己的老师。

2.剃头挑子一头热:师范生实习遭遇尴尬

从前面的分析可以看到,教育实习对于师范院校、师范生本人以及实习学校都有积极意义,应该是一石三鸟的好事情,三方都应认真对待,皆大欢喜才对,但实际的情形却并非如此。综观最近若干年各地的教育实习,不难发现教育实习成了"剃头挑子一头热",中小学普遍不欢迎实习生,其主要表现为:

(1)实习指导,"名存实亡"。一些中小学虽然接受实习生,但对实习工作不重视,没有给实习生提供实践机会和有效的教育教学指导。具体表现为原任课老师对实习生的教学工作很少过问,认为课交给实习生后自己就从上课中解脱出来了,就有时间做点个人的事情;原任课老师的出发点不是教会实习生一些什么,而是希望从实习生那里得到一些什么,比如希望实习生留下一些好的课件、教案给自己,有点本末倒置;原班主任不太喜欢实习生介入班级管理工作,或怕实习生搞乱了班集体,或担心实习生太受学生欢迎而令自己被动;把实习生当"义务劳工"来用,安排实习生做太多课堂教学和班级管理之外的事情;新手带新手,有些学校给实习生安排的指导教师是刚刚毕业才几个星期的新教师;对实习生成绩的评定过于随意和没有针对性,评定的结果常常是"你好我好大家好"。

(2)实习学校,积极性低。一些有条件的中小学拒绝接受实习生是最让师范院校头疼的事。由于平时与中小学的关系疏远,实习时只立足于"自身"发展,很少考虑到实习学校的发展,与实习学校没有建立起一种互惠互利的机制,导致实习学校主观上对实习生缺乏积极性和合作精神,对师范生的实习不够重视,甚至有的学校不欢迎实习生到学校实习,担心教育实习会打乱他们的教学秩序。因此,师范生的实习常常是"打一枪换一个地方",年年实习年年难的现象特别严重。在高校扩招师范院校对实习学校的需求量明显增加的背景下,这种情况越发严重。

(3)"僧多粥少",虚应故事。目前新课改对教师的要求越来越高,这就使得师范生需要更多的教学实践机会。但由于实习学校数量有限,常常出现实习生扎堆(同一个实习点的实习生人数过多)的现象。同时很多实习学校又出于对实习的抵触和对实习生的不信任态度,仅提供少数班级让学生上课,导致实习生上课时数过少,部分实习生在实习期间只能上到几节课,用实习生自己的话讲就是"刚刚有感觉就没课上了"。实习成了虚应故事和走过场,根本起不到"实战"演习的作用。

3.齐心协力,努力构建共赢的实习机制,破解师范生教育实习难题

客观地说,中小学对师范生的教育实习持抵触态度也并非毫无道理。长期以来,我国师范教育实习由于观念、人力、财力等各种主客观原因,实习时间短而集中,不足总学时的5%。学生往往是刚对实习有点感觉就被召回学校。另外,由于扩招导致师范教育质量下降,实习生在教育教学技艺、方法的掌握和运用上和前些年的学生有明显的差距,考虑到自身的教学质量与升学压力等,中小学对师范生不热心、不欢迎也合乎情理。但反过来说,当前师范生教育教学能力的越欠缺,就越需要实习学校给予实践提高的机会。结合相关研究和笔者的实践,笔者认为,培养中小学教师不仅仅是师范院校的事情,同时也是中小学和教育行政部门的事情。教育行政部门、师范院校和中小学只有转换观念,形成完善的实习体系,构建共赢的实习机制,才有可能破解师范生教育实习这一难题。

(1)教育行政部门及师范院校方面应积极做好以下工作。

①教育行政部门应就师范生的教育实习问题制定条例,明确中小学在师范生

教育实习方面应尽的责任和义务,并将指导实习工作列入校长和科任教师的业务考核范围。教育行政部门应参与教育实习管理工作,成立一个"教育实习工作领导(指导)小组",人员由教育局相关部门领导、师范院校指导教师、实习学校代表、实习生代表四方组成,共同进行协调和管理。地方教育行政部门介入教育实习管理工作,在很多国家已成惯例,对有效督促实习学校的工作不失为一剂良方。

②定期对实习学校和个人进行表彰。对责任感强、真正视"培养未来合格教师"为己任,尽力为教育实习提供有效支持、帮助的实习学校校长和任课老师、教育局和师范院校应予以表彰;要定期评选一批"优秀教育实习基地"和"优秀实习指导教师",以起到鼓励、示范的作用。

③师范院校应主动与中小学共建 PDS,为中小学提供智力支持和资讯服务,构建合作、共赢的实习体系。PDS 为 Professional Development(专业发展学校)的简写,这一模式由美国霍姆斯小组在《明天的教师》中提出,目的是推动大学与中小学合作建设共同体,以促进教师专业发展。一方面,中小学可以为师范院校提供教育研究现场和教育实习基地;另一方面,师范院校也可以为中小学提供科研指导、教育资讯和专业支持。这就需要我们的师范院校主动出击,比如将一批实习学校组织起来,主动为他们提供专业服务,这样可以获得中小学对教育实习的更多支持。

④师范院校要做好对实习生在实习前有针对性的指导工作,要努力提高实习生的教育教学理论水平,要与实习单位加强沟通,了解实习单位的管理特点和要求,要加强对学生的纪律教育。

(2)中小学方面应转变观念,正确认识和积极发掘教育实习对中小学的正向促进功能。

尽管实习生由于自身的不足可能会给实习带来一些麻烦甚至负面的影响,但实习学校也应积极看待和理解教育实习对学校及教师的促进作用。比如,实习生给学校带来青春活力;能协助指导老师开展工作,减轻指导老师工作负担;有利于指导老师在反思中改变教育观念,提高教育教学水平;等等。实习生与指导老师之间的关系本质上是合作学习的关系,实习生的许多成功做法也值得指导老师学习,至少应该引起老教师反思。如为什么学生特别喜欢实习生? 为什么他们更愿意与实习生而不是与班主任交流?

首先,为最大限度地避免实习生可能带来的问题,充分地利用教育实习的正面效应,实习学校和指导老师要加强对实习生的指导,把要求讲在前,把要求讲清楚,同时,对实习生要有宽容、体谅之心,要允许实习生犯错误。那些认为实习生给自己的管理带来麻烦的指导教师还要反思一下自己的管理方法,摈弃简单、粗暴和高高在上,多一些民主、平等、真诚和亲和力。其次,可以利用实习生与学生年龄相当的特点,积极开展学生思想动态调查,开展学生学习情况调查,给指导老师提供更多更深入的信息。最后，还可以发挥实习生的特长，组织学生开展活动，使活动组织更加丰富多彩又贴近学生的需求，充分开发和挖掘教育实习对实习学校的建设性功能。

二、发展性评价助推青年班主任成长

【案例 15-2】

校长的决定

"丁零零……"一阵急促的电话声把校长从沉思中唤回，Z 校长接起电话，一个女高音从电话那头传了过来。

"喂！Z 校长，您好！我是一年级（4）班学生家长，孩子到贵校学习已半年多了，班级至今没有形成良好的学习气氛，课堂纪律较差，考试成绩与平行班有很大的差距，班主任 C 教师在班级同学中毫无威信，这样下去可能耽误的不仅是学生们的三年，甚至是一生。希望学校能换个有经验的教师担任班主任，否则，我们将要求转校。请您也从学校声誉考虑……"Z 校长已记不得这是一（4）班学生家长的第几个电话了，都是要求换一（4）班班主任 C 教师。

提起 C 教师，Z 校长的思绪不禁又回到了三年前的那次设在某师范院校的招聘会场。热闹的招聘会场，可谓是几家欢喜几家愁，重点名牌学校摊位前挤满了应聘的人群，可 X 等几所非重点学校的摊位前门可罗雀。一天下来，总算有几位达成了初步意向，招聘会快结束时，一个小小瘦瘦、带着金属眼镜的女孩出现在 Z 校长眼前。翻开打印精美的自荐表，Z 校长眼睛一亮，还是一位"优秀毕业生"，不禁冲口而出："为什么选择 X 学校？"

"我家就在附近。"女孩轻轻答道。

望着清秀、瘦小的女孩，Z 校长心里嘀咕起来："她能在讲台上站住吗？"可想到"优秀毕业生"及尚未最后定下的空缺，还是决定让她来学校试讲。到了试讲那一天，只有 C 来试讲，这堂课虽说不上成功，倒也是认真准备的，自然她成了 X 学校 Y 科教师。

由于青年教师占很大的比例，X 学校一直以来重视青年教师的培养，新老挂钩、师徒结对、基本功演练、担任副班主任等一系列举措常抓不懈。三年来，C 教师虽仍腼腆内向，不能较好控制课堂纪律，但她工作勤奋，常常不回家，利用晚上或节假日给学生补课，任课班的会考成绩也基本能达到年级平均分。这学年已是 C 教师第二次提出申请要求担任班主任，鉴于 C 教师评职的考虑，抱着实践锻炼人的信念，学校安排了 C 教师担任一（4）班的班主任。

一学期来，家长、教师、政教主任对一(4)班的反映不断充斥于 Z 校长之耳。"C 教师对学生太'好'了，没有规矩。""一(4)班的成绩除 Y 科外都比平行班差。""一(4)班上课纪律太差，任课教师都无法上课。""一(4)班的各项常规评分最低了，多次向 C 教师指出都没有改进。""又是一(4)班某某同学受到了处分。"……这学期政教主任还专门下一(4)班蹲点，希望解决一(4)班存在的问题，可收效甚微。

就在今天早晨，学校行政会上又为此事专门做了研究。政教主任首先发言："一(4)班的问题，主要是 C 教师管理不力。学校已采取措施，多次指导帮助，但由于 C 教师不懂训斥学生，缺乏威信，正常的班级管理无法推行，所以一(4)班的问题必须换班主任才能解决。而且我考虑过了，任课教师 F 很合适，他做事认真，对学生很严格，班主任工作有经验，虽然年纪大了，只要学校做些工作，老同志会帮助学校解决困难的。"

"家长的反响也很大，不能因为一(4)班破坏了学校的声誉，不能因为班主任而影响到班级、学生的发展，我赞成换班主任。"副校长补充道。

"不能这么简单来解决，"书记说，"C 教师是青年教师，工作中出些问题很正常，我们要尽量去帮助她，更何况这是她第一次做班主任，压力一定很大。如果改换班主任，将极大地打击她的自信心，对她今后的工作将产生负面影响，而且还会影响到其他青年教师，在做班主任的更怕做不好，未做班主任的更不敢做了。"

大家各持己见，争论了半天也无法达成共识，最后大家都望着校长，希望由他来做决定。Z 校长沉默片刻，说道："不急于做结论，下午我找 C 教师谈谈再说。"

"咚咚咚"，敲门声再次把 Z 校长从沉思中唤起，C 教师进来了……

【思考题】

1.你认为 Z 校长会换班主任吗？为什么？

2.学校管理中如何加强后备班主任队伍的建设？

【案例讨论与分析】

在杭州市第 48 期中学校长岗位培训班的"学校管理学"课程的教学过程中，笔者以上面这则案例为话题组织了学员论坛。在论坛上，学员们唇枪舌剑、慷慨陈词，展开了激烈的争辩。有校长认为，从现实的、世俗的角度看，校长应撤换这位班主任。因为眼下社会对学校、对教师的评价标准仍然还是看升学率、平均分、优秀率，依然是用学生的考试成绩来衡量一切。从案例中可以看出，家长们的担心不无道理：都大半年了班级还没有形成良好的学习气氛，课堂纪律差，学生学习成绩落后……这些直接关系到学生的前途和利益，进而直接影响到学校的形象和声誉。面对如此强大的压力和可能导致的严重后果，不换班主任恐怕不能算是明智之举。

令人欣喜的是，校长班的绝大多数成员并不简单认同这种观点。他们认为，Z

校长不会撤换班主任,理由主要有以下几个方面:(1)C老师勤奋、认真,主动申请要求担任班主任,正如案例中书记说的那样,如果撤换班主任,就会打击C老师和其他青年教师的工作积极性,对他们今后的发展带去负面影响。(2)班级课堂纪律太差、任课老师无法上课,这不完全是班主任的错,因为课堂纪律的维持和控制也是任课教师的分内职责之一。(3)"C教师不懂训斥""对学生太好"不能成为撤换班主任的理由。学校需要包括"硬"与"软"在内的多种风格。从某种意义上说,"不训斥""对学生好"还正是新课程所倡导的"人性化管理"理念的体现。(4)C教师所教学科的成绩并不差,其他任课教师、政教主任的抱怨表明:C教师的协调能力较差,整体意识不强;任课教师不信任班主任,推诿自己的育人责任;政教主任急于扭转局面,操之过急。因此,C教师的问题其实是学校内部团结协作精神的失落。校长应该给本班任课教师和家长代表分别开一个协调会,而不是急于调换班主任。

作为案例教学的组织者,笔者对案例讨论始终有这样一点认识,即案例讨论不应注重获得一个让所有成员都一致认可的、终结性的、真理性认识,它应该具有多元权变的特征。案例讨论的意义并不在于给学员一个或几个解决问题的标准答案,它所重视的是训练学员的辩证思维能力和灵活权变的决策艺术。在案例讨论的过程中,学习者综合运用各种知识,对基于真实事件和情景而创作的学校管理案例进行认真的研究和分析,通过模拟决策和判断,提高分析问题、解决问题的能力,丰富自身的学校管理体验,精进学校管理水平。从这一意义上讲,在这一案例中,对于校长究竟换不换班主任无论持怎样的观点,笔者认为都无可非议,只要言之有理,持之有故。笔者认为这一案例值得关注的方面在于:这所学校为什么会出现这样的问题?这一问题在当前我们的各级各类中小学是否具有代表性和典型意义?这类问题的产生反映了中小学管理哪些不足?应如何避免出现这类问题?这样的思考显然有助于从根本上解决问题,从而提高学校管理的实效。

从青年教师尤其是青年班主任的专业成长和评价机制的角度出发,笔者认为,这一案例极具典型意义。从案例中不难看出,C教师属于新手型教师,工作经验不足,只有三年。教师职业生涯理论告诉我们,教师的成长不仅需要一个过程而且离不开学校组织有意识的培养以及面向未来的发展性评价的激励。显然,校长应从这一棘手的现象入手,进一步深入反思学校的教师评价及教师培训机制存在的问题。更换班主任是最省事的方法,但并没有从根本上触及这类问题的核心。鉴于上述思考,就这一案例而言,笔者认为,学校应做好以下两方面的工作。

1. 实施发展性评价,促进青年班主任成长

教师评价的最新研究揭示,总的来说,存在着两种目的不同的教师评价制度。其一是以奖惩为目的的教师评价制度;其二是以促进教师发展为目的的教师评价制度即发展性教师评价制度。以奖惩为目的的教师评价制度通过对教师表现的评

价结果,做出解聘、降级、晋级、加薪、增加奖金等决定。多年来,我国中小学的教师评价主要采用的就是这种评价制度。实践表明,在实施奖惩性教师评价制度的学校中,教师特别关心评价的最终结果,普遍担心和惧怕评价可能会给自己带来不利的影响。绝大多数教师对此感到怀疑、惧怕、憎恨乃至进行抵制。而发展性教师评价制度则将立足点放在教师的未来发展方面,教师评价不再作为奖励和惩罚教师的手段,而是用来全面检验和查找教师工作的成效与不足,查遗补缺,从而降低教师焦虑感,激发教师提高素质,促进教师专业发展。

发展性教师评价制度是具有前瞻性的、面向未来的评价制度。与其他年龄阶段的教师相比,年轻教师由于经验的不足以及巨大的成长潜力等特征,对发展性教师评价制度的渴望最为迫切。因此,学校绝不能因为年轻教师暂时的工作欠缺就简单地剥夺其教育学生的职能,而应本着发展性教师评价的理念,着眼于未来,激励青年教师的成长。面对青年教师的不足,学校应为他们提供制度规范,指明努力的方向,调动他们的工作积极性,充分发挥发展性教师评价制度的导向功能。

2.切实加强后备班主任队伍建设,提高班主任队伍的"板凳深度"

班级是学校的细胞,班级管理是学校的核心工作之一,而班主任则是班级管理的灵魂人物。众所周知,班主任有比较高的岗位要求,如教书育人的能力、管理能力、组织能力、交流沟通能力等。而C教师在班级管理中,没能注意听取家长意见,不注重基本常规管理的落实,不注重争取任课教师的支持和配合,不注重"轻负担、高质量"的研究,这一切不仅说明C教师还不具备做合格班主任的基本条件,更说明该校对后备班主任队伍建设没能真正取得实效,班主任队伍的"板凳深度"不够。学校应从思想层面到操作层面,从理论层面到技巧层面给予后备班主任更多的关心、指导,并适当施加压力,以制度来规范后备班主任的基本行为。具体地说,学校可从以下方面入手加强后备班主任队伍建设:

(1)建立见习班主任制度。对象为教龄一年内的教师。主要形式:①阅读学校指定的"班主任工作"经验介绍、班主任原理等方面的书籍、资料,并写出心得体会;②帮助现职班主任填写"班主任工作日志",撰写班级管理案例;③与班主任一起参与家访,写家访体会;④带一个"问题学生",帮助学生改变面貌;⑤每学期开设一节主题班会;⑥开见习教师结业汇报会。

(2)建立副班主任工作制,建立常规后备军。副班主任对象为教龄2～3年的教师。主要形式:①跟班,分担班主任的部分工作;②帮助班主任诊断班级学生的问题,提出建设性建议;③写管理日记;④主持与开设若干次大型班级活动,接受班主任与校领导的评判;⑤做副班主任工作体会报告;⑥为将来的班主任工作写出工作方案。建立副班主任工作制的好处有两点:一是由经验丰富的正班主任对副班主任进行手把手的"传、帮、带",发挥优秀班主任的引路人作用;二是让副班主任独立处理班级部分日常事务,形成班级管理的初始经验,获得班主任的真实体验、感受,并适当减轻正班主任的繁重工作负荷。

(3)每月开展一次班主任例会。对象为班主任、见习班主任、副班主任以及学校的领导与专家。主要形式:①经验交流;②问题诊断;③案例分析;④优秀班主任工作小结交流。

(4)建立见习班主任、副班主任考核与奖励制。

(5)进行"师德教育"专题培训,提高后备班主任队伍的思想素质。

除上述常规方法外,新课程标准背景下的班主任队伍建设应遵循以下原则:①提供团队支持。比如搭建强劲的任课教师班子,集体做班级情况分析和对策研究,杜绝相互指责、推诿;鼓励形成个人风格的班级管理模式。同样的方法,老教师和新教师使用的效果是不同的。鼓励青年教师"踩在巨人的肩膀上"形成自己的管理风格。②帮助建立信任感。学校要做到"用人不疑,疑人不用",特别是面对急切而不懂得教育规律的家长,学校要甘做教师的"挡箭牌"和"保护伞"。对青年教师的成长要有耐心,有信心。

三、中年教师职业危机的成因与消解

【案例 15-3】

中年教师面临"边缘化"危机

人们往往把 35~50 周岁的教师群体称为中年教师。他们一般从事教育工作超过 10 年,积累了一定的教育教学经验,其中一部分已成为学校的中坚力量。据了解,目前,某市区 40 岁以上的中年教师有 13400 人,占整个教师的 1/3 以上。随着新课改的开展,部分中年教师在日常教学过程中,教学方式和教育理念不能适应新形势需求;在班主任选任课教师的情况下,有的甚至被"落选";不会使用多媒体教学;甚至无法和学生沟通,出现"代沟"。那么,这是否意味着中年教师面临"边缘化"危机? 新时期,中年教师如何走出"年龄"瓶颈呢?

访谈对象一:葛老师,小学教师,20 多年教龄

感言:穿新鞋走老路是走不通的

课堂上老师要动用全身肢体语言,还要不时模仿书中的人物形象,一堂课下来,老师浑身都要出汗,年轻教师都吃不消,更不用说中年教师了。葛老师表示,自己从事教学 20 多年了,对于年轻教师和中老年教师不能用好与不好来简单评判,他们各有优势。年轻教师有活力,精力旺盛,受孩子们的喜欢,很容易与学生打成一片,学生也很配合工作,年轻教师更有创意,年轻教师想象力更丰富,能制造有声

课堂,让课堂更活跃。但是年轻教师缺乏各方面的经验,应该多向中老教师请教。对于新课改涉及的新理念、新教法、新教材、新要求,中老年教师在接受和运用上的确没有年轻教师快与好,但是通过不断的学习与培训,再加以自己丰富的教学经验,中老年教师一样可以运用自如,游刃有余。葛老师说,新课改后,老教师要及时学习、吸收,而不能再用老的教学方法,避免出现"穿新鞋走老路"。

访谈对象二:马老师,中学教师,20多年教龄

感言:要有超前意识和危机感

对于出生于20世纪六七十年代的中年教师来说,如今正面临新课程改革带来的严峻挑战。可以这样认为,勤奋耕耘在教学岗位上的中年教师已是肩挑重担的栋梁型人才,他们对教学驾轻就熟,学子更是桃李满园。马老师说,新课改的推行要求教师改变传统教育观念,转换角色,从高高在上的"权威地位"走下来,走近学生、走进社会、走近生活,直面改革,这其中关键的一点,就是作为中年教师要有超前意识和危机感。马老师说,中年教师本身家务负担重,工作量大,在时间上不如年轻人多;而中年教师身体状况与精力差,在体力上不如年轻人。很多中年教师在网络、博客、教学课件制作等方面都不如年轻教师,而现在的创优课、观摩课、运用多媒体技术是展示教学水平的重要因素,在这方面,中年教师明显处于劣势。教师合理地使用多媒体等教育资源,发挥自身的优势,巧妙制作使用课件,把枯燥的教学内容通过整合资源,让学生爱学、会学。单单只是运用先进的教学设备和新理念、新教法并不能等同于较高的教学质量,优秀的教师的教学方法总是相通的,那就是教给学生学习方法,让学生在浓厚的兴趣中学会知识。

访谈对象三:王老师,中学教师,20多年教龄

感言:要虚心向年轻教师学习

高中新课改后对教师的要求更高了,特别是在有升学压力的情况下,作为中年以上的教师压力要比年轻教师大许多。王老师认为,在工作中年轻老师和中老年老师合作很重要,资源共享,才能共同提高教学水平。中年教师在和学生的沟通上的确有一定的困难,特别是在对学业压力、问题的看法、人生的理想等方面,年轻教师相对来说,和学生容易交流和沟通,而中年教师往往是站在家长的角度,采用说教的口吻,学生大多不理解也不爱听。记者在访谈中了解到,随着"90后"独生子女不断进入入学高峰,独立、自我、爱和人较真等都是他们身上所具备的特点,而此时作为中年教师如何和这些学生打成一片,上的课让学生爱听,成为中年教师亟待改善和学习的地方。

【案例讨论与分析】

1.中年是教师一生中的黄金时期

与刚刚不久进入学校组织的年轻人相比,中年教师的优越性是显而易见的:首先,绝大多数中年教师已经自觉或不自觉地完成了组织社会化过程,形成了学校组织所要求的价值观念和行为规范,学会在特定的组织环境中正确定位自己,学会协调个人和组织的冲突,在复杂的人际旋涡中虚与委蛇。其次,他们也在一定程度上实现了职业成熟,主要表现在他们对教师职业的认识、情感、信念和意志四个方面:中年教师对教育事业的理解较为深刻,能够认识到教师职业的伟大与神圣之处,进而产生荣誉感、责任感;人过中年,他们对自己的职业理想也趋于理性和稳定,从而产生较为稳定的并愿意为之付出毕生努力的职业信念,也由此表现出在繁重的教育、教学工作中任劳任怨、沉着冷静、诲人不倦、循循善诱等教师职业所特有的意志特征。最后,在长期的教学实践中,许多中年教师积累了相当丰富的教学经验,形成了一整套稳定有效的教学模式和个性化的教学风格,具备了一定的教学艺术。因此,中年教师成了各级各类学校组织中教育教学和管理活动当然的"脊梁"。

2.中年教师职业危机的原因分析

然而,情况并非完全如此。现代职业发展生涯理论通过大量的考察,把现代社会中从业者的职业生涯大致划分为成长、进入工作领域、早期职业确立、职业生涯中期、职业生涯后期以及衰退和离职六个阶段。其中,职业生涯中期阶段是从业者面临职业转换的最主要阶段。这种转换包括晋升与横向流动。在这一时期,有些人可能仍然保持着自己原来的工作,在已有的职位上努力钻研、提升技术权威地位,以确保自己能够顺利得以晋升;对于另一部分人来说,则可能在激烈的组织竞争中被迫转换到另一横向职业,甚至不得不离开组织,从而发生巨大的职业危机。与一般从业者一样,中年教师也正面临着这种巨大的考验。而且更为严重的是,随着教育管理体制改革的逐步深入,中年教师所面临的这种危机有日益加剧的趋势。

正如我们已经感受到的那样,从来没有一个时代像现在这样猛烈地冲击着各级各类学校。经济全球化和竞争的加剧、科学技术的进步与信息化的压力、多元化教育思潮和就业的挑战,裹挟着学校不得不进行前所未有的全方位的调整与改革。在各级各类学校中办学体制、领导体制、人事和分配体制改革正如火如荼地进行着。学校的内外部环境都发生了空前的变化。所有这些变化都打破了原有的学校组织生态系统的相对平衡,学校组织的所有成员都受到强有力的冲击,而其中又以中年教师受到的冲击最大。其原因主要表现在以下几个方面:

(1)教育理念和教学技能的相对固化、滞后,呈现出尴尬的"高原现象"。经过较长时间的摸索,中年教师大多已形成了一系列和过去时代相对应的教育观念,以及与之相应的相对固定的教学策略。面对飞速发展、层出不穷的多元化教育思想和信息化时代的高技术教学手段,他们的转变和适应与年轻人相比要明显困难和不情愿。

(2)学校的各项体制改革使组织的各项标准发生了巨大变化,瓦解了中年教师多年累积的对年轻教师的资历优势。管理岗位上的"能上能下",人事聘用上的"高职低聘、低职高聘",分配体制上的"绩效标准"等措施,把中年教师和年轻教师几乎放在了同一条起跑线上,他们不得不与血气方刚的年轻人在各方面进行激烈的竞争。

(3)中年教师是学校各项工作的骨干力量,承担了大量繁重的事务性工作,再加上较为沉重的家庭负担,使得他们无暇顾及自身的继续教育。而眼下各地教育行政部门和各级各类学校对青年教师的岗位知识和技能培训都较为重视,在校内外都给青年教师提供了迅速提高教育教学素养的渠道和机会。青年教师在校内可以通过新老教师结对子、听示范课、上公开课、评优质课等多种途径迅速提高教学技能;在校外,则通过参加当地师资培训机构组织的各种岗位培训、赴外地考察和教学实习基地的教育管理实习,实现教育、管理经验的快速增值。从而在客观上给中年教师带来了比较巨大的压力。

(4)患得患失,担心学校改革会丧失既得利益,会影响自己的权力、地位、威信,心理负担沉重,对改革和创新谨小慎微,甚至有抵触情绪。中年教师经过多年的积累,获得了一定的职称职务,对现有的学校格局有较高的认同。这种认同会自发地产生心理和行为习惯上的"惯性"。而惯性运作的结果使得中年教师仅仅满足于能完成本职工作,不愿参与教育创新,存在着"不求无功,但求无过"的心理惰性。

(5)如前所述,中年教师有着沉重的工作和生活压力,长期的超负荷劳动使得他们普遍精力不足,健康状况下降,记忆力减退。这些都使中年教师在和年轻教师的竞争中处于不利的地位。

3.有效消解中年教师职业危机的举措

中年教师群体的职业危机无疑值得中年教师自身和一切关心教育事业的机构与个人的高度重视。对上述危机的漠然置之或错误应对将会导致对教师个人、学校乃至整个教育事业的严重影响。而这一危机的消解也必须或只能由社会、学校和教师个人共同完成。笔者认为以下几方面措施对这一问题的解决是相当重要的:

(1)在社会方面。各地教育行政部门要高度重视各级各类学校的中年教师的继续教育工作,制定相应政策,加大投入力度,下大力气狠抓骨干教师培训和中、高级教师的提高培训,给他们提供参加考察和研修的条件和机会,为中年教师的继续教育形成有力的制度保障。这样,中年教师就有了功能强大的"充电器",能够及时地了解、更新教育观念,掌握先进的教学方法和技术,为迎接中年职业危机的挑战提供了强有力的保证。

（2）在学校方面。首先，要稳妥地推行校内的各项体制改革，要改激进为渐进。学校的整体改革是一项系统工程，绝不能幻想毕其功于一役。中年教师因其特有的稳健甚至保守的群体特点和已获得较多既得利益的现状，他们难以迅速认同幅度过于剧烈的各项制度改革。渐进式调整就能够较好地适应他们的这一特征，能够在一定程度上缓解改革给中年教师带来的负面心理效应，为他们正确认识和消解自身的职业危机提供宝贵的缓冲时间。其次，完善对各项体制改革的配套措施，减少部分处于竞争劣势的中年教师对改革的失望、恐惧甚至抵触心理。特别在较为敏感的教师聘用和分配体制的改革上，学校管理者必须注意以下几点：一是要做深入细致的思想工作，让教师理解改革的必然性。二要为处境不利的教师找到出路。对于落聘教师要积极推荐其到其他单位试聘或安排到本校行政后勤岗位试聘；制定科学、量化的教师考核标准，建立形成性的考核制度，使暂时落后的中年教师看到通过努力改善处境的希望。三要给落后的中年教师以业务上的帮助、指导，使他们尽快提高教育教学水平。再次，学校管理者要注意给中年教师"减负"，使他们从繁重的事务性工作中解放出来，为他们的业务提高提供条件。在大多数学校中，很多中年教师不仅身兼毕业班把关重任，而且"教而优则仕"，承担了大量的管理工作。对于对管理确有专长和浓厚兴趣的部分中年教师来说，适当介入管理工作对其个人和学校组织都确有裨益。但是我们都知道，优秀教师、名师乃至教育专家的造就无一例外需要付出长期不懈的"水磨工夫"，需要有全神贯注、心无旁骛的专一精神。在目前的很多学校里，也确有一些本来在教学、科研方面很有发展前途的中年教师因忙于"政务"而令人遗憾地荒疏了专业，从而丧失了宝贵的教学权利。因此要注意对优秀教师"教而优未必仕"。最后，要以人为本，关心中年教师生活困难和心理健康，做教师心理的"按摩师"。中年教师上有老下有小，家庭负担沉重；生理上逐步度过了鼎盛期；这一年龄段也是情感危机的高发期；心理健康问题也较为突出。所有这些现象都对中年教师顺利度过职业危机产生了不利的影响。这就要求学校管理者不仅要多与教师接触，能设身处地地为教师着想，采取实际措施帮助他们解决生活上的困难，而且还要有一双"慧眼"，能够"视其所以，观其所由"，及时发现并真诚地帮助他们解开心里的症结。

（3）在个人方面。根据现代职业生涯发展理论，笔者认为中年教师自身应对职业危机的策略无外乎三种：

①走着瞧，得过且过。在中期危机中逐渐获得一种无奈的心理平衡，认为目前的危机不是自己一个人面临的问题。别人能解决的自己也应该能够解决。这种消极的措施无疑会使个人的职业生涯受到严重的威胁，使危机的程度加剧。

②冲上去。对待中期危机采取一种积极的、建设性的应对策略，努力协调好工

作、家庭和自我提高之间的关系,并利用危机提供的机会学习,进一步挖掘和利用个人潜力,提升个人的专业素养,优化教育、教学技能,化危机的压力为促进自身发展和飞跃的契机,开始人生的崭新篇章。

③从头再来。重新审视自己,确定符合自身实际的职业重心,实现职业的良性转换。面对危机,中年教师应注意洞察自己的个性特点和真正兴趣,把握学校改革的大好契机,主动进行职业重心的调整。如管理型的人通过竞聘由教师成为学校管理者,学术型的人从行政事务中摆脱出来,专心致志从事教学等,从而找到一条更适合个人实际的发展道路,彻底化解中年危机。

四、中老年教师的专业成长与发展

【案例15-4】

校本培训:一个也不能少

A学校正在制定学校的教学规划,其中有一份是有关校本培训的。在校务会上,教导主任总结了前一阶段的校本教研情况,也提出了一些问题。有一个关于培训对象的问题,引起了大家的争议:校本培训是全体教师,还是有所选择,能不能让40周岁以上的中老年教师自愿选择。

教导主任反映,现在学校教师教务比较重,又要参加校本培训,对于年长的老师来说工作负担较重。另一个理由是:中老年的教师,教学方法已成定势,要改也难了,听了也改不了,不如不参加算了。

教科室主任也提了意见:应该动员每一个老师都参加,听了一些新的观念才能写点科研文章,还是鼓励大家都来参加为好。

校长不好表态,就把问题交给学科教研组自行解决,不采取硬性规定,采取"缓冲"加"迂回"。就在这样的情况,数学教研组开始尝试探索学校的数学教研工作新模式。

数学教研组决定以这样方式来通知学校的学科教师参加校本教研。

通　知

各位数学老师:

　　经学校研究决定,本周五进行小学数学教师培训。培训时间为16:30—17:30,地点在多媒体教室。本期培训内容:有效课堂教学的策略。请各位老师按时参加。(40岁以上的老师自愿参加)

教导处

×年×月×日

通知一发，学校教师反映不一，其中张老师，42 岁，中学高级，对教学有着独特的理解，但性格内向，不好表现。一看到这个通知，就和年龄相近的王老师商量，是否要参加培训。（王老师，45 岁，教学经验丰富，家务繁忙，对学校教学工作积极性尚可。）王老师说了，培训是年轻人的事，我们老都老了，还能学什么，算了吧。张老师一听，王老师不参加，自己去参加培训会不会遭人说：老张还这么积极。想来想去，张老师也就不参加了。看到张老师和王老师不参加活动，年龄更大的那些老师都不参加了。

这样，数学组的校本教研就在年轻的伙伴中开始了。

在培训活动中，年轻的教师们学习着一些课程改革的新理念，也不时对新课程中的一些问题提出自己的看法，有时甚至是争论。这样的教研继续着，教研组长却慢慢发现这样的教研有一些问题，有时争论不休但却难有导向，有时谈论观点过于理想难以实现，有时提出设想难以实践……有时青年教师也在一起抱怨，如果有一些引领就好了。

有几次，教研组长发现，校本培训争论的问题，年轻的教师会私下再去请教中老年的老师，结果他们却能够得到满意的回复。面对这样的现象，让教研组长很是纳闷，校本培训，到底是否应该要求中老年的老师参加呢？

【案例讨论与分析】

在杭州市江干区教育局学校中层干部培训班上，笔者组织了以"中老年教师的专业成长与发展"为主题的案例讨论。

近年来，随着新课程改革的铺开，越来越多的培训、学习、充电走进校园、走近教师。"校本培训"作为一种有效的方式被许多学校采用。但是，中老年教师由于自身特殊年龄、拥有相对丰富的教学经验、教学风格，普遍认为培训是青年教师的事，中老年教师参与校本培训的热情总不高。

培训班全体学员就这个"尴尬"而"敏感"的话题，进行了认真的思考并展开了激烈的讨论。但是大家一致认同的态度是："教师参加培训——一个都不能少！"学员们也因此提出了一些具有建设性、可行性的操作策略和建议。

1. 对中老年教师专业成长现状和思考——以杭州市江干区天杭实验学校为例

（1）现状分析

天杭实验学校是江干区第一所九年一贯制学校，学校教职工 129 人，教师116 人。

①中老年教师的职称基本上都是中级及以上，显示出他们基本具有较强的专业素养，也拥有较多的教学经验，在学校教育教学中是不可缺少的中坚力量。

②中老年教师占所有教师人数的 30.7%，这个比例说明教师队伍年轻化。而

大多数中老年教师积累了比较丰富的经验,要充分发挥他们在"传、帮、带"中的作用,这样,通过以老带新,使青年教师大大缩短成长周期,少走弯路,避免失误。

③学科竞赛及业务素质方面,青年教师占优势。部分中老年教师认为自己已经取得了相应的高级职称,获得了部分奖励,资历较深,资格较老,"小有成就",可以不再受外部评价或职业升迁的牵制,缺少"内趋力",没有"争先创优"动力。

④新课程的实施,对部分中老年教师尤其是老年教师是一个挑战,面对新课程,他们引以为豪的原有教法和经验也显得不那么得心应手了。

⑤现阶段学校及上级主管部门对中坚力量的竞赛、培训较少,使中老年教师没有机会参加比赛,从机制上限制了中老年教师展示的平台。

⑥中老年教师在专业成长过程中存在着"停滞与退缩"期("高原现象")。

⑦"职业危机"已经对教师职业形成了冲击。

(2)学校采取的应对策略

①激励中老年教师超越自我是促进专业成长的前提。

第一,引导中老年教师正确认识自我。面对新课程改革,他们要通过自己的专业发展来领悟、接受新的教育理念、新的教学方法,指导自己的教学行为。要引导他们理性地、辩证地看待自己的教育行为习惯,发扬并深化正确的方面,摒弃并纠正错误的方面。

第二,真正体现以人为本的管理理念。按教师职业特点,制定宽严适度的管理措施,尽可能留给教师一定的自由时空,努力让教师自觉倾注精力育人,并且在充满生命活力的课堂与学生共同获得生命价值的提升,从而产生职业成就感,形成不断超越自我的内在动力。

第三,增强师德教育的实效性。学校面对实际与时俱进,坚持不懈地深化师德教育活动,增强中老年教师不断超越自我的责任意识,做到不懈追求"师德高尚,教艺精湛"的目标。

②建立长期有效的专业培训机制是促进中老年教师专业成长的重心。

第一,创建良好的学习氛围。定期请专家到学校做学术报告,学校根据学校实际,精选学习内容,如组织全体教师参加天杭实验学校班主任培训班,校长任班主任,开设校园网论坛,校长出任版主等形式多样的学习方式。

第二,搭建交流探究、展示自我价值的平台。学校针对老中青教师师资的实际情况搭建交流探究平台,形成"专业引领,自我反思,同伴互助"的局面,人人做到见贤思齐。

第三,针对我校实际,开展课题研究。课题研究是促进教师专业成长的有效途径。结合天杭实验学校的"借鉴多元智能理论,积极改革课堂教学"课题及"九年一贯制学校小班化教学研究",并引导教师参与适合自己的课题研究,每位教师至少参与一个课题研究。

③合理评价教师业绩是促进专业成长的保障。改变单纯以学生考试成绩作为评价教师唯一依据的评价方案,积极大胆地推行天杭实验学校教职工综合素质评定,努力建构多元评价指标的评价方案。把学生对该学科课程的态度测评作为评价指标之一,促进教师以学生发展为本,努力让课堂焕发生命活力,从而提高教学效益,促进教师本人的专业成长。

④"职业危机感"是促进教师专业成长的"催化剂"。

"职业危机"的存在不仅仅是"教师岗位的危机","职业危机"还体现在教师的"业务素质"危机方面。过去说:要给学生一滴水,教师要有一桶水。现在说:要给学生一滴水,教师要有长流水。教师自己拥有的知识很难满足学生学习的需要。如果不加强自身学习和业务素质的提高,就很容易被学生否定,被行业淘汰。

"自我价值取向危机"也是中老年教师的"职业危机",许多有为的教师在短时间内获得高级职称后,由于缺乏专业发展规划,没有奋斗目标,缺少内驱力,他们往往在经历了这个迅猛发展期后,接着就会遭遇长时间的发展停滞期或平台期,对自己今后的职业生涯感到茫然,不知所措。"职业危机感"只要教师有"感",他就会从内而外地迸出个人的"内驱力",才会有"感"而发,由发而起。

2.让每位教师都提升——以杭州市江干区采荷实验学校为例

随着教师队伍的逐渐年轻化,在中小学以及幼儿园,年轻教师所占比例越来越大;随着教师专业化的成长,校本培训的要求也越来越高,而有些学校的中老年教师,却出现了"职业枯竭""职业危机"的现象,并且此现象呈蔓延之趋势。

(1)对学校中老年教师职业危机的原因分析

第一,中老年教师负担太重已经成为制约教师进行校本教研的首要因素。目前中老年教师负担较重,工作量大,开展校本教研需要时间和精力,他们没有时间学习,没有精力钻研教材,更没有闲暇去关心社会上发生的事情。可以说,这是个非常普遍的现象。

第二,中老年教师兴趣不足。不同教师的参与热情、参与程度不同,特别是中老年教师的积极性、主动性有待提高。校本教研是教师内在需要的自主教研,是自主学习和自主发展的教研,是引领、提升教师自主学习和自我发展的愿望和能力的教研。如果没有教师的自主研究,任何外部的力量都是徒劳的,甚至会起到反作用。

第三,家长对中老年教师的偏见。一些家长对中老年教师的作用与能力认识不足,认为"中老年教师思维不如年轻教师活跃,接受新鲜事物也慢,满足不了孩子们的需求……",于是,他们排斥中老年教师并且不信任他们。

第四,学校校本培训专业引领不够。很多老师反映校本培训最大的困难在于缺乏专业人员的引领、高层专家次的指导。毕竟教师的视野、见地和研究水平是很有限的。希望能有更多的专家到基层学校给予指导和帮助。他们认为,在研讨时常常有低水平重复的现象,用他们的话来说就是"萝卜炒萝卜,炒出来的还是萝卜"。这些问题都亟待研究和解决。

(2)学校的应对策略

解决中老年教师的"职业危机",杭州市采荷实验学校的做法是:

①专业引领。

第一,师徒结对。学校利用名师资源较为丰富的优势,鼓励拜师结对,模仿、创新、发展。要求徒弟经常主动听师傅的课,师傅随时了解徒弟的上课情况。学校中老年教师都承担着培养新教师的任务。

第二,对骨干教师的培训。学校启动"名师工作室"工程,对教学骨干以及有潜质的教师进行培养,鼓励他们形成个人的教学风格,展示富于魅力的教学技能,这项工作就由特级教师负责。

第三,负责课题。学校将校内正在开展的教科研课题作为教师培训基点,使教师以自己的工作和教学为基础,在课题的选择、设计、研究和结题等一系列活动过程中,主动参与课题研究并接受相应的培训和指导,从而不断提高在教育教学中开展科研活动的兴趣和能力。这项工作就由学校中老年高级教师具体负责指导。

②"示范"展示。学校专门开展中青年教师参加的"百花奖"课堂教学评比活动,给中年教师以展示的机会。另外,还有以老年教师为主的"专题研讨课",给老年教师以示范的机会。

③目标激励。学校要求每个教师都设计自己的成长规划,对于中老年高级教师,鼓励并要求他们争取评上特级教师,成为区名师,为自己的目标而努力。

由于学校采取了相应的培养措施,加上外界因素的影响和形势的要求,在杭州市采荷实验学校,中老年教师都很注重专业化成长,老师们的积极性都很高,"职业枯竭"感不明显。学校也重在让每位教师都提升。

3.中老年教师专业成长危机的心理归因及对策

在校本培训的框架下,教师的培训和学习必须是围绕学校发展的整体目标而开展,是在促进教师个体发展的基础上,推动教师群体的发展,由此促进学校的发展。从教师发展的角度看,学校中的每个教师都需要接受培训和参加学习。但在很多学校中有很多的中老年教师在取得高级职称或较高层次的荣誉后,对教研、校本培训等活动"缺乏兴趣",教学中出现所谓的"职业倦怠"。中老年教师作为曾经的佼佼者,进入职业的成熟期却失去了动力。

(1)中老年教师专业成长危机的心理归因

①"失意"所致。学校中"教而优则仕"现象较普遍,但由于学校管理岗位有限,

在行政管理上的上升空间太狭窄,从而心灰意冷,丧失工作动力。

②"瓶颈"所致。进入事业成熟期的很多中老年教师随着认识水平的提高产生了"高原期"现象,推动力减弱。

③"围城"所致。当中老年教师取得一定的成绩后,成为众人焦点,如果关系协调不好就会产生"高处不胜寒"之感,从而心生颓废之情。

④"焦虑"所致。由于知识的更新换代让中老年教师感到无法应付,产生"专业危机感",精神层面出现问题,影响其继续发展。

如何解决上述问题,笔者认为一方面应尽量避免目前学校那些流于形式的向上面应付的、凑人凑数的培训,另一方面中老年教师作为学校的财富,有着丰富的教学经验,是学校不可或缺的一部分,校本培训中必须充分发动中老年教师"传、帮、带"作用,促进其主动学习。

(2)尊重中老年教师,创造良好的学校人际关系

中老年教师对自己的才学声誉很重视,希望自己的劳动获得社会和他人的认可。因此学校管理者特别要尊重信任教师尤其是中老年教师,以各种方式使他们参与学校的管理工作,尊重他们的劳动,充分发挥他们的潜能。在学校的教育教学改革中请他们做参谋,在拟定学校内部管理改革方案时要多听他们的意见,要考虑中老年教师的具体情况,给予适当照顾,增加他们的安全感,避免或减少在改革过程中中老年教师的"吃亏感"。这些年来各种名目的公开课,能够闪亮登场的总是以年轻人居多,而似乎与中老年教师无缘,其实老教师和青年教师在综合实力的评价上并没有一个统一的标准,年轻教师擅长普通话、现代教育技术,而青年教师身上欠缺的正是老教师所特有的,如基本知识的落实、课堂常规的落实、稳重的作风、较强的科研能力等,应该说,两类教师各有所长,应让他们充分发挥各自所长。学校也可以开展中老年教师的各项评比活动,但不一定要开课,可以是开讲座,或带徒弟,让徒弟展示课堂教学水平从而评价指导教师的水平,调动老教师的积极性,并给予一定的荣誉,使中老年教师感到学习和评比不仅仅是年轻人的事。